PODER SUAVE
(*SOFT POWER*)

CIP-BRASIL. CATALOGAÇÃO NA PUBLICAÇÃO
SINDICATO NACIONAL DOS EDITORES DE LIVROS, RJ

B155p

Ballerini, Franthiesco

Poder suave (soft power) : arte africana; arte milenar chinesa; arte renascentista; balé russo; Bollywood; Bossa-Nova; British invasion; carnaval; cultura mag japonesa; Hollywood; moda francesa; tango; telenovelas / Franthiesco Ballerini. – São Paulo : Summus, 2017.

216 p. : il.

Inclui bibliografia
ISBN: 978-85-323-1064-4

1. Jornalismo - Aspectos sociais. 2. Cultura. I. Título.

17-39198
CDD: 079.81
CDU: 070(81)

www.summus.com.br

Compre em lugar de fotocopiar.
Cada real que você dá por um livro recompensa seus autores
e os convida a produzir mais sobre o tema;
incentiva seus editores a encomendar, traduzir e publicar
outras obras sobre o assunto;
e paga aos livreiros por estocar e levar até você livros
para a sua informação e o seu entretenimento.
Cada real que você dá pela fotocópia não autorizada de um livro
financia o crime
e ajuda a matar a produção intelectual de seu país.

PODER SUAVE
(*SOFT POWER*)

ARTE AFRICANA • ARTE MILENAR CHINESA •
ARTE RENASCENTISTA • BALÉ RUSSO •
BOLLYWOOD • BOSSA-NOVA •
BRITISH INVASION • CARNAVAL •
CULTURA MAG JAPONESA • HOLLYWOOD •
MODA FRANCESA • TANGO • TELENOVELAS

Franthiesco Ballerini

summus editorial

PODER SUAVE
(SOFT POWER)
Copyright © 2017 by Franthiesco Ballerini
Direitos desta edição reservados por Summus Editorial

Editora executiva: **Soraia Bini Cury**
Assistente editorial: **Michelle Neris**
Imagens de capa e miolo: **urbanbizz/Alamy/Latinstock**
Projeto gráfico: **Crayon Editorial**
Diagramação e capa: **Santana**
Impressão: **Sumago Gráfica Editorial**

Summus Editorial
Departamento editorial
Rua Itapicuru, 613 – 7º andar
05006-000 – São Paulo – SP
Fone: (11) 3872-3322
Fax: (11) 3872-7476
http://www.summus.com.br
e-mail: summus@summus.com.br

Atendimento ao consumidor
Summus Editorial
Fone: (11) 3865-9890

Vendas por atacado
Fone: (11) 3873-8638
Fax: (11) 3872-7476
e-mail: vendas@summus.com.br

Impresso no Brasil

À minha irmã, Louise A. Ballerini Manso,
e ao meu cunhado, Rodrigo Sá Fortes Pinheiro,
refúgio familiar unido pela amizade mais verdadeira.

Sumário

Prefácio   11

1. Poder suave: a força mais eficiente do mundo   13
   O nascimento do conceito   16
   Erodindo o poder suave   19
   Um poder sem rédeas do governo   22

2. Trocas pessoais de poder suave: o poder simbólico   27
   Instrumentos de dominação   30
   Disputa de poder   33
   Posições sociais   36

3. Hollywood: o grande poder suave   39
   Como os estúdios dominaram o mundo?   42
   Star system e studio system   43
   A cereja do bolo: o Oscar   43
   O colapso dos estúdios: a televisão   44
   O reino das franquias   46
   Muralhas anti-Hollywood   47
   Invasão chinesa   48
   Exceção cultural   50
   Séries de TV: uma nova era de ouro   52
   Controlando os astros disfarçadamente   54
   Os temas proibidos   55
   Ligações perigosas   57

4. Bollywood: a Índia ganha as telas do mundo   63
   Onde os astros são deuses   67
   Do Irã à União Soviética   70
   Do Afeganistão ao Senegal   72

5. China: reciclando seu poder suave milenar   75
   A arte milenar e seu poder no século 21   77
   Esculturas e pinturas   79
   O dragão em busca de um novo poder suave   81
   O Instituto Confúcio   82
   Indústria audiovisual: o próximo poder suave chinês?   84
   Guerra cultural   86

6. O maior espetáculo da Terra   89
   A economia do carnaval   92
   A imagem carnavalesca no mundo   94
   Os limites do poder suave do carnaval   96
   Exportando o carnaval   98

7. Telenovelas: o poder suave brasileiro e mexicano do século 20   101
   As origens do poder suave novelesco   104
   Projac: a Hollywood brasileira   106
   Quando uma novela interrompeu uma guerra   108
   Novelas como armas sociais   110
   A ameaça do novo controle remoto   113

8. Bossa-nova e tango nos ouvidos do mundo   115
   O suave som de uma "revolução silenciosa"   118
   Adeus à brejeirice de Carmen Miranda   119
   Nova bossa-nova   122
   Tango: dos pés aos ouvidos do planeta   123
   De Gardel a Piazzolla   125
   Ritmo milionário   127

9. A invasão britânica sem armas   129
   Preparando a invasão   132
   O maior produto de exportação britânico   132
   A segunda invasão   135
   Lennon *versus* Stálin   138

10. Cultura MAG: o Japão no mundo   141
   Quando a política abraça o poder suave   144
   Hello Kitty: embaixadora do turismo   145
   Hallyu: o poder suave da Coreia do Sul   149

11. A França veste o mundo   155
   Luís 14: o rei da moda   158
   Alta-costura: patrimônio francês   159
   A economia da moda   162

12. A dança do poder da Rússia   165
   As origens do poder do balé russo   169
   Bolshoi: o ícone do balé russo   172
   Entre sapatilhas e rifles   173
   O Bolshoi no Brasil   175

13. Arte africana: poder suave saqueado   177
   Arte moderna: Europa e Estados Unidos curvam-se ao poder suave africano   181
   Museus ocidentais em xeque   182
   Século 21: África de novas formas e conceitos   186

14. Arte renascentista: a ponte para o mundo moderno   189
   Aliança de poderes: arte e Igreja   194
   Florença: o berço renascentista   197
   O nascimento das belas-artes   197

Posfácio – O poder de modelar as preferências do mundo   199

Referências   204

Prefácio

Eu não poderia, num momento tão importante de nossa história, deixar de lembrar como encontramos o cinema e o audiovisual no Brasil no início do governo Lula (2003). Seria imperdoável não fazer um retrospecto dessas últimas gestões, mesmo que ele seja compacto. Eu não poderia, enfim, me furtar a pontuar esse desafio.

Estamos diante de um tema que merece muitos estudos e publicações como este *Poder suave*. E, mais que isso, precisa tornar-se mais visível para o grande público, em seus resultados e em seus efeitos. O audiovisual brasileiro se encontra em um momento excepcional. Os cinemas do país receberam mais de 150 milhões de espectadores em 2015 e centenas de novas salas foram abertas. Chegamos a 20 milhões de clientes de TV por assinatura.

Quando Lula tomou posse como presidente e nomeou Gilberto Gil ministro da Cultura, vivíamos em um país sem cinema nem políticas para o audiovisual; havia parcos filmes em circulação. Faltavam-nos rosto e alma nesse que é um imenso campo de expressão das linguagens artísticas contemporâneas. Não tínhamos o orgulho que hoje temos de nos ver nas telas. A nossa inquestionável competência na realização de documentários é a maior evidência do que aqui se diz. Éramos incapazes de nos reconhecer, incapazes de dialogar em igualdade de condições com a produção audiovisual de outros países. O dado mais revelador disso tudo é que produzíamos menos de uma dezena de filmes por ano. Em curto espaço de tempo, entretanto, superamos em muito a marca de uma centena e meia de filmes anualmente. O audiovisual brasileiro já tem uma das políticas setoriais mais fortes do mundo. Estamos falando de uma economia que movimenta alguns bilhões de reais.

As nossas novelas são possivelmente o melhor exemplo das políticas que este livro abrange. O sucesso de sua significativa exportação sintetiza todas as contradições da presença maciça de uma força cultural sobre uma realidade que não é exatamente a sua. As telenovelas nos colocam diante da afirmação de uma visão de mundo e de um modo de vida de que não podemos nos furtar. Ainda mais porque sabemos que, por meio de nossas expressões culturais, podemos, sim, afirmar projetos de civilização fundados em estratégias generosas e abrangentes. Podemos ser portadores de uma mensagem planetária singular. Mas também podemos, mesmo não sendo esse o nosso caso, comportar-nos como imperialistas, sem respeito à cultura do outro e sem com ela dialogar. Não podemos ignorar que o pensamento hegemônico se firma por meio de um permanente estado de negociação no campo das mentalidades.

Lembro-me de o então ministro Gilberto Gil destacar, ainda no início de sua gestão, assim como faz este *Poder suave*, como os norte-americanos se valeram do cinema; como a sua bandeira acompanhou seus filmes, não apenas pelo que ele representa em sua dimensão artística, mas sobretudo como mecanismo de consolidação de uma hegemonia, formando uma imagem e reproduzindo valores que, em última instância, se traduzem em poder político e também econômico. Pelo cinema e pela música, os americanos naturalizaram seu modo de vida e sua visão de mundo.

Se, de um lado, tais fatos nos revelam a dimensão social, política, econômica e cultural do cinema e do audiovisual para um povo, de outro nos faz perceber que o reconhecimento de sua importância para a consolidação de seu poderio econômico fez dos americanos controladores da esmagadora maioria desse mercado.

Povos e nações precisam se manifestar e se reconhecer por meio de suas expressões culturais. Como fazê-las chegar regularmente a todos os cantos do planeta? Essa é a grande questão que precisamos enfrentar neste século.

É impossível minimizar a importância do audiovisual numa era em que os receptores eletrônicos estão no bolso de cada um, podendo ser acessados a qualquer instante, praticamente em qualquer lugar. Em que todos somos produtores de conteúdos audiovisuais. A produção cinematográfica contemporânea se alterou de modo substancial nas duas últimas décadas. É um fato. Os canais alternativos de exibição aumentaram, mas, como tal, continuam alternativos. Sua distribuição e difusão permanecem concentradas.

Parece não haver outro meio para superar o gargalo da exibição e da circulação dos conteúdos audiovisuais senão garantir o melhor aproveitamento público do ambiente digital, oferecendo toda a liberdade criativa para as novas mídias, linguagens e estéticas que emergiram nos últimos anos e surgirão nos próximos, redefinindo a própria cultura.

Ocupar o circuito de salas de cinema e as grades de exibição dos sistemas aberto e fechado de TV já foi considerado o grande objetivo da indústria audiovisual brasileira. Hoje, esse objetivo se expande, "suavemente", com a ocupação de todos os canais disponíveis, em todas as mídias, por meio de todos os dispositivos.

Juca Ferreira
Ministro da Cultura do Brasil
2008-2010
2015-2016

1. Poder suave: a força mais eficiente do mundo

> O poder é como o amor: mais fácil sentir do que definir ou medir.
> Joseph Nye

Atribui-se ao décimo sexto presidente dos Estados Unidos, Abraham Lincoln, a frase: "Quase todos os homens são capazes de suportar adversidades, mas se quiser pôr à prova o caráter de um homem, dê-lhe poder". O pensamento do presidente que aboliu a escravidão em seu país, em 1863, pode também ser transposto para o âmbito das relações internacionais: o tipo de poder utilizado por uma nação ou por um governante resultará nas qualidades atribuídas a esse país ou líder. E, desde que nossa espécie se levantou do chão e construiu as primeiras armas, o poder mais recorrente de todos os povos é a violência, a dominação pelas armas e pelo dinheiro. Porém, é raro – ou talvez inexistente – o povo ou a nação que receba tal tipo de dominação de braços abertos ou que, mesmo dominado, não produza líderes ou "rebeldes" com sede de vingança. Em outras palavras: esse tipo de poder, o poder duro (*hard power*), é a mais primitiva e ineficaz das forças humanas.

Por séculos, a instituição mais eficiente da Terra foi a Igreja católica. Se a Inglaterra dominou parte considerável do mundo com armas, dinheiro e comércio, tal poder cedeu e ruiu com as lutas pela independência. Já Roma continua dominando muitos cantos do mundo sem precisar de armas. Seu poder mais eficiente é a fé. Ao contrário das armas, a fé seduz. É claro que a Igreja fez alianças com os donos do poder duro em diversos momentos e cantos do mundo. Porém, quando isso é revelado – ou exposto abertamente, como na época da Inquisição –, o poder de sedução da fé católica cai enormemente. A fé, assim como o futebol, a ciência, a língua e, finalmente, a cultura, constitui exemplo de poder que seduz – sendo, portanto, o mais eficiente em manipular uma multidão sem precisar aplicar força bruta.

Estamos falando, portanto, do poder suave (em inglês, *soft power*). Ele sempre existiu, talvez antes até dos filósofos gregos. Mas foi quando o mundo se dividiu em dois poderes duros – o capitalista e o comunista, durante a Guerra Fria – que o poder de persuasão se tornou mais evidente. Afinal, nem todo o poderio bélico da União Soviética evitou que ela se esfacelasse de dentro para fora. E não foi a força militar dos Estados Unidos que garantiu, sozinha, a vitória do seu sistema. Outro poder, muito mais eficiente – pois sedutor –, fez o modo de vida americano se infiltrar por entre as fronteiras comunistas, acelerando a implosão soviética. Esse poder se chama Hollywood.

A fé, a ciência, a língua e o esporte também são incontestáveis formas de poder de persuasão, mas nesta obra vamo-nos debruçar sobre a talvez mais sofisticada, complexa, secular e rentável forma de poder suave: a cultura. Muitas são as definições desse termo, mas aqui trabalharemos com um recorte específico de cultura, sendo ela definida por tudo que seja arte e/ou entretenimento.

Antes de mergulhar nas formas mais eficientes de poder suave ao redor do mundo, porém, é fundamental entender por que ele é a forma mais inteligente de dominação deste e dos próximos séculos.

O nascimento do conceito

Foi no fim dos anos 1980, nos capítulos finais da Guerra Fria, que o cientista político norte-americano Joseph Nye definiu e explicou essa forma de poder tão antiga na história da humanidade. Uma das primeiras aparições do termo *soft power* se deu em seu livro *Bound to lead: the changing nature of American power* (1990), no qual analisava justamente aquele momento em que o poder bélico e nuclear talvez não fosse mais o grande diferencial dos Estados Unidos.

"O Nye inovou o campo das relações internacionais, pois vínhamos de um período muito quadradinho da Segunda Guerra Mundial e da Guerra Fria, um período que chamávamos de 'realismo clássico', em que o que importava era o poder. Embora tenha surgido a Liga das Nações, acabou ocorrendo a Segunda Guerra. Depois, a Organização das Nações Unidas (ONU) foi criada, mas houve a corrida armamentista. Fazia sentido pensar num mundo em que o poder clássico era o mais importante. Porém, nos anos 1980 o cenário foi mudando e o poder explicativo do realismo clássico começou a ser questionado. Então o Nye surgiu com a visão de que os atores não estatais – como organizações não governamentais, movimentos verdes etc. – têm um peso mundial muito grande. O conceito de poder suave nasce no fim da Guerra Fria e marca o começo da hegemonia americana", contextualiza Gunther Rudzit, doutor em Ciência Política e mestre em Segurança Nacional pela Georgetown University. É importante ressaltar, no entanto, que Nye não construiu seu conceito do zero. Alguns estudiosos consideram que ele atualizou a teoria do italiano Antonio Gramsci (1831-1937), que dividia os países em aqueles que exercem um poder de "hegemonia dirigente" (no campo da cultura e das ideias) e os de "hegemonia dominante" (no campo militar).

Mas, afinal, o que é poder suave? Nye (2005) explica:

É a habilidade de conseguir o que se quer pela atração e não pela coerção ou por pagamentos. Surge da atratividade de um país por meio de sua cultura, de sua política e de seus ideais. Quando se consegue que os outros admirem seus ideais e queiram o que você quer, não é preciso gastar muito com políticas de incentivo e sanções para movê-los na sua direção. A sedução é sempre mais eficaz que a coerção, e muitos dos valores como democracia, direitos humanos e oportunidades individuais são profundamente sedutores.[1]

A opção, aqui, de tratar do poder suave apenas no âmbito da cultura vai ao encontro, inclusive, do pensamento do próprio Nye. Em entrevista ao autor deste livro[2], ele afirma que o poder suave de um país reside principalmente em sua cultura (alta cultura ou cultura popular), em seus valores e políticas. "Cultura e valores são mais permanentes que políticas. Meu livro mais recente, *Is the American century over?* (2015), afirma que, mesmo quando a economia da China ultrapassar a dos Estados Unidos, o país não vai superar os Estados Unidos no poderio militar e no poder suave. Quanto aos Brics, acredito ser uma coalizão diplomática que combina um poder decadente (Rússia) com quatro poderes em ascensão. Também pode ser visto como composto por dois poderes autoritários (China e Rússia) e três poderes democráticos (Brasil, Índia e África do Sul), o que torna o poder suave dos primeiros bastante limitado", diz Nye.

Jason W. Cronin, autor do livro *Soft power and its impact on US influence in Latin America* (2004), no qual analisa a importância do poder suave norte-americano para manter os países latino-americanos ao seu lado, amplia o conceito sobre o termo:

Poder suave é a capacidade de conseguir um resultado desejado porque os outros querem o que você quer. [Trata-se de] atingir objetivos por meio da atração e não da coerção. Por meio do poder suave, é possível convencer os outros a seguir regras ou concordar com elas, produzindo um comportamento desejado [...]. Ele se estabelece por meio das ideias e da cultura, sobretudo se o estado ou a organização consegue fazer seu poder parecer legítimo aos olhos dos outros. [...]. Se isso é bem-feito, o estado ou a organização não precisará utilizar os custosos recursos tradicionais de poder duro (econômico ou militar) [...]. A sutil, mas bem-sucedida propagação da cultura popular americana (produtos, tecnologia, comida, música, moda, filmes etc.) aumentou consi-

---

1. Os trechos de livros aqui citados cuja edição só existe em inglês foram traduzidos pelo autor deste livro.
2. Entrevista concedida por e-mail em 30 de setembro de 2014.

deravelmente o conhecimento global sobre o país e também a receptividade dos ideais e valores americanos. A influência do poder suave americano não foi intencional, mas um subproduto inadvertido de seu sucesso cultural e econômico. É importante notar que o poder suave precisa ser crível para ser eficiente.

Até mesmo os mais notórios líderes do poder duro reconhecem a importância do poder suave. Certa vez, lembra Nye, o secretário de Estado de George W. Bush – que travou guerras no Afeganistão e no Iraque –, Colin Powell, disse que os Estados Unidos precisaram do poder duro para ganhar a Segunda Guerra Mundial, mas "e o que veio logo depois disso? Os Estados Unidos almejaram dominar alguma nação da Europa? Não. O poder suave veio com o Plano Marshall. Fizemos a mesma coisa no Japão".

Em outras palavras, a forma de exercer o poder no mundo mudou. O conselho dado por Nicolau Maquiavel aos príncipes italianos quatro séculos atrás – ser mais temido que amado – tornou-se ineficaz. Hoje, em política, é importante ser temido *e* amado. Mas, para uma nação, é muito mais eficiente ser apenas amada. Ou por acaso alguém morre de amor pelos Estados Unidos pelo fato de, sozinhos, serem capazes de aniquilar a vida na Terra com seu arsenal nuclear?

Não foi por meio das armas nem das sanções comerciais que os Estados Unidos seduziram parte do mundo com seu *American way of life*. Uma ilha a poucos quilômetros do país é a prova de que força e sanções são ineficientes; porém, quando se aplicam outras formas de poder – diplomacia, cultura, intercâmbios das mais variadas formas – a uma nação como Cuba, esta se transforma, quase magicamente, num país aberto e simpático aos ideais de seu então maior inimigo.

Nye advertiu, no entanto, que os resultados obtidos pelo poder suave nem sempre são previsíveis nem mesmo desejáveis. Assim como milhões de católicos do mundo seguem os ensinamentos do papa sobre pena de morte, contracepção e aborto – não por meio da imposição, mas da legitimidade das palavras (veremos mais sobre isso no próximo capítulo) –, a legião de seguidores da Al Qaeda e do Estado Islâmico não é cooptada necessariamente por dinheiro, mas pela sedução de suas palavras e de seus objetivos. E a melhor forma de combater tal sedução certamente não é o poder duro – que, ao contrário, poderá alimentar ainda mais a sede de vingança do lado oposto. "Esse poder suave – fazer que outros queiram os resultados que você almeja – coopta as pessoas em vez de coagi-las. Ele se utiliza da capacidade de modelar as preferências dos outros", explica Nye, que acerta em cheio no termo "modelar as preferências". Essa é a chave do poder suave, que no âmbito cultural faz que prefiramos ver um filme de Hollywood ao cinema nacional, ver uma novela brasileira em vez da novela portuguesa, comprar uma grife francesa e não uma sueca, visitar a arte renascentista italiana em vez da arte polonesa etc.

"O poder suave é mais que persuasão ou capacidade de mover as pessoas pela argumentação, embora ambos sejam parte importante dele. É também a capacidade de atrair, e atração muitas vezes leva a consentimento, concordância e submissão. De maneira simples, em termos comportamentais, o poder suave é o poder de atração", explica Nye, que dá um exemplo no âmbito cultural: "Foi um então primeiro-ministro francês que observou que os americanos eram poderosos porque conseguiam 'inspirar os sonhos e desejos dos outros graças à maestria das imagens globais – por meio de filmes e programas de TV – e porque, por essas mesmas razões, um grande número de estudantes de outros países vai aos Estados Unidos para terminar seus estudos'".

Antes de implodir, a União Soviética exercia o poder suave, mas sua sedução caiu drasticamente após a invasão da Hungria e da Tchecoslováquia. "O Vaticano tinha poder suave, apesar de Stálin zombar dele com a pergunta: 'Quantos destacamentos o papa possui?' O poder suave soviético declinou mesmo quando seu poderio militar e econômico continuava a crescer. Por conta de suas políticas agressivas, os soviéticos boicotaram seu poder suave por meio do poder duro", diz Nye. "A cultura norte-americana, culta ou inculta, irradia para fora com uma intensidade vista pela última vez no Império Romano – mas de um novo ângulo. A força cultural romana e soviética chegava até o limite de suas fronteiras militares. O poder suave americano, no entanto, domina um império no qual o sol nunca se põe."

Uma das razões para isso, aponta Nye, é o fato de os Estados Unidos terem sido sempre uma terra de imigrantes, formando uma cultura e uma sociedade multiétnicas que refletem várias partes do mundo e tomando emprestado livremente uma variedade de tradições. Isso faz que o país seja um laboratório para a experimentação cultural, por meio da recombinação e da exportação de diferentes tradições. Além disso, devido ao tamanho do seu mercado interno, é o melhor local para se testar a eficiência de um filme, uma música ou um jogo no quesito atração de audiência grande e diversificada.

Erodindo o poder suave

É claro que o poder suave não é capaz de, sozinho, seduzir povos, líderes e nações. Ainda que o ditador norte-coreano Kim Jong-un tenha sido um notório fã de pizza e filmes americanos, ele nunca acenou positivamente para seu arqui-inimigo. A cultura eletrônica japonesa não é capaz de, por si só, cooptar os vizinhos invadidos na Segunda Guerra a favor do país. Ou seja, o mundo tem plena consciência de que o poder suave dos Estados Unidos fortalece, acima de tudo, os próprios Estados Unidos. Nye lembra o que o presidente do Irã, Mohammad Khatami, disse em 1999: "A nova ordem mundial e a globalização que alguns certos poderes estão tentando nos fazer aceitar, nas quais a cultura do mundo inteiro é ignorada, parecem um novo tipo de colonialismo". E lembra o que disse um jornalista da revista alemã *Der Spiegel*: "É hora de revidar, antes que o mundo inteiro vista a camisa com a marca '*made in USA*'".

Nye, porém, faz um contraponto. "Filmes americanos que tornam os Estados Unidos atraentes na China ou na América Latina podem ter o efeito oposto ou até reduzir o poder suave americano na Arábia Saudita ou no Paquistão. Mas, em geral, as pesquisas apontam que nossa cultura popular fez os Estados Unidos parecerem para os outros 'excitante, exótico, rico, poderoso, definidor de tendências – a nota de corte da modernidade e da inovação' [...]. Na Nigéria, onde os programas americanos foram mais da metade do conteúdo em 1997, 'a presença direta e indireta em praticamente todas as áreas da vida nigeriana assegura a americanização não apenas da TV, mas de outras facetas da cultura do país'", ele afirma, tecendo também alguns comentários sobre o poder da cultura de países do chamado Brics. "Enquanto a cultura oferece parte do poder suave, políticas internas e valores marcam seus limites, sobretudo na China, onde o Partido Comunista teme permitir muita liberdade intelectual e resiste a influências de fora. A Índia se beneficia de seu sistema político democrático, mas ainda sofre com um governo extremamente burocrático. Já o Brasil projeta certa atração, advinda tanto de sua cultura vibrante quanto de suas promessas para o futuro."

A cultura de massa dos Estados Unidos, que seduz em grande parte por força do marketing e da promessa de prazer, é alvo de críticas dos próprios intelectuais do país, que a desdenham por seu mercantilismo e veem a cultura popular como um anestésico, um narcótico apolítico para as massas. No entanto, trata-se de uma generalização perigosa, uma vez que a cultura de massa propaga imagens e mensagens subliminares sobre individualismo e consumo com fortes efeitos políticos. Segundo o comentarista norte-americano Ben Wattenberg (*apud* Nye, 2005), a cultura americana contém brilho, sexo, violência, insipidez e materialismo; retrata os valores americanos que são abertos, mutáveis, individualistas, anti-establishment, plurais, voluntaristas, populares e livres. "É esse conteúdo, refletido favoravelmente ou não, que traz as pessoas para as bilheterias. A linha entre informação e entretenimento nunca foi tão tênue quanto alguns intelectuais imaginam, e está ficando cada vez mais turva com a mídia de massa mundial. Algumas letras de músicas populares têm efeito político. Por exemplo, nos anos 1990 a estação de rádio dissidente B-92 em Belgrado tocava o tempo inteiro determinada canção do grupo de rap americano Public Enemy: 'Nossa liberdade de expressão é liberdade ou morte – temos de lutar contra o poder estabelecido'."

Essa influência social e política, porém, nasceu antes da cultura de massa do século 20. O historiador holandês Rob Kroes lembra que pôsteres produzidos para linhas de trem e sociedades migratórias da Europa do século 19 criaram uma imagem do Oeste americano como símbolo de liberdade e prosperidade. Outro historiador, o austríaco Reinhold Wagnleitner, diz que a rápida absorção da cultura dos Estados Unidos por sociedades europeias, após a Segunda Guerra Mundial, ajudou na democratização destas, rejuvenescendo-as e revitalizando-as com conotações de liberdade, casualidade, vitalidade, modernidade e juventude. A atração exercida por essa cultura também desempatou a Guerra Fria. A União Soviética tinha um poderio militar impressionante, o apelo da ideologia comunista e recordes de resistência contra os nazistas. No entanto, todo esse poder foi dilacerado pela repressão interna, pelo avanço sobre o Leste Europeu e pelo fraco desempenho econômico dos anos 1980 em diante. Um jornalista soviético comentou, depois de uma exibição restrita de *A hora final* e *Dr. Fantástico* (ambos filmes críticos da política nuclear americana): "Os filmes nos chocaram profundamente... Começamos a entender que a mesma coisa poderia acontecer conosco e com eles numa guerra nuclear".

Mas o poder duro é capaz de deteriorar a força do poder suave com igual habilidade. Exemplos não faltam. Ainda que dividindo a mesma língua, a segregação racial em curso nos Estados Unidos nos anos 1950 ajudou a diminuir o poder suave americano na África. O mesmo acontece hoje na Europa quando se pensa que os Estados Unidos praticam a pena de morte e têm um parco controle de armas. Por outro lado, Nye lembra que a popularidade dos Estados Unidos na Argentina, no início dos anos 1990, foi reflexo das políticas de Jimmy Carter nos anos 1970 e ajudou o governo argentino a apoiar as políticas americanas nas Nações Unidas e nos Bálcãs. Mas tudo isso foi por água abaixo quando os Estados Unidos se recusaram a resgatar a economia argentina do colapso dos anos 1990, o que diminuiu o poder suave americano no país.

"Se considerarmos os vários interesses nacionais americanos, por exemplo, o poder suave pode ser menos influente que o poder duro em prevenir ataques, no policiamento de fronteiras e na proteção de aliados. Mas o poder suave é particularmente relevante na obtenção de metas de grande escala. Tem papel crucial na promoção da democracia, dos direitos humanos e do livre-mercado. É mais fácil atrair pessoas para a democracia do que forçá-las a ser democráticas", afirma Nye, que diz ser, hoje, muito menos aceitável um país declarar guerra a outro do que um século atrás. Ou seja, faz-se necessária uma grande justificativa moral para assegurar o apoio da população em democracias avançadas, o que torna a importância do poder suave ainda maior atualmente. "O jogo político na era da informação global indica que a importância relativa do poder suave vai crescer. Os países mais propensos a ser atraentes e ganhar poder suave na era da informação são aqueles com múltiplos canais de comunicação, que ajudam a lidar com assuntos diversos, cuja cultura e ideias dominantes são mais próximas das normas globais (que agora enfatizam o liberalismo, o pluralismo e a autonomia) e cuja credibilidade é reforçada por seus valores e políticas internacionais", afirma Nye.

Um poder sem rédeas do governo

Por ser em grande parte produzido fora do âmbito estatal, o poder suave não pode – nem deve – ser controlado pelo Estado, sob o risco de perder sua eficiência. O governo americano não produz Hollywood, Harvard, Michael Jordan e a Microsoft, tampouco os controla. Joseph Nye dá dois excelentes exemplos: "O cineasta tcheco Miloš Forman conta que, quando o governo comunista deixou entrar o filme americano *12 Homens e uma sentença* por conta de seu retrato áspero das instituições americanas, intelectuais tchecos assim reagiram: 'Se aquele país pode fazer esse tipo de coisa, filmes sobre si próprio, deve ter orgulho e grande força interna. Deve ser suficientemente forte e também livre'". "Um músico soviético observou que eles tinham sido treinados para acreditar na decadência do Ocidente; no entanto, ano após ano, grandes orquestras vinham de Boston, Filadélfia, Nova York, Cleveland e São Francisco. 'Como pode o Ocidente decadente produzir orquestras tão boas?'" Não à toa, para a União Soviética, intercâmbios eram um cavalo de Troia, ajudando a erodir o sistema soviético, uma vez que mais e mais pessoas tinham contato com a cultura e o sistema político americanos. "Os governos usam poder militar para fazer ameaças, guerras e, com uma combinação de habilidade e sorte, atingir os resultados desejados dentro de um tempo razoável. O poder econômico, em geral, também é uma questão direta. Os governos podem congelar contas estrangeiras da noite para o dia e podem distribuir subornos ou auxílios prontamente (embora sanções econômicas em geral levem um bom tempo, isso se atingirem o resultado esperado). O poder suave é mais difícil de manejar, pois muitos de seus recursos cruciais estão fora do controle do governo e seus efeitos dependem grandemente da aceitação do público que o recebe", explica Nye.

Entretanto, o poder suave dos Estados Unidos foi fortemente abalado no início do século 21. Segundo diversas pesquisas realizadas, o poder de atração do país na Europa caiu fortemente após a declaração de guerra ao Iraque, em 2003. Nye lembra que um relatório bilateral, de outubro de 2003, mostrou que "a hostilidade para com os Estados Unidos atingiu níveis alarmantes. O que se requer não é apenas adaptação tática, mas transformação estratégica e radical". Em 2003, menos de 15% do público da Turquia, da Indonésia, do Paquistão e da Jordânia e menos de 27% do Líbano e do Marrocos tinham opiniões favoráveis aos Estados Unidos. E isso alimenta, em contraposição, o poder de atração dos discursos terroristas. Em suma: o poder cultural norte-americano, quando não anulado pelo poder duro político, pode ajudar a amenizar o discurso terrorista internacional, ou ao menos angariar aliados que consideram válido usar o poder duro contra esse grupo.

Vale lembrar que, à época da Guerra do Iraque, um poder suave importante emergiu como porta-voz internacional em oposição à mídia dos Estados Unidos. Enquanto a CNN cobria a guerra para os norte-americanos, a Al Jazira se tornava cada vez mais forte como contraponto àquele conflito que grande parte do mundo considerava um erro por parte de George W. Bush. Lembra Nye: "A mesma imagem de tropas avançando poderia ser descrita pela CNN como 'forças de coalizão avançam' ou pela Al Jazira como 'forças invasoras avançam'".

É por essa razão que o governo dos Estados Unidos enfrenta um constante movimento de atração e repulsão do poder suave, sempre como reflexo do poder de sedução de sua política e de seus produtos. Quando a imagem norte-americana está negativa no mundo, especialistas tendem a lembrar a importância de reinvestir no poder suave. Exemplos não faltam. Nye lembra que, de 1995 a 2001, os intercâmbios culturais e acadêmicos caíram de 45 mil para 29 mil anualmente, com muitos centros culturais e livrarias fechadas. Nye considera um grande equívoco do governo Clinton e do Congresso cortar o orçamento e pessoal da diplomacia e intercâmbios em quase 30% após 1993. Em 2003, o BBC World Service tinha 150 milhões de ouvintes semanais no mundo, enquanto o Voice of America tinha pouco menos de 100 milhões. "Poucos americanos parecem perceber que, com uma revolução da informação em curso, o poder suave está se tornando mais importante. Só depois de 11 de setembro os americanos redescobriram a importância de investir nos instrumentos de poder suave [...]. Pesquisa de 2003 da Roper mostrou que, pela primeira vez desde 1998, consumidores de 30 países sinalizaram seu desencanto com os Estados Unidos, estando menos propensos a comprar produtos da Nike ou a comer no McDonald's. Ao mesmo tempo, nove das 12 maiores firmas asiáticas e europeias, incluindo Sony, BMW e Panasonic, viram seus índices subirem." Ele lembra, por exemplo, que nos estágios iniciais da Guerra Fria a CIA secretamente apoiava os orçamentos de organizações culturais como o Congress for Cultural Freedom, o que gerava certa desconfiança. "Nos períodos mais fortes, o problema era de que forma usar a liberdade intelectual como propaganda sem torná-la propaganda durante o processo."

Até mesmo antes da Guerra Fria, o governo dos Estados Unidos tinha plena consciência da importância de investir em poder suave para manter um subcontinente inteiro longe da "ameaça comunista". "A administração Roosevelt acreditava piamente que a consciência cultural e intelectual e a compreensão, por parte dos EUA, das sociedades (normas sociais e cultura) dos países vizinhos poderiam promover a liderança econômica dos Estados Unidos e a cooperação política com o Brasil. O presidente Roosevelt sabia da necessidade de promover a persuasão ideológica e cultural; por isso, em apenas um ano, elevou o orçamento inicial do Office of the Coordinator of Inter-American Affairs de US$ 3,5 milhões para US$ 38 milhões. Os anos entre o final da década de 1940 e meados de 1950 foram repletos de criação e formalização de organizações e atos na tentativa de influenciar o Brasil e o resto da América Latina para o bem dos Estados Unidos. As novas agências governamentais foram desenvolvidas particularmente para combater a propaganda antiamericana, conduzida sobretudo pela União Soviética naquela região e naquele período. No dia 31 de julho de 1953, o presidente Eisenhower criou a Agência de Informações dos Estados Unidos (Usia) como ferramenta política de poder suave internacional, usada em conjunto com políticas de poder duro diplomáticas, militares e econômicas. O principal objetivo da agência era persuadir populações estrangeiras de que era de seu interesse seguir a liderança dos Estados Unidos. Entre 1942 e 1946, a Disney produziu mais de uma dúzia de animações amplamente distribuídas no hemisfério com a intenção, explícita, de melhorar as relações Brasil-Estados Unidos por meio da mediação do poder suave. Os temas dos desenhos da Disney variavam da preocupação típica com a Amazônia e a vida maravilhosa na América do Sul a assuntos menos tradicionais, como a importância dos grãos para o esforço de guerra e a importância da defesa nacional contra invasões. Até Hollywood apoiou o governo dos Estados Unidos na sua tentativa de melhorar as relações com o hemisfério ocidental em benefício dos esforços de guerra americanos", explica Jason Cronin (2004), que cita, como das mais eficientes ferramentas de poder suave usadas pelos Estados Unidos, as rádios Free Europe, Voice of America e Liberty, além do Congresso de Libertação Cultural, patrocinado pela CIA.

Como veremos alguns capítulos adiante, Hollywood é, sem dúvida, o mais influente poder suave do mundo, dominando até culturas consideradas isoladas. "Durante a faculdade, um professor nos levou de ônibus ao Mato Grosso e ao Acre, na região onde atuava Chico Mendes. Conosco, havia um intercambista americano, o Jonathan. Passamos pela última aldeia dos bororos, que conseguiram proteger-se social e culturalmente. Quando descemos, o Jonathan, um americano judeu alto, loiro, chamou a atenção dos indiozinhos, que o cercaram. Então o padre que estava conosco disse que nos mostraria um vídeo sobre a única dança, ritual espiritual, que sobrou deles, que é o ritual da morte. Quando ele falou isso, indo em direção ao aparelho de vídeo, os indiozinhos o seguiram e disseram: 'Não, não, põe o *Rambo*, põe o *Rambo*!' O Jonathan e todos nós ficamos bastante chocados ao nos dar conta, na prática, de que a cultura americana chega até no meio do mato por meio das parabólicas", conta Gunther Rudzit, que lembra também que até mesmo as culturas mais tradicionais do mundo, como a japonesa, abriram-se para as influências norte-americanas. "O japonês, quando terminou a Segunda Guerra, esperava que os 'bárbaros' matassem e estuprassem todos, mas os americanos chegaram, reconstruíram o país e mantiveram o imperador. E a sociedade japonesa se tornou grata por muito tempo. Uma série de expressões foi inserida na cultura japonesa, a exemplo de *knife*, escrito como no inglês."

O poder suave dos países influencia diretamente a capacidade de venda de seus produtos. Como veremos adiante, o poder suave chinês está em sua cultura milenar, que atrai os olhos e o dinheiro do turismo do mundo todo. Mas o país tem fama de fabricar produtos com matérias-primas de baixa qualidade, gerando produtos finais de tecnologia falha ou inferior à japonesa, europeia e americana. Isso reflete nas marcas do Ocidente. Pouco tempo atrás a Apple, uma das empresas mais poderosas do mundo, mudou os dizeres contidos na parte de trás de seus celulares. Antes, lia-se *Made in China*. Hoje, lê-se *Designed by Apple in California, assembled in China* (criado pela Apple na Califórnia, montado na China).

Em julho de 2015, duas consultoras londrinas – Portland e ComRes –, em conjunto com o Facebook, divulgaram o ranking de países com maior poder suave no mundo, utilizando seis categorias para classificá-los: empreendedorismo, cultura, governo, amplitude digital, comprometimento e educação:

Países com maior poder suave no mundo	
1. Grã-Bretanha	16. Nova Zelândia
2. Alemanha	17. Bélgica
3. Estados Unidos	18. Noruega
4. França	19. Irlanda
5. Canadá	20. Coreia do Sul
6. Austrália	21. Singapura
7. Suíça	22. Portugal
8. Japão	23. Brasil
9. Suécia	24. Polônia
10. Holanda	25. Grécia
11. Dinamarca	26. Israel
12. Itália	27. República Tcheca
13. Áustria	28. Turquia
14. Espanha	29. México
15. Finlândia	30. China

Fonte: <http://softpower30.portland-communications.com/ranking>.

À época, o que surpreendeu os analistas foi a China ter vindo em último lugar, apesar dos esforços governamentais de criar agências de notícias e projetos de desenvolvimento. Mas, como veremos, tais esforços não são capazes de mudar a percepção negativa da política interna e externa e da diplomacia chinesas, ainda que sua cultura milenar seja um dos pontos fortes.

Esses mesmos analistas também apontaram como "países a ser observados de perto" a Coreia do Sul e o Brasil. O primeiro, por ser o único asiático entre os 20 maiores no ranking, depois do Japão, um dos mais tradicionais países com poder suave no mundo. Já o Brasil é o único país da América do Sul presente no ranking, em grande parte por conta da Copa do Mundo de 2014 e das Olimpíadas do Rio em 2016 (o ranking foi feito antes das convulsões políticas e econômicas que atingiram o país em 2016, fator que ajuda na erosão do poder suave). A Grã-Bretanha está no topo do ranking por ser forte em cultura (música e futebol) e educação (universidades), embora fraca em empreendedorismo e governabilidade.

Esse poder, claro, muda de mãos o tempo inteiro. Japão, Vietnã e Coreia do Sul, ao se aliar aos Estados Unidos, buscam contrabalancear o poder duro da China na Ásia. Enquanto os Estados Unidos exercem forte poder suave sobre seus vizinhos (México e Canadá), isso não acontece com a China, que tem pouco poder de persuasão na Índia ou no Japão. Mas o vazamento de grampos nas embaixadas americanas por parte do WikiLeaks derrubou consideravelmente o poder suave norte-americano por algum período. Por outro lado, a vitória da diplomacia e a amenização das sanções norte-americanas que levaram ao acordo sobre o programa nuclear iraniano voltaram a elevá-lo. Em outras palavras, a forma mais eficiente de poder do mundo também é a mais suscetível a mudanças sociais, políticas, econômicas e militares, o que não destitui sua grande influência internacional. Porém, embora não se valha de armas ou de guerras, o poder suave também gera violência – simbólica –, como veremos no próximo capítulo.

2. Trocas pessoais de poder suave: o poder simbólico

> O que faz o poder das palavras e das palavras de ordem
> poder de manter a ordem ou de a subverter
> é a crença na legitimidade das palavras e daquele que as pronuncia,
> crença cuja produção não é da competência das palavras.
> Pierre Bourdieu

Se produtos da arte e do entretenimento – como os filmes de Hollywood, as telenovelas brasileiras, a cultura eletrônica japonesa e a música pop britânica – têm poder suave é porque, além de tudo que vimos no capítulo anterior, seus conteúdos e discursos apresentam legitimidade e atraem grande parcela da população mundial. Convencem, incitam ao consumo, levam multidões a aderir modismos e hábitos, não pela força do dinheiro ou das armas, mas por instrumentos, imagens e discursos sempre coerentes e de significados e intenções muitas vezes implícitos.

Ao discutir a importância mundial do poder suave, é inevitável levar em conta a imensa contribuição do sociólogo francês Pierre Bourdieu. Embora seus pensamentos se estendam muito além do campo cultural, aqui nos limitaremos a refletir sobre esse universo, cujas interligações com o conceito de poder suave são, por vezes, extraordinárias. A despeito de prováveis críticas que poderiam ser feitas sobre a aproximação entre poder suave e poder simbólico, Bourdieu inicia seu trabalho intitulado *Campo de poder, campo intelectual* (1983) com uma epígrafe em que cita Proust (*Sodoma e Gomorra*): "As teorias e as escolas, como os micróbios e os glóbulos, se devoram entre si e com sua luta asseguram a continuidade da vida". Portanto, a união desses dois conceitos assegura a continuidade das reflexões sobre o poder (explícito e implícito) da cultura no mundo.

Uma das teorias de Bourdieu sobre cultura é construída em torno do que ele denominou poder simbólico – aquele invisível, às vezes não notado, bem diferente dos poderes econômico e político e exercido de forma inconsciente por aqueles que lhe estão sujeitos ou com a cumplicidade destes. O poder simbólico é gerado com diferentes variáveis, como o mito, a língua, a arte, o entretenimento, a ciência, a religião etc. Tais variáveis constroem uma lógica no mundo, estruturam a realidade porque são estruturadas. Trata-se de instrumentos da integração social e de sua ordem. Assim agem, em graus distintos, todos os produtos culturais que serão analisados nos capítulos seguintes.

Nas palavras de Bourdieu (1996), o poder simbólico tem a prerrogativa de

[...] constituir o dado pela enunciação, de fazer ver e fazer crer, de confirmar ou de transformar a visão do mundo e, deste modo, a ação sobre o mundo, portanto o mundo; poder quase mágico que permite obter o equivalente daquilo que é obtido pela força (física ou econômica), graças ao efeito específico de mobilização, só se exerce se for reconhecido, quer dizer, ignorado como arbitrário. [...] O que faz o poder das palavras e das palavras de ordem poder de manter a ordem ou de a subverter é a crença na legitimidade das palavras e daquele que as pronuncia, crença cuja produção não é a da competência das palavras.

Note que Bourdieu diz que esse poder "permite obter o equivalente daquilo que é obtido pela força", ou seja, por meio do poder duro. Trata-se, portanto, de seu oposto, o poder suave. Exemplificando: se um filme de Hollywood transmite a imagem de que o *American way of life* é o modo de vida a ser desejado e consumido no mundo, não é pelo que os personagens dizem, mas pela legitimidade do emissor e do produto. Não é um discurso descarado, mas implícito na ação e nas falas e modos dos personagens, que incita o consumo e hábitos que beneficiam enormemente a cultura e a economia do país. O mesmo, em grau distinto, vale para as telenovelas brasileiras, que irradiaram para o mundo a imagem de um povo alegre, pacífico e exótico sem que isso seja dito por nenhum dos personagens; não é, tampouco, a realidade. Esta, de fato, não importa, mas sim as ideias transmitidas por esses discursos de produtos culturais.

Instrumentos de dominação

Tais produções simbólicas, entretanto, também são usadas como instrumentos de dominação. Por meio da ideologia, elas dizem servir a interesses universais quando, na verdade, representam interesses particulares. A cultura dominante, diz Bourdieu (1996), contribui para a integração real da classe dominante e a integração fictícia da classe dominada para a legitimação da ordem estabelecida por meio de hierarquias. "A cultura que une (intermediário de comunicação) é também a cultura que separa (instrumento de distinção)." Isso nada mais é, na visão de Bourdieu, do que uma "violência simbólica", a dominação de uma classe sobre a outra, a domesticação dos dominados por meio de instrumentos simbólicos que às vezes nem são percebidos.

Os grandes estúdios de Hollywood não exercem seu poder simbólico de forma arbitrária, mas de forma reconhecida e pensada. Poder esse capaz de criar hábitos de consumo no planeta inteiro, capaz de reforçar estereótipos e transformá-los em verdade para muitos. Como veremos, esse poder mágico, usado em dramas, comédias e aventuras do tipo *Rambo*, transforma populações inteiras de russos, vietnamitas e coreanos em terroristas em potencial, bem como latino-americanos em baderneiros subdesenvolvidos que vivem entre cobras e cipós. Há, claro, exceções – produções mais atentas à realidade e menos à fantasia estereotipadora. Mas, infelizmente, no caso de Hollywood, as exceções são raras; enquanto a indústria do cinema reforça o poder da cultura americana sobre as outras, prejudica enormemente a afirmação e a valorização da cultura dos demais países, o que tem implicações econômicas e sociais.

A imprensa, cujos donos também participam da dominação simbólica, ajuda a reforçar essa situação. Para Bourdieu (1996), o desenvolvimento da imprensa é um indício da expansão sem precedentes do mercado de bens culturais. E os bens culturais, para ele, estão divididos em dois campos distintos de produção e circulação de bens simbólicos. De um lado, está a arte pura, a antieconomia, que demonstra desinteresse e denegação do comercial e do lucro econômico (em curto prazo), "privilegia a produção e suas exigências específicas, oriundas de uma história autônoma". Só em longo prazo ela vai acumular capital simbólico e tornar-se um clássico, por exemplo – o que assegura também, no futuro, lucros econômicos. Do outro lado está a lógica econômica das indústrias culturais, que comercializam bens culturais como se fossem outros quaisquer; querem a difusão rápida, o sucesso instantâneo e o lucro imediato. "Nesse mercado, o sucesso leva ao sucesso: contribui-se para fazer o best-seller publicando suas tiragens; os críticos não podem fazer nada de melhor por um livro ou uma peça do que lhe 'predizer o sucesso'", diz Bourdieu.

Aplicando tal pensamento ao cinema, por exemplo, de um lado estavam os cineastas da Nouvelle Vague, que nem sempre priorizavam o sucesso de suas obras, mas a quebra de padrões, ousando fazer um cinema de vanguarda. Foram, muitas vezes, fracassos comerciais no momento de seu lançamento, mas ganharam status de obras-primas cinematográficas com o passar do tempo. Do outro lado estão as produções hollywoodianas, que chegam às telas após uma propaganda visual ostensiva sobre quantos milhões o filme custou e quantos prêmios os membros da equipe (diretores, protagonistas etc.) já ganharam. Isso não só legitima o produto diante do público como 'prediz o sucesso' perante os críticos de cinema, que repetirão (às vezes mecanicamente) esse alto valor sugerido pelos produtores. O prêmio que um diretor ganhou há dez anos em Cannes ainda é lembrado na sua mais recente produção – afinal, na lógica da indústria cultural proposta por Bourdieu, um sucesso leva a outros.

O poder simbólico só se materializa pela autoridade que o emissor exerce por meio de instituições sociais, que podem utilizar a censura, imposta a todos os produtores de bens simbólicos. Tal censura, segundo Bourdieu, é desnecessária e invisível, uma vez que cada agente interioriza as formas autorizadas de expressão.

Ela atua, assim, excluindo agentes e determinando formas e conteúdos aceitáveis. As expressões são, portanto, resultado de constantes tensões e disputas de visões do mundo social. A produção dos discursos, com a finalidade de que se tornem legítimos, confere autoridade a quem os produz, numa forma de "criação contínua", refletindo o choque de interesses envolvidos. Escritores, jornalistas e outros agentes exercem sobre a cultura um poder simbólico, estabelecendo uma linguagem selecionada e restrita, afastada do uso popular. Produzem, com a língua, uma distinção de classe, excluindo (censurando) o que consideram inadequado.

Para compreender melhor esse viés do poder simbólico é preciso, primeiro, atentar para um conceito básico na obra de Bourdieu: o campo. Para ele, campo é um espaço de práticas específicas, relativamente autônomo, dotado de história própria, que tende a orientar a busca dos agentes, definindo universos de referências, problemas, marcas intelectuais etc. Tais elementos precisam estar na mente (não necessariamente de modo consciente) de um agente que quer entrar nesse jogo, ou seja, manejar o sistema a fim de adquirir mais poder dentro dele. O criador e sua obra de arte ou de entretenimento são determinados, portanto, pelo sistema das relações sociais nas quais a criação se realiza e pela posição que o criador ocupa naquele campo. Ou seja, o poder simbólico que um artista africano tem no campo (arte africana contemporânea) é fruto das suas relações sociais com os demais artistas do campo e da legitimidade que a obra tem perante aqueles que mais acumularam poder simbólico dentro de tal campo (artistas já consagrados). Conclui-se, desse modo, que o conteúdo da obra é, em si, menos relevante que os itens mencionados.

Todos os agentes que fazem parte de um campo estão constantemente numa relação (luta) de forças e oposições. O poder dentro de um campo não pode ser definido independentemente de sua posição nele. "É no horizonte particular dessas relações de força específicas e de lutas que têm por objetivo conservá-las ou transformá-las que se engendram as estratégias dos produtores, a forma de arte que defendem, as alianças que estabelecem, as escolas que fundam, e isso por meio dos interesses específicos que aí são determinados", afirma Bourdieu (1983). Tais agentes dentro do campo cultural nada mais querem do que ser reconhecidos como artistas (legitimidade), lutar pelo direito (ou monopólio) do poder de consagração estética ou intelectual. Uma vez adquirido tal poder esse agente terá, por sua vez, o poder de dizer quem pode ser chamado de artista dentro do seu campo. Exemplificando: quando romperam (e uniram) tradições, os fundadores da bossa-nova (João Gilberto, Vinicius de Moraes, Tom Jobim etc.) consagraram-se artistas e, por sua vez, adquiriram poder simbólico para "dizer" que outras obras ou artistas faziam parte desse campo criado por eles. Roberto Carlos, por exemplo, cuja carreira foi inicialmente influenciada pela bossa-nova, não fazia parte do "clube" – em parte por não ter sido "consagrado" pelos grandes acumuladores de poder simbólico dentro desse campo: seus próprios criadores. Partiu, então, para outro campo, onde se consagrou e também foi capaz de consagrar outros artistas.

Disputa de poder

Bourdieu cita também como meio de se consagrar artista não só a ruptura com outros campos e tradições, mas também a autonomia econômica, a não dependência desse campo. Cita Flaubert e Manet, criadores que romperam com as formas artísticas e dependências sociais e econômicas, pois viviam dos próprios recursos, afastados do mercado de obras de arte. É a posição pura, a arte pela arte, o que não significa repelir o lucro que porventura vier dessa arte com o tempo. O mesmo se poderia dizer, fazendo as devidas distinções, sobre Francis Ford Coppola, que em determinado momento da carreira abriu mão de vínculos com os estúdios de Hollywood (concessões) para filmar histórias bancadas por fontes próprias de renda (vinícolas), produzindo obras de arte sem concessões ao mercado.

Para Bourdieu (1983), portanto, não há campos neutros: em todos eles existe uma disputa de poder entre os agentes. A ciência, por exemplo, não está interessada apenas em seu progresso; existe uma disputa constante pela conquista da legitimidade de falar e agir. Cientistas e instituições vão consolidando hierarquias, prestígio e reconhecimento distintos, lutando constantemente pelo maior reconhecimento de seus produtos e de sua autoridade de produtor legítimo – o que significa até impor uma definição de ciência. Não há, portanto, escolhas desinteressadas de temas e métodos. Todas as opções feitas significam estratégias, investimentos orientados para a obtenção e o acúmulo de capital e de lucro simbólicos. Campo, portanto, é um espaço estruturado no qual dominantes e dominados lutam pela manutenção ou obtenção de determinados postos. Os diversos campos existentes – moda, literatura, artes etc. – são como microcosmos autônomos dentro do mundo social, onde um constante jogo, com regras estabelecidas, acontece. Nele, os agentes disputam, o tempo todo, posições e lucros específicos.

Os campos são, por assim dizer, arenas onde se travam lutas pela conquista de posições e de capital. Um novato no campo cinematográfico em Hollywood precisará acumular capital simbólico para ganhar autoridade na instituição, trabalhando com quem já tem muito poder simbólico ou fazendo cursos, especializações, associando-se a produtos e instituições de renome para, então, começar a galgar os degraus internos desse jogo do qual conhece as regras e o qual está disposto a jogar. Por exemplo: é bem provável que José Padilha (*Tropa de elite*) tenha mais facilidade para captar recursos financeiros para seu próximo filme brasileiro, uma vez que ele conquistou posições em outra área cobiçada do campo (Hollywood) ao fazer filmes como *Robocop*. Mas isso não significa que ele acumulou poder simbólico suficiente para dirigir, em Hollywood, qualquer obra a seu gosto, ao contrário de Steven Spielberg, George Lucas e J. J. Abrams.

O capital simbólico dentro de um campo é distribuído e acumulado de forma desigual. Os agentes que monopolizam a autoridade criam estratégias de conservação do poder, enquanto alguns novatos tentam subverter essa dominação. Mas não se trata de uma subversão que coloque em risco a própria existência do campo, o que prejudicaria ambos os lados. Ou seja, dominados e dominantes têm o interesse comum de manter a existência do campo, uma "cumplicidade objetiva" para além das lutas que os opõem. Outro efeito quando se acumula capital simbólico em um campo é a possibilidade de transferir esse poder para outros campos distintos. Não é comum, mas é possível; aconteceu com escritores, atores e músicos que se tornam políticos, como, respectivamente, Mario Vargas Llosa (Peru), Amitabh Bachchan (Índia) e Gilberto Gil (Brasil).

O campo cultural nem sempre trabalha com a mesma lógica do campo econômico, por exemplo. Pode haver até uma inversão de valores e de interesses entre eles, como o desinteresse estético ou intelectual contra a busca de lucro econômico; a gratuidade do gesto *versus* a utilidade da produção; a arte pela arte *versus* a acumulação financeira etc. O campo cultural também é pautado por uma arena de autorreflexão. Os campos literário, musical, teatral, entre outros, incorporam, em cada momento histórico, a relação de seus criadores com o seu passado e o dos demais campos. Uma relação que pode ser de repulsa, de ruptura (revoluções estéticas), de paródia (Dom Quixote), de recuperação e integração do passado dentro do presente (kitsch) etc.

Daí advém o valor estético de uma obra cultural. Para Bourdieu (1996), o valor puramente estético não pode ser destacado da posição que a obra ocupa em relação às demais de seu tempo e ao espaço social particular ou global no qual se situa. As normas estéticas vão-se distribuindo segundo posições, trajetórias e interesses, reabsorvendo elementos temporais, geográficos, linguísticos etc.

O sucesso de um produto ou de um agente em determinado campo cultural é definido pelos princípios de hierarquização, que pode ser externa ou interna. Na hierarquização externa, o critério de êxito é medido pelos índices de sucesso comercial e notoriedade social – as regras do mercado. Tal princípio rege a indústria cultural (Hollywood, Bollywood, telenovelas, música pop britânica, cultura eletrônica japonesa etc.). Já na hierarquização interna, o grau de consagração é medido pela não concessão à demanda do grande público e pelo desprezo às sanções do mercado: artistas que são reconhecidos por seus pares (arte africana, arte milenar chinesa), ainda que haja certo ponto de contato entre ambos. As obras e os artistas só existem, portanto, dentro de relações visíveis ou invisíveis, definidoras da posição de cada um perante os demais, da posição social e da posição estética.

Bourdieu chega a sugerir a substituição da noção de sociedade pela de campo, já que uma sociedade não é integrada por funções sistêmicas, mas formada por um conjunto de microcosmos sociais com certa autonomia relativa e lógica própria. A lógica de cada campo é irredutível aos demais. O que faz um cineasta apressar uma produção, por exemplo, não tem que ver com o que faz um músico nessas mesmas condições, ainda que os campos culturais guardem certa semelhança entre si.

Em resumo, o campo é uma relação de conflitos constantes de poder, o que nos leva a outra ideia fundamental de Bourdieu: o conceito de habitus – o senso-comum estabelecido pelo grupo dominante nas lutas por poder simbólico.

O conceito de habitus diz respeito aos sistemas de percepção, de apreciação, de gosto; aos princípios de classificação incorporados pelos agentes a partir das estruturas sociais presentes em determinado momento e lugar que vão orientá-los em suas ações. O grau de independência ou subordinação que um produtor cultural pretende ter constitui o indicador mais evidente da posição que ocupa no campo. Os que querem independência só vão consegui-la construindo um campo em si: revolucionando a arte, sendo indiferente às demandas da política, da economia e até da moral vigente, reconhecendo apenas as normas da própria arte. Do contrário, terão de se adaptar aos campos já existentes, a suas regras e lutas de poder. Os agentes dentro de um mesmo campo têm certa cumplicidade (produtores cinematográficos brasileiros, por exemplo), compartilham habitus: lugares-comuns, discursos e linguagens comuns, formas comuns de abordar problemas. Bourdieu dá grande importância às instituições, pois é nelas que os agentes encarnam seus papéis sociais e se realizam as sanções positivas e negativas. Possíveis alternativas diante da ordem estabelecida (institucionalizada) tendem a ser esvaziadas e afastadas, reforçando o habitus instituído.

Há, portanto, uma constante tensão entre dominantes e dominados. Enquanto os primeiros procuram manter o capital social conquistado, os segundos tendem a apontar a ilegitimidade desse capital. Mas quando existem instituições e métodos eficientes, a oposição se torna difícil ou até reforça a dominação – sobretudo quando não se contesta a estrutura do campo, mas se opõe a ele segundo a mesma ordem estabelecida. Vejamos, por exemplo, o impressionante poder simbólico das telenovelas da Globo. Quando, no início do século 21, a Record tentou se contrapor ao poder da concorrente, utilizou as mesmas regras e estruturas do campo dominado por esta. Ao fazer isso, acabou por reforçar o poder da concorrente em vez de destruir seu poder de atração.

Posições sociais

Em resumo, habitus é o senso prático que orienta a conduta das pessoas e suas ações. São regularidades – e não regras – que construímos e exercemos no cotidiano. É a base para a previsão de nossas condutas; por ele agimos de determinadas formas em determinadas circunstâncias. Obviamente, há espaço para improvisações e para novas estratégias, que aos poucos vão mudando os diversos campos. Outra ideia importante: apenas quem tiver incorporado o habitus próprio do seu campo tem condições de jogar o jogo e de acreditar na importância dele. É o cineasta brasileiro que se adapta às regras de Hollywood, do contrário está fora de lá. É a escola de balé brasileira que se adapta à estrutura do Bolshoi para ter mais chances de enviar seus alunos à "matriz". É o cantor argentino que faz carreira em inglês para tentar entrar no campo do rock internacional. É a emissora vice que se restrutura para ter os mesmos elementos do jogo da emissora líder etc.

No livro A distinção – Crítica social do julgamento (1970), Bourdieu reflete sobre a representação que o indivíduo – ou o grupo – tem de si mesmo e aquela que faz dos outros. Para ele, tais representações se dão por meio de estilos de vida e práticas de consumo. As diversas classes organizam o mundo distinguindo-se umas das outras pelo que consomem, não necessariamente de maneira consciente. Exemplos não faltam, mas basta imaginar a imagem que se tem, no campo cinematográfico, do indivíduo que consome apenas comédias hollywoodianas de cunho comercial perante aquele que assiste a obras do cinema iraniano, romeno, japonês etc. Para se distinguir do agente ao lado dentro de um campo, é preciso ter estilos e práticas de consumo considerados mais relevantes dentro do próprio campo. Trata-se, acima de tudo, de uma percepção que se tem do mundo social, dos indivíduos e grupos, mais do que necessariamente de uma realidade social.

Bourdieu foi atacadíssimo quando publicou A distinção, tendo sido acusado de destruir o "mistério estético" e de produzir um reducionismo sociológico, uma forma de marxismo mecânico e vulgar. O livro parecia destruir a "aura" da criação artística e intelectual, remetendo-a a práticas de consumo vinculadas a condições econômicas, posições sociais, vontade, distinção etc. Bourdieu afirmou que o gosto cultural e os estilos de vida das classes sociais são profundamente marcados por trajetórias educativas e socializadoras dos agentes. Assim, causou grande mal-estar na época ao dizer que o gosto cultural é produto de um processo educativo, ambientado na família e na escola, e não fruto da sensibilidade inata do ser humano. É como se Bourdieu derrubasse por terra o ditado "gosto não se discute", já que, para ele, o gosto é resultado de uma série de condições materiais e simbólicas acumuladas na trajetória familiar e escolar. As distinções de gosto mostrariam, sobretudo, uma ordem social injusta, em que as diferenças de origem podem ser chamadas de "bom gosto" e "mau gosto", numa permanente estratégia de hierarquizar a cultura e os indivíduos nos mais diversos campos.

Hoje, muitos seguidores de Bourdieu continuam seus estudos apontando sobretudo a mídia como elemento fundamental no reforço dessas distinções. Quando a mídia cobre o Oscar, mantém fortemente o poder suave de Hollywood, da mesma forma que "não se pode comparar" o rock brasileiro com o que fizeram os Beatles, Queen e The Rolling Stones. O mesmo vale quando se classificam a bossa-nova como música boa e o funk como ruim. Na lógica intrínseca à cobertura da imprensa e à sua denominação de valor, um é melhor e o outro, pior. Isso também se aplica ao consumo de bens materiais. Por exemplo, usar um casaco de luxo não serve – para as classes altas – apenas para aquecer o corpo. Passa a ter valor simbólico, de distinção perante as demais classes incapazes de adquirir o mesmo produto. Demonstra diferenciação de espaços e ao mesmo tempo aceitação dentro da classe que tem o mesmo capital simbólico. Para Bourdieu (1989), "a conjunção da apropriação material e simbólica confere à posse dos bens de luxo, além de legitimidade, uma raridade de segunda ordem que os transforma no símbolo, por excelência, da excelência". Em cultura, os investimentos e gostos não são apenas econômicos. São psicológicos.

Fechando a contribuição de Bourdieu no campo cultural, falemos, então, sobre a questão da dominação (violência simbólica) citada no início do capítulo – que tem ligações fortes com o conceito de poder suave. Bourdieu (1989) afirma que, para que uma dominação se reproduza, é preciso um mecanismo de violência simbólica, ou dominação simbólica (a primazia de Hollywood sobre os cinemas nacionais dos outros países, por exemplo, por instituições como a Motion Picture Association of America, MPAA). Porém, tal dominação só existe quando os dominados a legitimam utilizando categorias construídas do ponto de vista dos dominantes – o que faz que as relações de dominação pareçam naturais. Claro que os dominados podem recusar progressivamente o que haviam incorporado, por meio de um acontecimento brutal que dilacera o tecido ordinário da reprodução, introduzindo uma crise violenta. Podemos citar a iniciativa de mecenas culturais paulistas que criaram a Vera Cruz numa tentativa brasileira de reproduzir o sistema de estúdio de Hollywood. Mas fracassos econômicos e dívidas monumentais ajudaram a causar uma ruptura violenta com esse sistema – o que, mais tarde, levou o cinema brasileiro às experimentações do Cinema Novo.

No livro *A reprodução* (1970), por exemplo, Bourdieu e Passeron analisam as formas e os sistemas de dominação nas instituições, dando especial ênfase ao funcionamento do sistema escolar francês, que, em vez de transformar a sociedade e permitir a ascensão social, ratifica e reproduz as desigualdades. A escola, para eles, ignora as diferenças socioculturais, selecionando e privilegiando manifestações das classes culturais dominantes. Nesse sentido, uma escola reforça o poder suave de Hollywood ao priorizar seus filmes nas aulas em detrimento do cinema latino-americano, por exemplo. Para os autores, toda ação pedagógica é objetivamente uma violência simbólica, que impõe um poder arbitrário ao apresentar a cultura dominante como cultura-regra.

Há nesse processo, ainda, a "ideologia do dom" na vida social, que eleva o prestígio daquele que proclama – obviamente com a legitimidade dos demais do campo – a origem "sobrenatural" de seus talentos, colocando-o rapidamente entre os dominantes. Produz, também, outro efeito: intimida muitos membros do campo que aspiram a conquistar um lugar de destaque neste contando apenas com sua vontade e seu esforço para atingir tal objetivo.

Quando o sistema de ensino – e econômico-político – diminui o peso da cultura africana no mundo, por exemplo, colabora para reduzir a identidade cultural desse povo, tornando-o mais suscetível à dominação. O sociólogo brasileiro Sergio Miceli diz: "Para Bourdieu, a organização do mundo e a fixação de um consenso a seu respeito constituem uma função lógica necessária que permite à cultura dominante, em dada formação social, cumprir sua função político-ideológica de legitimar e sancionar determinado regime de dominação".

Como se pode ver, existem diversas e ricas leituras para entender por que certos artistas, instituições e produtos de arte e entretenimento têm tamanho poder no mundo. As ideias até aqui apresentadas servirão de guia para compreender o poder suave que será mostrado nos capítulos seguintes, começando pela detentora do maior deles no mundo hoje: Hollywood.

3. HOLLYWOOD: O GRANDE PODER SUAVE

> Washington e Hollywood dividem o mesmo DNA.
> JACK VALENTI

Na noite de 24 de fevereiro de 2013, em Los Angeles, havia uma grande expectativa sobre quem levaria o Oscar de Melhor Filme, suspense que se repete anualmente desde 16 de maio de 1929, noite da primeira premiação do Academy Awards. Mas a surpresa de fato não foi o filme vencedor, mas quem o anunciou. Via satélite, nos minutos finais da cerimônia, a primeira-dama dos Estados Unidos, Michelle Obama, apresentou o premiado: *Argo* (2012), dirigido por Ben Affleck. O filme é uma adaptação do livro de Tony Mendez, ex-agente da CIA, sobre o resgate de seis diplomatas americanos do Irã, em 1979, durante uma das maiores crises diplomáticas entre os dois países. Crise essa que estava em níveis tensos novamente na época da premiação, devido à tentativa do governo iraniano de produzir seu arsenal nuclear. No filme, bastante criticado por forjar vários pontos da verdadeira história, os americanos enganam os iranianos fingindo estar fazendo... um filme e saem ilesos do território inimigo.

Depois dessa noite, se alguém tinha dúvidas de que Hollywood e Washington andaram quase sempre de mãos dadas, tais dúvidas foram dirimidas. Não que o poder político controle o poder suave ou vice-versa, mas em muitos momentos da história dos Estados Unidos ambos tiveram interesses em comum e souberam se ajudar. E, ainda que tenha havido épocas em que Hollywood atrapalhou Washington, como durante e após a Guerra do Vietnã, os dividendos que os estúdios americanos trouxeram para o país foram maiores que os provisórios danos políticos e diplomáticos.

Mas como um aglomerado de estúdios conseguiu se tornar tão poderoso para abrir milhares de portas ao redor do mundo aos ideais e aos produtos norte-americanos? Como seus executivos foram capazes de seduzir mentes e abrir o bolso de intelectuais, da classe média e da classe baixa dos lugares mais distantes do planeta, inclusive de países fechados para o capitalismo? Só é possível entender por que Hollywood se tornou o mais eficiente poder suave do mundo se antes analisarmos os bastidores da formação dos estúdios, bem como seus mecanismos de manutenção e aumento de influência nos Estados Unidos e ao redor do mundo. Como diria o jurista e comentarista político Ben Stein, no livro *Her only sin* (1986), "as pessoas aqui da Casa Branca acham que têm poder. Estão enganadas. As pessoas que fazem esses [filmes] é quem têm poder [...]. Elas podem entrar na sua cabeça. Podem assumir o controle de tudo que você vê e faz, mudar seu jeito de sentir, tudo que acontece com você, e poder é isso". E, como comentou David Puttnam ao assumir o comando da Columbia Pictures, em um memorando ao presidente da Coca-Cola, então dona do estúdio: "Os filmes são poderosos. Bons ou ruins, eles mexem com a sua cabeça. Aproximam-se de você furtivamente no escuro do cinema para informar ou confirmar condutas sociais".

Como os estúdios dominaram o mundo?

Quando os imigrantes que sonhavam em fazer dinheiro nos Estados Unidos com o cinema, inventado em 1895 na França, perceberam que começar o negócio na Costa Leste americana poderia ser uma má ideia, uma vez que Thomas Edison controlava um forte sistema de patentes de equipamentos com o apoio do Congresso Nacional, começaram a cruzar o país e compraram lotes numa imensa fazenda que produzia cevada e laranja a fim de ficar longe dos fiscais de Edison, concentrados no outro lado do país. A fazenda, dividida em unidades de negócios e depois anexada a Los Angeles, passou a se chamar Hollywood, agora um proeminente bairro da cidade. Aos poucos foram surgindo todos os grandes estúdios dos Estados Unidos: Paramount, Universal, MGM, Twentieth Century Fox, Warner Bros., Columbia e RKO. Não demorou nem duas décadas para que, já nos anos 1920, eles dominassem o mercado interno norte-americano, neutralizando grande parte dos filmes franceses – com a ajudinha da Primeira Guerra Mundial, que enfraqueceu o negócio dos europeus – e agora miravam a próxima e última missão: abocanhar o mercado cinematográfico de todos os países capitalistas e de fronteiras abertas a produtos estrangeiros.

E eles conseguiram, por diversas razões. O fato é que esses judeus autodidatas foram bem-sucedidos em controlar praticamente todas as salas de recreação cinematográficas dos Estados Unidos, os Nickelodeons (1 *nickel* + Odeon, que significa teatro em grego), bem como o circuito de distribuição dos filmes, dominando, até 1948, os três vértices do triângulo mágico do cinema: produção, distribuição e exibição. Em 1947, a receita dos estúdios com a venda de ingressos só nos Estados Unidos era de US$ 1 bilhão, fazendo que o cinema fosse o terceiro maior negócio de varejo do país, atrás apenas de armazéns e venda de automóveis. Controlar as salas de cinema era essencial, e isso acontecia mesmo com as independentes, já que os estúdios faziam contratos blindados que obrigavam os donos a adquirir um "pacote" de filmes – do contrário, não teriam "direito" a exibir a película mais atrativa dos estúdios.

Star system e studio system

Este sistema – chamado de sistema de estúdio – estava intrinsecamente ligado ao sistema de estrelas (star system), fundamental para a manutenção do poder dos donos de estúdio até 1948, quando tudo isso entrou em colapso. Até um ano antes, quase 500 dos maiores astros de então – como Ingrid Bergman, Gregory Peck, John Wayne, Clark Gable e Humphrey Bogart – estavam presos por contratos bem mais vantajosos para os estúdios do que para eles. Tratava-se de contratos de sete anos em que eram não só exclusivos do estúdio como obrigados a aceitar – sob pena de altíssimas multas – qualquer papel que lhes fosse designado. Os salários em geral eram fixos. Não importava se o filme fosse um grande fracasso ou um enorme sucesso: o astro ganharia sempre o mesmo valor por obra. Marilyn Monroe, por exemplo, foi o sustentáculo financeiro da Fox durante anos graças a essa cláusula, pois seus filmes rendiam muitíssimo mais do que ela ganhava. Havia também o "escambo de atores", troca de astros entre os estúdios caso estes precisassem de um perfil específico, desde que pagassem um valor maior que o salário interno do ator.

No star system, o departamento de relações públicas dos estúdios ditava quando, como e onde as estrelas poderiam falar em público para tirar o melhor proveito da divulgação dos filmes. Também tinham o direito de solicitar a mudança de aparência dos astros, como o cabelo (Marilyn Monroe) e os traços do rosto. E, se fosse conveniente, poderiam até alterar o nome que não fosse considerado suficientemente americano de futuros astros promissores. Foi assim que Issur Danielovitch tornou-se Kirk Douglas e Marion Morrison virou John Wayne.

A cereja do bolo: o Oscar

Todo esse aparato foi criado nos anos 1920 e rendeu um poder suave imenso aos estúdios, mas ainda não era suficiente. O cinema, naquela época, ainda tinha forte imagem de indústria e não de arte. Era preciso blindar aquele esquema industrial e econômico com uma imagem que ressaltasse a arte e o entretenimento. Ou seja, mesmo sem usarem o termo, os executivos de Hollywood sabiam que precisavam dar um toque mais suave ao poder que estavam criando. Foi então que, em um jantar em 1927 no Ambassador Hotel, o alto executivo da MGM Louis Mayer propôs aos demais 35 colegas que criassem uma maneira de homenagear as próprias produções. Nascia, assim, a Academia de Artes e Ciências Cinematográficas, que a partir de 1929 passou a distribuir uma série de estatuetas para as produções dos estúdios, enquanto o cinema dos outros 194 países disputava praticamente uma só categoria: a de melhor filme estrangeiro. Mas é claro que, quando o peso econômico das bilheterias do mundo se tornava mais importante para os cofres dos estúdios, o Oscar coincidentemente também aumentava as premiações de filmes estrangeiros em outras categorias. Afinal, para que o poder suave funcione, é preciso coerência e certa dose de generosidade.

Desde essa época, os estúdios eram chamados de Grandes Irmãs, porque o paralelo com as relações fraternas é bastante preciso. Assim como irmãos, eles brigam entre si dentro de casa (bilheteria interna nos Estados Unidos), mas se unem fora dela contra as ameaças externas (filmes estrangeiros). Por isso, muitas das operações de lançamento de filmes de um estúdio são feitas em conjunto com outro, a fim de ganhar força fora dos Estados Unidos. Existe também um forte senso de comunidade em Hollywood. Steven Spielberg comentou, certa vez, que os diretores frequentemente se encontram para trocar roteiros, comentar a montagem do filme alheio, bisbilhotar a concorrência e especular como estará o negócio dela daqui a algumas décadas. Ao ser transferido para Hollywood, em 2001, um executivo europeu confidenciou ao cientista político Edward Jay Epstein que aquilo parecia um "sistema feudal que, com um pequeno número de príncipes e completamente obcecado pela lealdade pessoal, firma alianças temporárias para controlar territórios, incluindo os astros e os direitos sobre as continuações" e, então, "recruta mercenários para lutar por ele".

O colapso dos estúdios: a televisão

Tudo isso funcionou quase perfeitamente até 1948, quando a Suprema Corte dos Estados Unidos tomou uma decisão contrária aos interesses dos estúdios, num processo que ficou conhecido como "Os Estados Unidos contra Paramount *et al.*". O processo era fruto de uma longa pressão antitruste, que alegava que os estúdios agiam contra o comércio ao controlar, juntos, a distribuição e a exibição de filmes. Os estúdios tiveram de suspender a venda de pacotes de filmes para as salas e fechar as próprias redes de exibição que possuíam, cortando seu vértice mais lucrativo. Quem também pressionou os estúdios na justiça foram os executivos do novo modelo de entretenimento que se tornou a grande ameaça ao cinema: a televisão. As Grandes Irmãs fizeram de tudo para impedir o desenvolvimento dessa plataforma, impossibilitando a venda de seu acervo ou de sua equipe técnica e artística, presos a contratos ainda mais restritivos. Mas não houve jeito: ainda que existissem poucas emissoras de TV no país e mesmo apelando de todas as formas possíveis, os estúdios perderam na justiça.

Entre os poderosos de Hollywood, um jovem talento que, apesar de ter sido humilhado por outros executivos quando compartilhou a intenção de produzir um longa-metragem de animação para crianças, foi o que menos se prejudicou com o fim do sistema de estúdio. Em vez de se tornar dono de um estúdio, Walt Disney focou na produção de licenças de personagens como Mickey Mouse, distribuindo para os Estados Unidos e o mundo as formas mais simpáticas e "inocentes" de poder suave de Hollywood: brinquedos, discos, livros e joguinhos, seduzindo milhões de crianças desde o berço. E seu filme, à revelia do que pensavam as Grandes Irmãs, foi um sucesso. *Branca de Neve e os sete anões* (1934) tornou-se a primeira película da história a faturar US$ 100 milhões, com 400 milhões de ingressos vendidos em uma década.

Mas nem sempre esses números espetaculares refletiam a verdade dos fatos. Outra técnica bem recorrente de Hollywood para manter seu poder suave é a maquiagem contábil. Por exemplo: o filme *60 segundos*, lançado em 2000 pela Disney, foi considerado um grande sucesso pelo relatório anual da empresa. Esta é a informação passada para o público e para os acionistas: faturamento mundial de US$ 242 milhões. Mas Edward Jay Epstein, autor do livro *O grande filme – Dinheiro e poder em Hollywood* (2008), conta outra história. Segundo dados obtidos por ele, a Disney desembolsou US$ 103,3 milhões para produzir o filme, US$ 23,2 milhões para distribuí-lo nos Estados Unidos e no mundo, US$ 13 milhões com cópias, US$ 10,2 milhões com seguro, impostos, alfândega e outras taxas, US$ 12,6 milhões em "taxas residuais" (associações, sindicatos) e outros gastos, num total de US$ 206,5 milhões para viabilizar o filme nas telas. O tal faturamento bruto, US$ 242 milhões, nunca chegou aos cofres da Disney, pois os cinemas ficaram com US$ 139,8 milhões. A Disney arrecadou, na verdade, US$ 102,2 milhões por um filme que custou US$ 206,5 milhões. Se computarmos gastos com pagamentos de empregados, marketing e juros sobre investimento, o "grande sucesso" foi, na verdade, um prejuízo de US$ 160 milhões.

Portanto, o mundo dos estúdios não ficou fácil após a quebra antitruste de 1948, sobretudo porque eles passaram a competir com produtoras que não arcavam com todos os gastos de manutenção comuns ao ramo. Sem falar da pirataria e dos downloads ilegais, que forçam os estúdios a lançar os grandes sucessos simultaneamente no mundo inteiro. Antes, eles podiam se dar o luxo de esperar esgotar o público das grandes cidades para levar o filme ao interior e a outros países menores. Além disso, o sistema de estrelas foi substituído pelo custo de estrelas, no qual os grandes astros agora ditam as regras do jogo caso os estúdios os queiram nos filmes. Arnold Schwarzenegger, por exemplo, cobrou US$ 29,25 milhões para fazer O exterminador do futuro 3 (2003), mais US$ 1,5 milhão de benefícios (jatos, limusines...) e 20% de participação na receita do filme, caso desse lucro.

O reino das franquias

Por isso, hoje, os estúdios pensam duas vezes antes de investir em projetos que não tenham sido testados previamente de alguma maneira, na forma de livros (best-sellers), jogos ou até mesmo na de versões anteriores das películas. Vive-se o reino das franquias. Os grandes executivos de Hollywood também relutam em assumir que não são os filmes que geram os grandes lucros dos estúdios, mas os games e o licenciamento para entretenimento doméstico (TV paga, TV aberta e Netflix). Há quem diga que um projeto novo só é aprovado se puder gerar uma linha de games – mercado deveras lucrativo, pois mais difícil de piratear. Isso não é dito publicamente porque o cinema precisa continuar sendo a vitrine de Hollywood – é ele, e não os games, o poder suave dos estúdios. Demorou-se muito tempo para construir a aura de glamour e arte em torno de Hollywood e os executivos simplesmente não podem perder isso.

De qualquer forma, ainda que o poder de Hollywood tenha se tornado mais complexo, no alvorecer do século 21 um "sexpólio" cooperava entre si para dominar o entretenimento audiovisual no mundo: Time Warner, Viacom, Sony, Disney, NBC Universal e Fox. Essas empresas representam, em termos concretos, o poder suave de Hollywood, compondo a imaginação de parte considerável do planeta. Tal poder dos Estados Unidos foi tão blindado contra empresas internacionais por décadas que somente no final do século 20, de fato, uma empresa estrangeira conseguiu penetrar no sistema. A Sony foi a primeira não norte-americana a comprar um estúdio de Hollywood. Tendo grande poder no Japão pela tecnologia digital – que veremos mais adiante –, ela adquiriu a Columbia Pictures da Coca-Cola em 1989. Em seguida, outras empresas japonesas seguiram o rastro. A Matsushita comprou a MCA-Universal em 1991, por US$ 6,1 bilhões, e em 1992 a Toshiba pagou US$ 1 bilhão para ser sócia minoritária da Time Warner.

Muralhas anti-Hollywood

Raros foram os países que receberam de braços abertos esse poder suave dos Estados Unidos. Mesmo os tradicionais aliados, como a Europa Ocidental, passaram a estabelecer políticas de restrição à importação de filmes de Hollywood assim que perceberam que aquele poder não tinha nada de inocente. Em reação, os estúdios pediram ajuda ao governo a fim de abrir as fronteiras do mundo. Argumentavam que o cinema norte-americano é o meio mais valioso de promover a imagem dos Estados Unidos no mundo. Aquilo não era novidade para o governo, já que em 1917 o presidente Woodrow Wilson declarou Hollywood uma "indústria essencial", criando o Foreign Film Service. Isso ajudou consideravelmente os estúdios a adquirir participação nas produtoras europeias, como a UFA, o maior estúdio da Alemanha. Em consequência, em 1926, 75% de todos os filmes assistidos na Europa provinham de Hollywood, que garantia um terço de sua renda graças ao continente.

É claro que Hollywood nem sempre trabalhou com objetivos alinhados aos do governo – até porque, como vimos, num país democrático, não se pode controlar o poder suave. "Durante a Guerra do Vietnã, por exemplo, a cultura popular americana trabalhava contra o governo. Hoje, filmes de Hollywood que mostram mulheres com roupas escandalosas e atitudes libertinas ou grupos fundamentalistas cristãos que punem o Islã por ser uma religião do mal estão fora do controle governamental numa sociedade liberal, e cortam os esforços governamentais para melhorar relações com os países islâmicos", diz Nye.

Uma das táticas para aumentar o poder suave americano na Europa era fazer versões estrangeiras de seus filmes. A Paramount construiu na França um estúdio para refazer os clássicos norte-americanos com atores franceses. Mas não deu certo. Começaram, então, a dublar os filmes, mas a sincronização à época era precária. Tentaram legendas, mas ainda havia muitos analfabetos. O cenário só melhorou para os estúdios com o fim da Segunda Guerra Mundial. A ocupação norte-americana em países como Itália, Alemanha, Japão, Coreia do Sul e Áustria abriu um vasto mercado para os filmes de Hollywood.

Ainda que a lei antitruste tenha batido forte na rentabilidade dos estúdios a partir de 1948, ela não valia fora dos Estados Unidos, sendo possível vender pacotes de filmes no exterior e dominar o mercado exibidor. Hollywood cresceu 30% nos anos 1950 e 80% nos anos 1990 em tais mercados. O poder suave americano também era reforçado por parques temáticos, como a Disneylândia de Tóquio e a Disneyland Paris da França. E, como o poder dos estúdios já estava bem estabelecido, tornou-se mais lucrativo refazer os clássicos estrangeiros em Hollywood do que refilmar clássicos de Hollywood nesses países. Exemplos são a comédia francesa *Três homens e um berço* (1984), que virou *Três solteirões e um bebê* (1987); o espanhol *Abra os olhos* (1997), que foi transformado em *Vanilla sky* (2001), com Tom Cruise; o terror japonês *Ringu* (1998), que se tornou O *chamado* (2002), com Naomi Watts. Não se trata, porém, de mera refilmagem. Além de substituir os protagonistas dos países de origem por "astros internacionais", Hollywood também mudava a trama, incluindo elementos da linguagem clássica – instituída sobretudo por D. W. Griffith em O *nascimento de uma nação* (1915), que virou praticamente uma fórmula narrativa. Por exemplo, para adquirir um mercado internacional, Hollywood trocava finais tristes ou inconclusivos por finais felizes e bem amarrados.

A americanização do cinema e da TV mundiais contou com ajuda dos próprios estrangeiros. Rupert Murdoch, empresário australiano, adquiriu a Twentieth Century Fox, transformando sua News Corporation num império mundial. Foi a Fox que produziu o blockbuster *Austrália* (2008), bastante criticado pela imprensa por limpar o passado colonial australiano e o massacre dos aborígenes. Soube-se, depois, que a produtora de Murdoch trabalhou de mãos dadas com o dinheiro do departamento de turismo australiano. O alemão Leo Kirch fez alianças com a Warner Bros. para distribuir seus filmes na Alemanha Ocidental. Jean-Marie Messier, magnata francês, transformou o Canal Plus e o grupo editorial Havas nos braços lucrativos dos estúdios na França. No Brasil, Hollywood vendia pacotes de filmes para a TV Globo. Hoje, a Warner tem um contrato exclusivo com o SBT para desovar grande parte de sua produção, com quantidade de reprises e faixas de horário estipulados por Los Angeles.

Invasão chinesa

A China, para tirar proveito do poder suave de Hollywood, entrou fortemente com capital em Los Angeles. Com o aval e o interesse dos Estados Unidos, o Grupo Wanda, de Pequim, se juntou ao estúdio Legendary Pictures, numa negociação de US$ 3,5 bilhões. No entanto, se a China conseguiu colocar suas garras dentro do império americano, como fizeram os japoneses no século passado, Hollywood também fez o mesmo, entrando com força no mercado cinematográfico chinês – uma vez que a Legendary, produtora de filmes como *Jurassic world* (2015), *Godzilla* (2014) e a trilogia *Batman*, passou a ter acesso direto a um país com mais de 1 bilhão de potenciais espectadores. É o que Hollywood mais quer, uma vez que a venda de ingressos dentro dos Estados Unidos estagnou e o mercado externo tem-se tornado cada vez mais relevante para o lucro dos estúdios. Segundo um estudo da PricewaterhouseCoopers, a bilheteria da China pode aumentar de US$ 4,3 bilhões em 2014 para US$ 8,9 bilhões em 2019, superando a dos Estados Unidos.

Porém, como veremos adiante, a forte censura do governo chinês e o fato de que apenas 34 filmes estrangeiros podem ser lançados por ano na China são desafios para os estúdios. Mas, se os filmes trazem elementos chineses, como locações, enredo e personagens, fogem a essa regra. É o caso de *The great wall* (2016), primeira coprodução da Legendary com o Wanda, estrelado por Matt Damon, Willem Dafoe e o cantor chinês Andy Lau. Falado totalmente em inglês, ele estreou na China dois meses antes de ser lançado nos Estados Unidos.

A importância do mercado chinês é tão grande para a manutenção e o crescimento do poder suave de Hollywood que alguns críticos estão começando a dizer que a onda conservadora que tomou os estúdios no século 21 é influência direta do que a China espera dos blockbusters, caso queiram estrear em seu território. Além do óbvio – não falar mal da China, não falar bem do Tibete, não citar o massacre da Praça Celestial, muito menos dalai-lama e os separatistas de Taiwan –, "recomenda-se" também pouco sexo, pouca discussão religiosa e nada que ameace a moral ou "glorifique" o comportamento criminoso. Quando a Disney produziu *Kundun* (1997), de Martin Scorsese, o fato de o filme falar do dalai-lama e mostrar os soldados chineses de modo negativo atrasou os planos do estúdio de abrir um parque temático em Xangai por anos a fio. Os executivos disseram ter "aprendido a lição" após esse episódio, reiterando o compromisso de não mais colocar em risco grandes negócios por conta da liberdade artística de um filme ou diretor. Quanta ironia: Hollywood sofreu a perseguição macarthista nos anos 1950, durante a caça aos comunistas, mas agora precisa se curvar a eles. Em 2010, a MGM mudou – na pós-produção! – a nacionalidade de todos os personagens de chineses para norte-coreanos no filme *Amanhecer violento*, a fim de não perder a possibilidade de entrar no mercado chinês.

Jean-Michel Frodon, ex-editor da maior revista de cinema do mundo, a *Cahiers du Cinéma* – precursora do movimento Nouvelle Vague na França –, disse a este autor que a China se tornou o peso positivo da balança contra uma tendência de forte decadência do poder suave de Hollywood no século 21. "Hoje nós testemunhamos a exaustão do formato hollywoodiano, que se traduz no afunilamento do tipo de blockbuster bem-sucedido que Hollywood é capaz de produzir, no aumento do peso das sequências e no enfraquecimento dos roteiros. Porém, isso é aparentemente compensado por uma presença mais forte no mundo e em diversas plataformas, mas está indo em má direção, caso não se renove, como já fez antes. Ao mesmo tempo, o formato de Hollywood ganhou poder em novos lugares, principalmente na China, e também na Índia e na Rússia", diz Frodon, que acha que o poder econômico chinês se tornou tão grande que poderá redesenhar os padrões e formatos do poder suave hollywoodiano.

Exceção cultural

A França, aliás, é o melhor exemplo da força mundial do poder suave hollywoodiano. Berço criador do próprio cinema, o país sempre considerou seus filmes um patrimônio cultural. As leis de proteção e fomento às películas francesas surgiram muito cedo e inspiraram diversos países, inclusive o Brasil. Até que uma das maiores empresas de entretenimento francês, a Vivendi, que já controlava um estúdio em Paris – o StudioCanal –, resolveu competir com mais força contra o império de Rupert Murdoch. Foi quando surgiu a oportunidade de se juntar à Universal e à Universal Music, adquiridas por US$ 31 bilhões em 2000. Mais tarde, incorporando o Canal Plus, transformou-se na Vivendi Universal. A ironia é que a França estabeleceu diversas regras de subsídios e proteções para o cinema, considerando-o a "exceção cultural" do país. Com a união de Hollywood com a Vivendi, o chefão desta, Jean-Marie Messier, numa coletiva de imprensa em Nova York, em inglês, proclamou que "a exceção cultural francesa acabava de ser extinta". Jean-Michel Frodon reconhece que é impossível para a França competir com o poder suave de Hollywood – que, para ele, se construiu por constantes alianças com o poder duro (política, economia e militarismo) norte-americano. Ainda segundo Frodon, o cinema já foi um grande poder suave em seu país, mas não mais. "O cinema poderia ser um poder suave maior para nós se políticos, servidores públicos e diplomatas soubessem gerenciá-lo", diz.

Dentro dos Estados Unidos e mundo afora, uma instituição que sempre ajudou os estúdios de Hollywood a abrir as portas comerciais foi a Motion Picture Association of America (MPAA), associação não ligada diretamente ao sistema político norte-americano, mas representante dos interesses dos estúdios interna e externamente. Os donos dos estúdios sempre usaram a MPAA para negociar contratos trabalhistas com sindicatos e influenciar políticos a aprovar leis favoráveis aos seus interesses. Em 1945, os estúdios criaram uma espécie de "cartel privado" por meio da Motion Picture Export Association. Sua missão declarada era derrubar as barreiras que impedissem a exportação dos filmes dos Estados Unidos após a Segunda Guerra Mundial. Essa associação era uma espécie de distribuidora única de todos os filmes de Hollywood para grande parte dos países da Europa Ocidental. Dessa forma, podia organizar a estreia de cada um deles, evitando que os estúdios fossem obrigados a competir entre si no mercado externo (Grandes Irmãs). E, embora isso fosse se tornar ilegal nos Estados Unidos, na época reforçou ainda mais a prática dos estúdios de vender pacotes para as salas de cinema estrangeiras, de modo que se a sala negasse um ou outro filme perderia o direito de todos os outros, incluindo os grandes sucessos de bilheteria. Havia até uma fórmula de como cada estúdio receberia os lucros externos, que eram balizados pelos lucros dentro dos Estados

Unidos. Se a Paramount tinha participação nas bilheterias americanas de 27%, receberia 27% dos lucros fora do país. Assim, se todos os estúdios concordassem com essa fórmula, não havia por que competir entre si nos mercados estrangeiros. Esse acordo gerou uma fortuna para Hollywood até 1957, quando o acordo se desintegrou e a MPAA mudou seu perfil, tornando-se um elo fundamental entre Hollywood e os governos estrangeiros – uma espécie de "ministério do Exterior de Hollywood". Edward Jay Epstein cita um lobby recente e bastante forte da MPAA no mundo. Sob a presidência de Jack Valenti, ex-assessor do presidente Lyndon Johnson – que certa vez disse que "Washington e Hollywood dividem o mesmo DNA" –, os estúdios de Hollywood, por meio da MPAA, ameaçaram retirar todos os seus produtos da recém-chegada televisão mundial até que o controle da TV digital fosse transferido para eles, por meio de codificadores embutidos nos aparelhos. A MPAA fez um intenso lobby no Congresso para tornar tais codificadores obrigatórios, dando a Sony e Time Warner, e em menor grau aos outros estúdios, novas razões para cooperar entre si. Vale lembrar que, pouco tempo antes, outros bilhões de dólares haviam ido para os cofres dos estúdios por meio de brechas nas leis tributárias internacionais, como menciona Epstein (2008):

> A Paramount encontrou investidores civis fora do país, que queriam se beneficiar das brechas nas leis tributárias estrangeiras na década de 1990. Na Alemanha, por exemplo, o código tributário permitia que as pessoas que investissem em cinema deduzissem de seus impostos, num único ano, todo o montante que destinassem a companhias cinematográficas. Para os alemães cuja faixa de renda exigia que pagassem 80% de suas receitas ordinárias ao governo, esse dispositivo significava que, ao investir num filme o mesmo montante de suas receitas que podiam emprestar, eles não precisavam pagar imposto nenhum. Quando – e se – fossem reembolsados no futuro, o dinheiro constituía um "ganho de capital", que na Alemanha era tributado em apenas 30%. Outros países, incluindo França, Irlanda e Austrália, ofereciam oportunidades semelhantes, desde que alguns de seus atores e locações fossem utilizados nos filmes. Assim, bilhões de dólares que, do contrário, teriam sido destinados ao fisco desses países foram para os estúdios de Hollywood.

Hoje, as leis antitruste impedem que os estúdios conversem entre si para combinar datas de estreia dentro e fora dos Estados Unidos, evitando assim a concorrência entre si, uma vez que eles gastam milhões de dólares – às vezes 50% do orçamento de um filme – em marketing, que precisa garantir um grande volume de público no primeiro final de semana de estreia. Mas os estúdios encontram formas de driblar tal vigilância, marcando suas estreias com base nos relatórios semanais de "posicionamento dos concorrentes" que recebem do National Research

Group (NGR). Ao obter informações antecipadas dos cinemas e periódicos sobre quando o estúdio concorrente está planejando a estreia de um blockbuster, os outros estúdios podem avaliar se vale a pena ou não mudar a data de estreia nacional e mundial para que os milhões em marketing sejam mais bem aproveitados caso seu filme desperte menos interesse no público. Além disso, os estúdios também costumam oferecer aos cinemas um incentivo monetário para que prolonguem a exibição de seus filmes, dando aos donos uma parcela cada vez maior da bilheteria para cada semana a mais em que a película ficar em cartaz. Na semana de estreia, podem ser destinados 10% da bilheteria para a sala, além do aluguel pelo uso, ficando o estúdio com até 80% da receita. A cada semana que passa, o cinema vai ficando com uma parcela maior da bilheteria. Esse modelo é até hoje aplicado em algumas salas de cinema dos Estados Unidos.

Séries de TV: uma nova era de ouro

No entanto, há tempos o cinema deixou de ser o único filão lucrativo de Hollywood no mundo. Diante do aumento da pirataria e dos downloads ilegais, bem como da competição com produtoras menores, os estúdios voltaram suas energias para a produção de séries de TV. Uma medida da Comissão Federal das Comunicações (FCC), de 1970, ajudou sobremaneira os estúdios nesse terreno: a Financial Interest and Syndication Rule (fin-syn), regulamentação que proibia as redes de TV, mas *não* os estúdios de cinema, de ter lucro com programas transmitidos por redes e então vendidos para canais locais por meio de agenciamento. Como não valia a pena produzir séries de TV sem ter o direito de vender por agenciamento, boa parte das emissoras desistiu desse filão. Coube aos estúdios de cinema dominar a produção e a propriedade intelectual desses programas de TV, licenciando-os às redes para exibição original e, depois, para agenciamento a canais locais e internacionais. Os estúdios cobravam uma taxa inicial que não cobria os custos de produção, mas se a série emplacava eles podiam licenciá-la diversas vezes, obtendo grande lucro. Nos anos 1990, por exemplo, a receita com transmissão por TV foi 15 vezes maior que o lucro nos cinemas, e a era de ouro das séries de TV norte-americanas estava apenas começando – mais precisamente com *Família Soprano*, que reoxigenou a narrativa televisiva.

Epstein diz que um único episódio de *Plantão médico* podia ser vendido por US$ 1,5 milhão. Só a Sony Pictures, por exemplo, obtinha dois terços de seu faturamento do licenciamento de mais de 350 séries no mundo inteiro. Lembrando que o licenciamento de filmes e séries para emissoras internacionais tornou-se cada vez mais importante no faturamento dos estúdios, uma vez que na maioria dos países não há leis que restringem a compra de pacotes. Quando a FCC suspendeu essa regulamentação, os estúdios começaram a comprar os canais de TV para manter a lucratividade alta, como fez Murdoch com a Fox, a Disney com a rede ABC, a Time Warner criando o Warner Channel etc. Conclusão: as emissoras de TV, que quando surgiram foram boicotadas pelos estúdios, ameaçados pelo entretenimento gratuito que ofereciam, são agora propriedade dos estúdios para conservar os poderes econômico e suave nos Estados Unidos e no mundo.

Manter o poder suave em alta também requer um controle forte da informação, e isso Hollywood sabe fazer com maestria. Desde *Star Wars* (1977), quando surgiu o conceito de blockbuster, os estúdios controlam de perto a efetividade do dinheiro gasto na publicidade de seus filmes. Ficam de olho, sobretudo, nos números do primeiro final de semana de estreia. E, para não se tornarem reféns dos dados fornecidos pelas salas, contratam fiscais secretos que compram ingressos numerados na primeira e na última exibição em salas escolhidas aleatoriamente. Também realizam pesquisas na porta das salas e coletam dados com outros institutos, tudo para avaliar a eficiência da história, dos atores etc. Se o filme atraiu um grande público na estreia, mas o número cai rapidamente no segundo final de semana, usa-se o jargão "alta negociabilidade, baixa exibilidade", ou seja, o marketing fez um belo trabalho para um filme ruim. Porém, se o público inicial é pequeno, é pior ainda, pois isso afetará os negócios futuros, como a venda para a TV paga. A falta de público na estreia faz os estúdios reavaliarem cada passo tomado durante a campanha, os gastos e a mídia escolhida para divulgar o filme. Coletam películas semelhantes e avaliam suas estratégias de venda. E, claro, fazem pesquisas de audiência, para saber do que o público mais gostou e com o que menos se empolgou, bem como para descobrir qual era a pauta do boca a boca nos fins de semana seguintes.

Na prática, a imagem que se tem de Hollywood pelo mundo é de que a maioria desses blockbusters é sucesso de bilheteria e bons negócios. Trata-se, no entanto, de um dos frutos do poder suave, advindo de uma boa estratégia de marketing e da manutenção de imagem dos produtores por meio do controle da informação. Na verdade, são pouquíssimos os filmes que de fato geram muito lucro aos estúdios. Às vezes, porém, um único filme pode salvar o ano fiscal inteiro ou pagar as produções dos próximos meses, como aconteceu com *Batman, o cavaleiro das trevas* (Warner, 2008), *Homem-Aranha* (Sony, 2002) e *Titanic* (Fox, 1997). Por isso o desespero em achar o próximo pote de ouro: uma franquia rentável e durável por muitos e muitos filmes.

O controle da informação se dá, também, pelo tipo de notícia que se permite ultrapassar os muros de Hollywood. Antes de os astros aparecerem em qualquer entrevista, fazem uma "pré-entrevista" com seu agente pessoal e o relações-públicas do estúdio. Os próprios programas de TV às vezes participam dessa conversa prévia, concordando com o que deve ou não ser abordado. Quando o astro não aceita realizar a pré-entrevista, cabe ao agente e ao RP trabalharem a pauta detalhadamente com o entrevistador. Caso este não cumpra o combinado, corre o risco de não ter mais astros futuros para entrevistar ou de ficar na geladeira. O controle da informação, portanto, é crucial para a manutenção do poder suave dos estúdios, estando diretamente ligado ao volume de dinheiro investido na divulgação do produto.

Este autor que vos escreve, por exemplo, já vivenciou pessoalmente o peso do departamento de marketing dos estúdios. Em 2006, foi-me oferecida uma entrevista exclusiva com o diretor do blockbuster *V de vingança* (2005), que estava prestes a estrear no Brasil. À época, apesar de considerar o filme fraco, decidi fazer render o material obtido para o Grupo Estado, onde trabalhava. Publicamos uma matéria inteira de contracapa na sexta-feira, dia de estreia, e deixamos a entrevista exclusiva para a capa do caderno de domingo. Porém, fiquei na geladeira do estúdio por três meses, sem receber uma proposta de entrevista exclusiva. Depois de um tempo, descobri, por meio de um relações-públicas do estúdio no Brasil, que "Los Angeles esperava que eu publicasse a entrevista no dia da estreia do filme, e não no fim de semana".

Controlando os astros disfarçadamente

Apesar de o star system já não funcionar como nas primeiras décadas do século 20, o controle do departamento de marketing dos estúdios sobre a imagem dos astros continua rígido. Os relações-públicas fazem de tudo para evitar que a imprensa toque em temas delicados como religião, divórcio, orientação sexual etc., bem ao estilo do que o próprio filme *Os queridinhos da América*, com John Cusack e Catherine Zeta-Jones, retratou em 2001. Porém, a presença do RP precisa ser a mais disfarçada possível. O jornalista pode até senti-la, mas o leitor ou telespectador não pode ter a sensação de que há alguém forjando a vida real do astro que o público tanto deseja conhecer. Até mesmo para o jornalista é importante ter a ilusão de estar conseguindo um furo com o astro quando, na verdade, a tal "revelação" já havia sido pré-combinada com o agente e o RP antes da entrevista.

Mas a obsessão pelo controle não partiu apenas dos estúdios. Desde que começou a se tornar o poder suave mais eficiente do mundo, Hollywood também foi objeto de tentativas de controle de outras instituições, sobretudo do governo federal americano. Quando D. W. Griffith lançou *O nascimento de uma nação* (1915), o filme não só se tornou um modelo da linguagem hollywoodiana como foi a primeira película de guerra de maior sucesso de bilheteria no distrito, fazendo que o presidente Woodrow Wilson dissesse: "É como escrever a história com luz, só lamento a verdade terrível de tudo isso". Logo depois, o Supremo Tribunal dos Estados Unidos decidiu manter o direito do governo de censurar os filmes e resolveu controlar que imagens da Primeira Guerra Mundial seriam filmadas – convidando, inclusive, em 1917, Griffith para ser o cinegrafista oficial dos Estados Unidos no conflito. Os filmes que quisessem ser vistos mundo afora deveriam passar pelo crivo do Comitê de Informações Públicas do governo.

Já na Segunda Guerra Mundial, o presidente Roosevelt abriu o departamento de cinema do Gabinete de Informações de Guerra, objetivando controlar as mensagens dos filmes e usá-los como armas de mobilização pública. Vários agentes do governo ficavam em Hollywood monitorando para que nenhuma cena ou imagem exaltasse os inimigos da nação – alemães e japoneses, por exemplo. O poder suave de Hollywood talvez nunca tenha sido tão importante para o governo dos Estados Unidos como naquele momento. Examinando cada roteiro de perto, interferiam até em desenhos infantis. Em *Tarzan,* por exemplo, animais selvagens reagiam ferozmente diante de alemães. Depois da Segunda Guerra, começam o macarthismo e a perseguição de "comunistas" dentro dos estúdios, incentivando colegas a delatar os simpatizantes do sistema soviético.

Os temas proibidos

A pressão dentro dos estúdios foi tão grande que eles mesmos iniciaram uma autocensura, a fim de ficar em paz com o governo e com instituições como a Legião da Decência, as Filhas da Revolução Americana e o Congresso Nacional de Pais e Mestres. Nos anos 1920, por meio da MPAA, um código de conduta, em forma de lista, se espalhou pelos estúdios, ditando o que se poderia ou não retratar nos filmes. Era proibido mencionar temas como: casamento inter-racial; desrespeito às forças armadas, ao clero e à bandeira nacional; nudez; tráfico de drogas; miscigenação etc. Quando o sistema de estúdio ruiu, foi-se também esse controle rígido – o que não significou o fim da autocensura, especialmente para não desagradar a corporações que bancavam os filmes na forma de patrocínio e merchandising. Nos anos 1970, o governo Nixon promoveu conferências na Casa Branca com os produtores de cinema e TV para tentar reformular a imagem do público sobre o problema das drogas nos Estados Unidos. Sugeriu-se que, em vez de retratar os usuários apenas como "vítimas da dependência", eles aparecessem como "parte do problema da criminalidade urbana". Hollywood entendeu o recado. Segundo Epstein, ao participar da conferência na Casa Branca em 1971, um vice-presidente da Warner Bros. disse: "O pessoal da Casa Branca deixou claro que queria muito mais vilões drogados, e nós aceitamos". Em consequência, a partir de então, os vilões dos filmes eram também viciados em drogas. Nos anos 1990, houve outra ação do governo: os estúdios seriam remunerados se incluíssem no enredo das séries de TV mensagens antidrogas do Gabinete de Políticas Nacionais para o Controle de Drogas da Casa Branca. Isso significava que os executivos entregavam os roteiros para ser aprovados pelo governo, não só por questões financeiras imediatas, mas por possíveis interesses futuros no mercado interno e externo.

Esse tipo de interesse existe há décadas, mais especificamente desde *O nascimento de uma nação* (1915). Filmes de guerra sempre foram um dos mais caros a se produzir, pois precisam de armas, roupas, locações, aviões e tanques específicos da época do conflito em questão. E quem tem tudo isso à disposição? O governo dos Estados Unidos. Por isso, quando um estúdio quer utilizar esses aparatos, o Pentágono aciona o seu Film Liaison Office para analisar os roteiros e ver se "vale a pena" ajudar na produção. Claro que há filmes, como *Apocalypse now* (1979) e *Nascido para matar* (1987) para os quais os estúdios nem tentam ajuda, pois a mensagem vai contra os interesses do governo. Porém, a Disney, por exemplo, usou aparatos bélicos seguindo as regras do Pentágono em *Pearl Harbor* (2001), aceitando mandar o roteiro para "consultoria" desse departamento governamental. Foram retiradas cenas que mostravam os pilotos americanos como arrogantes e rebeldes com relação aos seus superiores e colocadas versões mais submissas e respeitosas. No entanto, o Pentágono não é o único departamento do governo em contato direto com Hollywood. A CIA também criou um escritório em Los Angeles para dar "consultoria" a séries e filmes que querem retratar o funcionamento interno da agência, com a intenção de mostrar sua eficiência e seu dia a dia.

Estudos sugerem que mesmo os filmes mais críticos aos Estados Unidos deixam um legado favorável à mitologia do governo norte-americano, aumentando ou estabilizando o poder suave de Hollywood e do país. É o que afirma o britânico Matthew Alford no livro *Reel power: Hollywood cinema and American supremacy* (2010), que analisa a fábrica de sonhos em Los Angeles e as relações próximas dos estúdios com departamentos como o Pentágono. Uma das principais conclusões que se podem tirar do estudo de Alford é que, apesar de estrelas como George Clooney, Susan Sarandon e Sean Penn protestarem contra o governo e as guerras em que o país se envolve, os filmes em si são em geral mecanismos de mensagem patrióticas, favoráveis à agenda militar e ao modo de vida americano. Exemplos não faltam mesmo em tempos de intervenções mínimas do governo: ainda que critique indiretamente a impotência dos Estados Unidos, séries aparentemente sem mensagem política, como *The walking dead*, transmitem uma clara mensagem da importância da posse de armas para a população americana, o que vai ao encontro dos interesses dos fabricantes de armas, que constantemente fazem lobbies no Congresso Americano.

Ligações perigosas

As ligações de Hollywood com outros conglomerados diretamente conectados ao poder político americano chegam também ao nível individual, como é o caso de Lewis Coleman, que além de ter sido chefe da Dreamworks Animation era presidente da Northrop Grumman, multinacional na área de defesa. A General Electric, multinacional de energia, defesa e finanças, tem parte do controle da NBC Universal. Alford conta também a história dos filmes *Atrás das linhas inimigas* (2001) e *Jogos do poder* (2008), cujos roteiros eram críticos à política norte-americana, mas cuja produção, segundo o autor, sofreu intervenção dos militares, pois a mensagem dos filmes contrariava os interesses da CIA. Em películas como *Coragem sob fogo* (1996), Alford diz que "o sofrimento americano continua após o fim da guerra. Uma das soldadas foge e se torna heroína, outra comete suicídio [...]. Há poucas indicações [de] que tropas iraquianas eram queimadas vivas nas suas trincheiras por tanques dos Estados Unidos". Já depois de 11 de setembro, o autor cita a produção da Universal *United 93* (2006), que mostra o heroísmo dos passageiros que contrariaram os desejos dos terroristas e conseguem derrubar o avião na zona rural da Pensilvânia. Na época, enquanto a mídia questionava a versão oficial de George W. Bush sobre o atentado, o governo recebeu de braços abertos o filme, que para alguns analistas era uma tradução literal do Relatório da Comissão do 11 de Setembro. Após seu lançamento, o presidente Bush convidou os representantes da Universal para uma sessão particular do filme e apertos de mão na Casa Branca. Alford vai além: diz que *Munique* (2005), filme de Steven Spielberg sobre o ataque terrorista nas Olimpíadas de 1972, reflete claramente os interesses da General Electric, fabricante de tecnologia de ponta para armas cujo cliente mais leal é o governo de Israel. O filme, que termina com uma sugestiva imagem das Torres Gêmeas ("por isso lutamos"), pode ser visto como uma ode não somente à paz, mas também aos interesses corporativos da empresa que controla o estúdio.

O mundo inteiro percebe o poder de influência e sugestão de Hollywood, que alguns empresários decidem utilizar a seu favor como uma agenda política. Nos anos 1980, dois produtores israelenses, Menahem Golan e Yoram Globus, criaram em Los Angeles a Cannon Films, que fez obras cinematográficas como *Sahara* (1983), *Comando delta* (1986) e *Hitman – Disfarce perigoso* (1991), vilanizando muçulmanos e árabes. Jack G. Shaheen, autor dos livros *Reel bad Arabs: how Hollywood vilifies a people* (2004) e *Guilty: Hollywood's verdict on Arabs after 9/11* (2008), diz que a crítica nada mencionou sobre isso na época e se pergunta se o oposto também passaria ileso de críticas, ou seja, se dois árabes tivessem fundado a produtora e fizessem filmes que vilanizassem judeus e israelenses. Steven Zeitchik, do *Los Angeles Times*, certa vez comentou: "Um pequeno grupo de criadores e tipos da indústria construíram um canal direto de mais de 9 mil milhas de comprimento entre o entretenimento de Israel e Los Angeles". A série *Homeland*, adaptação do original israelense *Hatufim*, é um claro exemplo disso.

Seja por intervenção direta do poder político ou por livre e espontânea vontade dos produtores de Hollywood, o fato é que o cinema ajudou a consolidar o poder duro norte-americano por meio de seu poder suave de formas distintas a cada época. Como bem analisou Douglas Kellner no artigo "Cultura da mídia, política e ideologia: de Reagan a Rambo" (2001b), a figura de Rambo representa a imagem do poder masculino, da inocência e da força americana, o heroísmo individualista do guerreiro. São ideologias que cabiam perfeitamente na era masculinista e patriótica de Reagan. Todo o trabalho de Kellner mostra como Hollywood reforça ideologias que alimentam imagens estereotipadas de negros, mulheres, russos, vietnamitas, índios etc.

> Nessas fantasias cinematográficas, é sempre o "inimigo" que realiza atos viciosos e maldosos, ao passo que os americanos são virtuosos e heroicos. Cumulativamente, os filmes de retorno ao Vietnã exibem uma reação defensiva e compensatória à derrota militar no Vietnã e, diríamos, uma incapacidade de aprender as lições das limitações do poderio americano e da complexa mistura de "bem" e "mal" presente em quase todos os cometimentos históricos. Por outro lado, os filmes do tipo *Rambo* e outros de Stallone-Norris, que representam o herói burro, podem ser lidos como expressões da paranoia branca masculina, em que os homens são vítimas de inimigos externos, de outras raças [...]. Em *The remasculinization of America*, Susan Jeffords (1989) afirma que o Vietnã foi um golpe terrível no orgulho masculino, pelo qual os homens americanos sentiram grande culpa e vergonha. Uma enorme quantidade de filmes e livros sobre o Vietnã trata desse problema, segundo ela, tentando curar as feridas e reconstruir a psique masculina ofendida.

Mas não apenas a história ou os personagens transmitem ideologias que reforçam o poder dos Estados Unidos no mundo. Hollywood utiliza todas as outras técnicas para reforçá-lo. Em filmes como *Rambo* (1982), *Rocky* (1976), *Top Gun* (1986), *Os boinas-verdes* (1968) etc., a posição da câmera e a iluminação ajudam a enquadrar o herói como mito; o uso abundante de ângulos baixos de câmera mostra o personagem como um ser superior; os closes lhe dão mais intimidade, mostrando-o como algo maior do que a vida real. São técnicas não só utilizadas em películas de guerra, mas em aventuras, dramas e filmes políticos. Já do outro lado do front, vietnamitas e políticos russos são mostrados em planos abertos (distanciamento, frieza); suas falas quase nunca são traduzidas em legendas (língua selvagem); e a câmera os mostra na altura do ombro ou com câmera alta (inferioridade). É claro que Hollywood sabe quando deve lançar produtos como esse no mercado, como deixou claro a revista *People* de 8 de julho de 1985, ao dizer que "Rambo tocou o ponto nevrálgico da América, a sensação de que, como diz Ronald Reagan, deveríamos voltar a erguer a cabeça. Dez anos atrás, depois da queda de Saigon e da angústia do escândalo Watergate, Rambo teria sido expulso dos cinemas debaixo de vaias. Os ânimos eram violentamente antibelicistas na época, mas hoje tudo mudou".

Como vimos, esse poder suave só funciona quando sugerido, implícito – não por meio de uma explícita e grosseira propaganda ideológica, como fez muitas vezes a União Soviética e faz, hoje, a Coreia do Norte. Hollywood tem tanto domínio sobre isso que até mesmo quem trabalha lá dentro duvida de que existam intenções além do lucro financeiro.

Entrevistado pelo autor deste livro, José Padilha (*Tropa de Elite, Narcos, Robocop*) tem uma visão peculiar sobre o assunto. Diz que nunca viu um executivo "fazer qualquer consideração relativa ao conteúdo de um filme no sentido de influenciar outros povos ou culturas, no sentido de exercer poder suave. O objetivo dos estúdios é vender seus filmes, não é vender um modo de vida". Ele afirma ainda que, como o objetivo é vender os filmes para uma grande massa, para agradar a esse público "estereótipos são reforçados. E se reforçar estereótipos vai garantir sucesso de público e lucro, então é muito provável que seja exatamente isso que vai acontecer. Assim como às vezes acontece, por exemplo, com a Rede Globo e suas novelas no Brasil. A diferença é que o inglês é uma língua internacional e as produções americanas são demandadas mundialmente". Padilha insiste que a preocupação única e exclusiva de Hollywood é o lucro: "Os estúdios tomam o cuidado de fazer narrativas que acham que vendem mais. Narrativas ufanistas vendem bastante aqui, e não apenas no cinema. O Capitão América surgiu nos quadrinhos... a única interferência que tive de um estúdio americano com relação a questões culturais foi no sentido de evitar críticas à China, dado que o país é um grande mercado potencial. Se os estúdios achassem que filmes críticos com relação aos valores americanos vendessem, eles fariam tais filmes".

E fazem, como *Nascido em 4 de julho* (1989), *Apocalypse now* (1979), *Nascido para matar* (1987) e *Johnny vai à guerra* (1971), mas estes são produzidos notoriamente sem a ajuda do aparato militar americano e, sobretudo, que transmitem a mensagem de que, apesar de o governo norte-americano errar grosseiramente em certas inclusões bélicas, o *American way of life* ainda é celebrado. Esses elementos são reforçados por Hollywood, e seu poder suave mantém-se alto mesmo com produtos e épocas não majoritariamente favoráveis.

Difícil, portanto, acreditar que os altos executivos de Hollywood almejem apenas o lucro, quando suas alianças com o poder duro foram evidenciadas diversas vezes ao longo das décadas. Kellner lembra, por exemplo, da propaganda não explícita do militarismo feita por filmes como *Top Gun* (1986) e diz que, nos créditos, lia-se "agradecimentos especiais" aos pilotos dos F-16 da Marinha norte-americana, "com uma longa lista de oficiais e pilotos que participaram do filme, o que atesta suas credenciais de propaganda oficial, aprovada pelo governo dos Estados Unidos".

Como negar que o poder suave de Hollywood advém além do lucro? Procurei novamente José Padilha, levando exemplos semelhantes ao citado anteriormente, como o Oscar entregue por Michelle Obama a *Argo*. Mas o diretor brasileiro insistiu, ainda que tomando como única argumentação contra o poder suave sua experiência em Hollywood. "Não houve uma única interferência de poder suave em filme de estúdio nenhum no qual trabalhei, e certamente não houve no *Argo* – conheço as pessoas envolvidas. [O presidente] Lula tirou foto com meu Urso de Ouro – político gosta de aparecer associado a sucessos em todo mundo. A CIA também abriu um escritório para estudar o poder da mente... percepção paranormal, e por aí vai. Se você coloca óculos com lente vermelha vê tudo vermelho, não significa que as coisas sejam vermelhas. Eu tenho experiência pessoal com estúdios – e nela nunca houve ingerência alguma pró-Estados Unidos. Houve pró-China por conta da grana. Ninguém me contou – vivi pessoalmente." E logo em seguida, diz: "Explique o seguinte: os filmes são todos feitos no Canadá e fora da Califórnia – porque os estúdios não conseguem incentivo fiscal federal e estadual aqui. Por isso as produções são fora. Que poder é esse que nem sequer um *tax break* consegue? Os estúdios ajudam os Estados Unidos e nada recebem em troca?"

Nada recebem em troca? Há inúmeras evidências demonstrando o contrário, fatos não apenas com base na experiência de um ou outro cineasta, mas de altos executivos de Hollywood que abertamente deixaram claro esse auxílio mútuo Los Angeles-Washington – autores como Douglas Kellner e Edward Epstein.

Levei essa visão de poder suave de Padilha ao criador do conceito, Joseph Nye, que respondeu enfaticamente: "Hollywood persegue, acima de tudo, o lucro e resistiria à censura, mas de tempos em tempos, deixando de lado sentimentos patrióticos, os estúdios servem aos interesses do governo. Isso foi particularmente verdadeiro durante a Segunda Guerra Mundial e a Guerra Fria". E, ainda que não use o termo poder suave em seus excelentes trabalhos de pesquisa, Douglas Kellner também resume perfeitamente onde reside esse importante poder dos Estados Unidos, materializado não só em Hollywood, mas em sua cultura de massa. Ainda que José Padilha negue que haja uma intenção dos estúdios além do lucro, o fato é que eles se beneficiam enormemente das consequências que suas imagens e estereótipos provocam no planeta. Diz Kellner (2001a):

Tais imagens poderosas são imitadas em todo o mundo e muitas vezes afetam diretamente seu público. Contudo, em geral, foram os efeitos cumulativos dos filmes e da música dos anos 1960 que articularam ideologias contraculturais capazes de fomentar certos movimentos e de afetar o modo como as pessoas julgam, falam e se comportam. Ou foram os efeitos cumulativos das imagens racistas de árabes nos filmes, noticiários e programas de televisão que possibilitaram mobilizar discursos antiárabes em acontecimentos políticos como a Guerra do Golfo. E assim, conquanto a figura pura e simples de um Rambo possa produzir um enorme espectro de efeitos, alguns dos quais documentamos, é o efeito cumulativo de todas as imagens antiárabes veiculadas pelo cinema e pela televisão que constituem negativamente a imagem do árabe, e não um único filme ou produção cultural. [...] Certas imagens ressoam em nossas experiências e são assimiladas por nossa mente, levando-nos a certos pensamentos e ações. Às vezes, figuras populares como Rambo, Madonna e Beavis and Butt-Head tornam-se extremamente ressonantes, mobilizando pensamentos e comportamentos.

E mobilizar pensamentos e comportamentos significa alimentar a bilheteria de quem leva entretenimento com poderosas imagens sugestivas (implícitas), o que por sua vez incrementa o turismo do país, que aumenta o poder da língua, que garante o apoio popular às ações políticas externas do país, numa roda que gira a favor da aliança Washington-Los Angeles. Tanto o poder suave quanto o poder duro fazem sua parte.

Hollywood é, portanto, o maior e mais eficiente poder suave do mundo no campo das artes e do entretenimento. Talvez nenhum corpo diplomático de qualquer país abra tantas portas como os filmes dos estúdios norte-americanos. Os produtores culturais do mundo inteiro admiram e espreitam Hollywood tentando entender seu funcionamento. E, embora por enquanto não haja nenhum poder suave cultural tão forte quanto esse, há outros produtos e manifestações de arte e entretenimento ao redor do planeta que exercem considerável influência dentro e fora de seus países de origem. Ainda no campo do cinema, outro país, muito pobre, com dezenas de línguas e uma população imensa, abriga um poder suave impressionantemente forte, capaz de unir o povo e exportar parte de sua imagem para os rincões mais distantes do mundo. Trata-se da indústria que mais produz filmes por ano no mundo e gera lucros milionários aos seus estúdios. Esse poder se chama Bollywood, a indústria cinematográfica da Índia.

4. Bollywood: a Índia ganha as telas do mundo

> O Ocidente nem sempre entende Bollywood. Mas definitivamente entende como Bollywood influencia as pessoas.
> Anurag Kashyap

Em 2008, tive o privilégio de me tornar o primeiro jornalista brasileiro a passar um mês na Índia investigando a fundo a maior produtora de filmes do mundo, os estúdios de Mumbai, mundialmente conhecidos como Bollywood. Durantes os meses que antecederam a viagem, li e assisti a tudo que pude referente a essa indústria. Até então, eu me encontrava junto da vasta maioria de leigos do Ocidente que considerava esses produtos uma cópia rasa e melodramatizada dos filmes de Hollywood. Ao chegar à Índia, e durante um mês de intensas conversas com produtores, diretores, roteiristas, atores, executivos de estúdios e críticos, minha opinião de leigo foi se esvaindo e passei a dar razão aos entrevistados, cujas ideias podem assim ser resumidas: "Independentemente do que o mundo pense de nós, somos uma indústria autossustentável. Reconhecemos nossos defeitos; porém, como nós, há pouquíssimos no planeta".

Esse poder suave não pode ser ignorado. Como vimos no capítulo anterior, Hollywood sempre andou de braços dados com Washington. A indústria do cinema indiano é admirável justamente pelo fato contrário: apenas em 2000 o governo indiano reconheceu o cinema como indústria essencial, quase um século depois de Washington ter feito o mesmo com Hollywood. Foi nesse mesmo ano que a revista *Filmfare* criou o Filmfare Awards, que se tornou a principal premiação cinematográfica da Índia e cuja transmissão é feita simplesmente para o país, cobrindo o sucesso dos blockbusters e dos astros. Assim, o cinema indiano passou todo o século 20 sem auxílio político. Pior: a Índia é um dos países mais burocráticos do mundo, o que torna surpreendente o fato de essa indústria ter se tornado a maior produtora de filmes do mundo e ter sobrevivido aos entraves de Nova Déli.

No entanto, o que mais me impressionou – e talvez a melhor face de seu poder suave – é o poder de penetração de seus filmes numa população de quase 1,3 bilhão de pessoas. De acordo com a revista *Forbes*, Bollywood, sozinha – na Índia, há outras regiões produtoras de filmes –, produziu 1.602 filmes em 2012, enquanto os Estados Unidos produziram 476. Naquele ano, Hollywood vendeu

1,36 bilhão de ingressos no mundo, enquanto Bollywood vendeu 2,6 bilhões. Claro que Hollywood bate a indústria indiana em termos de faturamento – US$ 10,8 bilhões contra US$ 1,6 bilhão –, mas o cinema dos Estados Unidos tem uma dificuldade tremenda de abocanhar fatias maiores desse mercado bilionário. "É bom lembrar que Hollywood está aqui, embora timidamente, há 75 anos e sua fatia de mercado mal consegue passar dos 5%. Empresas como a Sony chegam aqui para fazer produtos indianos, prova de que ignorar a nossa cultura não é um bom negócio para eles", confidenciou-me Subhash Ghai, presidente da Mukta Arts, uma das maiores produtoras de cinema da Índia. Ou seja, o poder suave de Bollywood reside, primeiramente, no fato de conseguir seduzir corações e mentes de uma imensa população interna; e, em segundo lugar, em atrair também a atenção e o dinheiro de povos com culturas muito distintas dele. É claro que diversos elementos ajudam a deteriorar o poder suave indiano, como a chocante desigualdade social, a violência contra a mulher e a burocracia interna. O próprio cinema de Bollywood nem sempre passa uma imagem favorável, com seus roteiros pouco criativos e superficiais.

Esse grande poder suave indiano surgiu no início do século 20, nas mãos de pessoas que não tinham nenhuma ligação com arte e entretenimento e queriam usar o cinema para ganhar – e lavar – dinheiro. Aos poucos, utilizando metade da verba no filme e a outra para pagar juros, os empresários foram aumentando a quantidade de produções, que davam grande retorno de bilheteria porque o cinema reinou, até os anos 1990, como a única forma de entretenimento de massa da Índia. Afinal, o país tinha pouquíssimos canais de TV até o alvorecer do século seguinte. Isso ajudou a criar o hábito do indiano de querer se ver nas telas, erigindo uma muralha cultural contra a invasão de Hollywood, que detém uma das menores participações de mercado no país – fatia minúscula comparada à penetração do cinema dos Estados Unidos em nações como França, Alemanha e Inglaterra, que têm leis protecionistas para suas produções culturais.

O desafio de manter esse poder suave no país não é pequeno. Além da corrosão causada pela pirataria, por downloads ilegais e pela pressão de indústrias como Hollywood para aumentar sua participação no mercado, há também uma barreira cultural: a língua. Se Hollywood se beneficia de trabalhar com uma língua de forte aceitação no mercado internacional, na Índia existem dezenas de idiomas e seis macrorregiões com características culturais específicas. Ou seja, os produtores de Bollywood têm o desafio de incluir na trama elementos que não causem rejeição a nenhuma das subculturas do país. Com 23 línguas oficiais, dublar é uma questão de ordem para os produtores. Elementos da cultura nacional unem praticamente todos os filmes de Bollywood, como as divindades do hinduísmo. Shiva é considerado o patrono das artes performáticas, mas a trindade divina da religião – Vishnu

(Protetor), Brahma (Criador) e Shiva (Destruidor) – aparece em quase todos os filmes. "O maruti, por exemplo, está em quase todos os filmes de Bollywood, mas não propriamente como o deus-macaco, e sim na pele do melhor amigo do herói", diz o escritor Derek Bose.

Onde os astros são deuses

Outro elemento que ajuda fortemente na manutenção do poder suave de Bollywood é o sistema de estrelas do país. Com semelhanças e diferenças em relação ao star system de Hollywood, na Índia existe uma adoração pelos grandes astros que extrapola até os tempos áureos hollywoodianos, ocorrido nos anos 1920, como bem mostrou Billy Wilder em *Crepúsculo dos deuses* (1950). "Aqui em Bollywood, atores e atrizes realmente consagrados ultrapassam o patamar de meros artistas. Eles são considerados deuses pela população indiana", contou-me Kishore Namit Kapoor, da escola de atuação que leva seu nome, em Mumbai. "Em algumas regiões do Sul e do Norte da Índia, certos atores possuem templos onde os fãs vão rezar por eles ou venerar sua imagem. São templos muito bem cuidados, limpos quase diariamente e com imagens de cenas dos filmes que consagraram a pessoa em questão. Quando um desses artistas morre, alguns fanáticos chegam a cometer suicídio." Esquisito? Kapoor lembra que nós, brasileiros, não somos tão diferentes assim no quesito fanatismo. "No Brasil, há intermináveis discussões entre amigos que torcem por times diferentes em mesas de bar, certo? Pois bem, em algumas regiões da Índia acontece o mesmo. Mas, em vez do fanatismo pelo futebol, existe o fanatismo pelo ator ou atriz idolatrado. Em outras palavras, se você é fã de Shahrukh Khan e eu sou fã de Aamir Khan, passaremos horas numa mesa de bar discutindo sobre as razões por que meu ator é melhor que o seu e vice-versa", diz Kapoor. Shahrukh Khan, segundo a revista *Forbes*, era o segundo ator mais rico do mundo em 2014, com uma fortuna de US$ 600 milhões, atrás de Jerry Seinfeld (US$ 820 milhões) e à frente de Tom Cruise (US$ 480 milhões).

Uma das "estrelas divinas" mais importantes de Bollywood foi Amitabh Bachchan, espécie de Al Pacino indiano. Depois de fazer uma dezena de filmes, tornou-se tão importante que, em 1984, afastou-se da vida artística para se candidatar ao cargo de primeiro-ministro – um dos mais votados da história da Índia. Só não terminou seu mandato por conta de um escândalo de corrupção considerado até hoje o maior esquema envolvendo dinheiro sujo da história recente do país, com subornos na compra de armas suecas. Mas nem isso tirou a divindade de Bachchan, que voltou ao cinema fazendo filmes que lhe rendiam mais de 50 milhões de rúpias.

Bollywood é uma máquina de fazer dinheiro também em parte pela tecnologia de ponta com que trabalha. Os filmes indianos têm um aparato de captação e pós-produção de imagem e som com qualidade à altura dos estúdios de Hollywood. Não à toa, atraem produtores audiovisuais do mundo inteiro, não só pela qualidade, mas pelo preço. Segundo dados de 2005, o custo de produção de meia hora de produto audiovisual nos Estados Unidos girava em torno de 250 mil a 400 mil dólares, ante 150 mil na Coreia do Sul e 60 mil na Índia. Com um custo de mão de obra muito baixo, além de técnicos e especialistas de ponta, a Índia só tem a China como concorrente direto nesse quesito. Quando visitei um dos megaestúdios de Bollywood, o YRF Studios, 400 pessoas estavam envolvidas num só projeto e num único espaço, equipado com 20 câmeras para captar o simples andar do grande "Deus" Shahrukh Kahn, num clipe que abriria sua próxima produção cinematográfica. No estúdio ao lado, o brasileiro Naná Vasconcelos terminava o trabalho de pós-produção de seu disco, cedendo em seguida o espaço a um cantor africano de renome – todos à procura da qualidade e do preço dos estúdios indianos.

Os altos executivos de Bollywood estão constantemente preocupados com os rumos de seu poder suave. Sabem que sua área de pós-produção pode ser equiparada à de Hollywood. Mas também sabem que precisam investir em outros quesitos para não perderem força. Uma das áreas mais frágeis é o roteiro, considerado por muitos o maior defeito dessa indústria, com produções repetitivas, pouco criativas ou mesmo cópias malfeitas dos filmes norte-americanos. E, com a invasão de filmes e séries do mundo inteiro pela internet – e o crescimento do país, que torna seu espectador mais exigente –, foi preciso correr para resolver essa questão. Entre os mais recentes investimentos está a Whistling Woods International, considerada uma das maiores escolas de cinema da Ásia. Localizada na Film City (Cidade do Cinema), com 114 mil metros quadrados e US$ 18 milhões de investimento, ela tem docentes e discentes estrangeiros, a fim de ajudar a internacionalizar o cinema indiano e seus futuros produtores. "Na Índia, temos de preparar os alunos para que comecem a carreira no topo da pirâmide cinematográfica, porque na base não se paga praticamente nada. Nosso desafio é ensinar aos alunos a desenvolver bem os personagens que eles querem interpretar ou o trabalho de direção, pois muitos já chegam com preconceitos, imaginando que não precisam aprender esse tipo de coisa, embora isso seja o elemento básico de um bom filme", diz o diretor da instituição, Kurt Inderbitzin. "Os roteiristas raramente veem além do bom *versus* mau. Há décadas eles criam vilões com cara de terrorista, dono de terras, político ou contrabandista. Para o espectador, seria bom ver um vilão com dimensões mais variadas, o que talvez explique o sucesso de filmes como *Kuch Kuch Hota Hai* (1998) e *Kabhi Khushi Kabhie Gham...* (2001), de Karan Johar, cujos vilões não eram facilmente identificáveis. A impressão que se tem é de que acabaram as ideias em Bollywood", conta Derek Bose.

Enquanto Hollywood não depende diretamente de outras indústrias, o *soft power* de Bollywood é tão grande que sua "força gravitacional" puxa, por exemplo, a indústria fonográfica, incapaz de viver independentemente do cinema. Isso porque grande parte dos filmes começa, na verdade, com um clipe musical, visto repetidas vezes na TV e na internet, enquanto sua música não para de tocar nas rádios. Se isso acontece, ela pode gerar depois um filme. Ou o contrário: a música abre o filme e o clipe está apenas vendendo antecipadamente o produto cinematográfico. Com isso, até o final do século 20, 40% dos discos vendidos estavam relacionados diretamente com Bollywood, enquanto 20% eram clássicos ou remakes e 5% tinham ligação com filmes musicais regionais. Os outros 35% estavam divididos entre discos religiosos e os dos astros internacionais que lá fazem sucesso, como Madonna.

Com uma indústria tão centralizada em Bollywood, tanto as gravadoras quanto as empresas estrangeiras têm dificuldade de penetrar nesse mercado de 1,3 bilhão de potenciais consumidores. Os estúdios de Hollywood, por meio de suas distribuidoras estrangeiras, acabam se associando às produtoras locais para tentar abocanhar uma fatia desse poder suave. "Não vejo Hollywood como uma ameaça, pois os indianos continuarão querendo produções locais, com as quais sempre se identificaram mais. O que empresas como a Sony e a Warner querem? Penetrar num mercado de 1,3 bilhão de pessoas, apenas isso. Enquanto Hollywood tem uma média de 1,5 bilhão de espectadores por ano, o cinema indiano tem o dobro", comenta Amit Khanna, diretor da Reliance Entertainment, uma das maiores produtoras da Ásia.

As séries de TV americanas também estão sedentas para entrar nesse mercado, uma vez que o monopólio da TV estatal Doordarshan (TV Índia) terminou no final dos anos 1980, o que permitiu a entrada dos canais privados. Hoje há quase 400 deles, com 3 milhões de horas de programação, o que transformou a Índia, em duas décadas, no terceiro maior mercado de TV do mundo, atrás apenas dos Estados Unidos e da China. Porém, em vez de enfraquecer o poder suave de Bollywood, esses canais de TV fortaleceram-no, uma vez que o hábito de consumir filmes nacionais força os canais a comprar milhares dessas produções para sua grade horária. Na Índia, Bollywood exerce na TV o mesmo poder suave que as telenovelas brasileiras e mexicanas exercem na América Latina.

Embora a Índia seja a maior democracia do mundo, seu maior poder suave tem de lidar diariamente com um obstáculo que Hollywood enfrentou algumas vezes: a censura. Esta é oficial e oficiosa, ou seja, organizada pelo poder político e pelos próprios estúdios (autocensura). Se em Hollywood o que mais vende é violência e sexo, na Índia apenas o primeiro é permitido abertamente. Nem beijos na boca podem ser mostrados, quanto mais cenas de sexo, relacionamentos homoafetivos etc. A censura, que existe de modo permanente desde 1952, é revisada de tempos em tempos e proíbe não apenas sexo como provocações políticas a vizinhos (Paquistão) e a menção às castas sociais indianas. São 19 cláusulas proibitivas feitas por censores oficiais e controladas por meio da certificação obrigatória dos filmes antes de entrar em cartaz.

Do Irã à União Soviética

Ainda que um mercado de 1,3 bilhão de consumidores seja mais que suficiente para a manutenção e o crescimento do poder suave de Bollywood, o cinema indiano também entrou em mercados que até mesmo Hollywood teve dificuldade de conquistar ao longo do século 20.

Quando o talibã caiu no Afeganistão, em 2001, o primeiro-ministro indiano viajou para Cabul para dar boas-vindas ao governo interino. No avião, em vez de armas ou comida, havia milhares de filmes e CDs de Bollywood, que foram distribuídos pela cidade, gerando grande entusiasmo na população. Em questão de horas, não restara um exemplar sequer.

O cinema do Irã, por exemplo, sempre teve ligação com Bollywood. Alguns diretores iranianos foram trabalhar na Índia, como Abdolhossein Sepenta, diretor e ator de *Dokhtare Lor ya irane druz va emruz* (1933), primeiro filme sonoro do país. Durante o regime do xá Mohammad Reza Pahlavi (1941-1979), era comum que os cineastas iranianos usassem cenas de dança e canto em seus filmes, inspirados no cinema indiano. Após esse período, surgiram muitas coproduções entre os dois países, como *Homale Saadat* (1971), do indiano Fabi Chanakiam, e *Mamoure Ma Dar Kerachi* (1973), do iraniano Mohammad Reza Fazeli. Até mesmo astros dos dois países faziam "intercâmbio" nas grandes produções um do outro.

O poder suave de Bollywood cresceu vertiginosamente no Irã com o advento do VHS e, mais tarde, do DVD. Porém, como a Revolução Islâmica de 1979 tornou o país mais conservador, os filmes de Mumbai foram para o mercado negro, sendo achados aos montes em Teerã, uma vez que suas cenas de dança agora eram proibidas.

Outro vasto território que saboreou o poder de Bollywood foram as repúblicas soviéticas. Entre 1954 e 1991, a população das capitais dos países anexados pela União Soviética fazia filas para ver os filmes indianos, que alimentavam o imaginário popular dos socialistas com dança, música e entretenimento sem propaganda ideológica. Era um sucesso. Ainda mais porque os filmes de Hollywood eram banidos, ou melhor, havia um controle maior do contrabando do cinema dos Estados Unidos em virtude da polarização política. Stálin proibia a exibição de filmes indianos, mas com sua morte, em 1953, e a ascensão de Khrushchev, houve até um festival de cinema indiano em Moscou, no ano seguinte. Há relatos de soviéticos que ficaram hipnotizados pela beleza das musas indianas, das paisagens do país e da história que levava o povo a um mundo de sonhos, sem cenas políticas ou ideológicas frias, como era comum no cinema soviético.

A produção de Bollywood também é fortemente consumida em países cuja comunidade indiana é numerosa, como nos Estados Unidos e na Inglaterra. Nos Estados Unidos, por exemplo, o filme *Um casamento à indiana* faturou mais de US$ 14 milhões no país. E, para conquistar novos territórios, os grandes estúdios indianos estão investindo em coproduções filmadas em outros países, como o Japão e diversas nações africanas. Até o Rio de Janeiro já foi cenário de uma belíssima cena de ação indiana, no filme *Dhoom: 2*, de 2006. O famoso escritor Mihir Bose define bem o poder suave de Bollywood: "A força de Bollywood reside em sua capacidade de mudar e se adaptar. Dessa forma, sobreviveu à chegada da televisão, tendo Amitabh, a maior estrela do cinema, usado a TV para se reinventar. Bollywood também sobreviveu à pirataria, à máfia de Mumbai e ao uso de dinheiro sujo na produção de filmes. Ela está constantemente produzindo novos mitos ou renovando antigos. Bollywood será sempre capaz de se reinventar. Ela é o mais perfeito exemplo de uso de tecnologia ocidental num estilo completamente indiano".

Ainda que o mundo esteja cada vez mais ao alcance do cinema indiano, o maior motor do poder de Bollywood ainda é a própria Índia. Graças ao impressionante mercado interno e ao crescimento econômico do país, a indústria cinematográfica evolui a passos largos – só em 2014, subiu US$ 2,28 bilhões, com mais de 2,5 bilhões de ingressos vendidos. Os indianos sabem que seu país tem atrativos culturais poderosíssimos para alavancar sua imagem no mundo, o que aumenta os dividendos oriundos da venda de produtos culturais, impulsiona o turismo etc. Por conta disso, pesquisas sérias estão sendo feitas na Índia sobre como melhor aproveitar o poder suave do país. Daya Thussu, professor de Comunicação Internacional e codiretor do India Media Centre da Universidade de Westminster, em Londres, publicou um livro intitulado *Communicating India's soft power: Buddha to Bollywood* (2013). Na obra, ele mostra que o país tem se tornado um atrativo mundial nas últimas décadas. Embora a Índia exporte poder suave desde o surgimento do budismo, passando por Mahatma Gandhi e pela ioga do século 20, o governo indiano promove o país em feiras e conferências internacionais "vendendo" sua "alta cultura", como os números de dança tradicional indiana. Entretanto, Bollywood é sua verdadeira porta de entrada – sobretudo graças à diáspora indiana, cuja comunidade é a maior de falantes de língua inglesa no mundo. Os indianos que residem e trabalham na América do Norte e na Europa importam o hábito de consumir filmes bollywoodianos, ajudando a aumentar o poder de influência do país por meio de seus produtos culturais.

No livro *The magic of Bollywood: at home and abroad* (2012), o pesquisador Anjali Gera Roy, do Indian Institute of Technology Kharagpur, analisa o poder suave de Bollywood e sua importância na diplomacia internacional. Organizando uma série de artigos e pesquisas de intelectuais de renome na Índia, Roy apresenta dados de filmes indianos de 1947 até o século 21 e o impacto nacional e internacional de algumas obras. Detalha a influência do cinema indiano em países como Alemanha, Austrália, Reino Unido, Estados Unidos, Rússia, Canadá, Nigéria, Senegal etc. O livro mostra que o Paquistão, por exemplo, apesar das tensas relações políticas com a Índia, é um devorador de filmes de Bollywood. Estes, quando exibem cenas rodadas fora do país, ajudam a apresentar paisagens distantes à população nacional.

Do Afeganistão ao Senegal

É claro que o poder duro indiano também ajuda a chamar a atenção do mundo para o país. A Índia deverá superar a China como país mais populoso em 2034. Com o quarto maior arsenal nuclear e entre as seis maiores economias do planeta em poder de consumo, a Índia tende a aumentar seus dois tipos de poder de maneira exponencial nos próximos anos. O Afeganistão, que preocupa o país por sua proximidade e pelo potencial fluxo de terroristas, é atingido pela Índia não pelo poder duro, mas pelo eficiente poder suave. Tente ligar para um afegão às 20h30: poucos vão atendê-lo, já que nesse horário a novela indiana *Kyunki... Saas Bhi Kabhi Bahu Thi...*, dublada em dari, é exibida pela Tolo TV. Trata-se do maior fenômeno de audiência da história da TV afegã: atinge 90% das residências, estando diretamente ligado ao pico de vendas de geradores em 2016. Alguns sociólogos do país atribuem a essa novela a capacidade de abrir, muitas vezes pela primeira vez, um diálogo dentro das famílias para discutir os muitos problemas que são jogados para debaixo do tapete.

No Senegal, há centenas de mães analfabetas e famílias inteiras que pegam ônibus todos os meses do interior para Dacar para assistir a um filme de Bollywood – ainda que não entenda híndi, tampouco as legendas em francês. Já na Síria, um diplomata de Damasco confidenciou certa vez, ao então ministro indiano Shashi Tharoor, que o único outdoor sírio tão grande quanto os do então presidente Hafez al-Assad era o do superastro de Bollywood Amitabh Bachchan.

Para encerrar este capítulo, conto uma história real sobre a força do poder suave de Bollywood, presente no livro de Daya Thussu citado anteriormente. Após a invasão americana no Iraque, em 2003, o jornalista Bobby Ghosh, então chefe de redação da *Time* em Bagdá, estava cobrindo um incidente no oeste da capital, local repleto de seguidores de Saddam Hussein. Um dos habitantes pegou sua AK-47 e apontou para a cabeça do jornalista:

— Você é americano?

— Eu sou da Índia — respondeu Ghosh.

O tradutor de Ghosh suplicava para que o homem não atirasse, mas este não estava convencido de que o jornalista fosse indiano e dizia que ele deveria morrer. Até que Ghosh gritou:

— Eu sou indiano, como Shammi Kaboor.

— Shammi Kaboor? Você conhece Shammi Kaboor?

— Sim, todos nós, indianos, o conhecemos.

O homem então baixou a arma e respondeu:

— Eu gosto de Shammi Kaboor, vi todos os seus filmes quando era jovem.

— Eu também — mentiu Ghosh.

— O que ele gritava mesmo? — perguntou o iraquiano.

— "Yahoo!" — disse o jornalista.

— Você tem sorte de ser indiano, do contrário estaria morto agora. Agradeça a Deus.

Mas Ghosh não tinha dúvidas a quem, ou ao que, realmente, deveria agradecer.

5. CHINA: RECICLANDO SEU PODER SUAVE MILENAR

> A China investe muitos recursos e esforços para ganhar poder suave. A esperança é que seja a última chance de sobrevivência do Partido. Obviamente, a ideia vai falhar.
> Ai Weiwei

O poder duro chinês é notícia diária em todos os cantos do mundo. E, dependendo da notícia, ele pode derrubar as bolsas de valores, recalcular o crescimento ou a recessão de um país longínquo ou até mesmo irritar os vizinhos com seus movimentos de expansão territorial e bélica. Porém, enquanto o mundo volta seu noticiário para esse lado da China, internamente líderes do Partido Comunista estão cada dia mais preocupados com o desenvolvimento do poder suave – essencial para que um dia o país se torne de fato o mais poderoso do mundo. Estão cientes, portanto, de que o poder suave norte-americano é peça fundamental para a manutenção dos Estados Unidos no topo do mundo. Mas, afinal, onde reside o poder suave chinês? Seriam eles capazes de desenvolvê-lo tão rapidamente quanto cresce sua economia? E mais: seria o poder suave chinês forte o bastante para diminuir o peso negativo do poder duro do país, materializado em censura interna, falta de liberdade e democracia e combate feroz a separatistas como o Tibete? Os próximos anos darão a resposta, mas por enquanto já conhecemos um poder suave cultural chinês dos mais antigos do mundo: a arte milenar chinesa.

A arte milenar e seu poder no século 21

Nem mesmo os chineses estão totalmente de acordo com o termo "arte milenar", deveras vago para descrever uma série de manifestações culturais num imenso período de tempo e com um poder de influência importante até hoje. Alguns a chamam simplesmente de arte chinesa ou arte tradicional, ainda que suas primeiras manifestações sejam datadas de 10 mil a.C., no caso das esculturas e da cerâmica. A classificação dessas manifestações artísticas, portanto, é bastante difícil, mas em geral elas são associadas às dinastias reinantes no país ao longo dos séculos. Sua importância como patrimônio cultural da humanidade é inquestionável, uma vez que é a mais antiga tradição cultural do mundo, presente num dos poucos cantos do planeta onde houve uma continuidade quase permanente por séculos – ao contrário das interrupções e mudanças artísticas bruscas ocorridas no Ocidente.

Mikael Gorostiaga, formado no Instituto Nacional de Língua e Civilizações Orientais em Paris, tornou-se especialista em cultura chinesa, tendo vivido seis anos no país. Segundo ele, a cultura da China transmite ao mundo uma imagem de grande poder e autoridade (dragão, muralha, imperador) e, ao mesmo tempo, de certa serenidade, refinamento e delicadeza, ancorada no passado prestigioso (caligrafia, cerâmica, seda). "No começo do século 21, a China se dedicou a produzir uma nova imagem para o mundo, com uma diplomacia inspirada no refinamento e na delicadeza de sua cultura tradicional, bem como na sabedoria de seu patrimônio confucionista. O movimento tem dupla intenção: redefinir uma nova identidade equilibrada da nação chinesa e do seu povo e melhorar a sua posição no sistema internacional. O último movimento de propaganda da China se chama 'sonho chinês', cuja identidade baseia-se no resgate da cultura tradicional, dos valores da gentileza, cultura e abundância, numa forma muito mais feminina e leve do que no passado. Porém, por trás das máscaras e das imagens doces e infantis, a intenção fica claramente agressiva com a meta de reconquistar o mundo e competir diretamente com o 'sonho americano'", diz Gorostiaga.

No passado – parte considerável desse poder suave era anônimo –, pois produzido por artistas desconhecidos, que trabalhavam em pequenas fábricas e vilas criando peças espetaculares – por exemplo, de porcelana –, distribuídas ao redor do mundo a fim de divulgar o poder do império chinês. Já a técnica do Sumi-ê – desenho com elementos de caligrafia, pintado em papel à base de arroz com uma tinta parecida com nanquim – criou um valor artístico individual, revelando nomes importantes ao longo da história. Por ser tão diferente da pintura do Ocidente, a pintura chinesa – feita principalmente sobre papel, seda, paredes e em distintos suportes – ganhou grande popularidade no mundo. As duas técnicas mais famosas, Sumi-ê e Gongbi, sobreviveram a diversas dinastias. Ao longo dos séculos, figuras humanas foram pintadas, mas as obras chinesas são mais conhecidas pelas paisagens, com suas montanhas de forte traçado negro. Entre seus artistas mais representativos estão Jing Hao, Guo Xi, Fan Kuan e Li Cheng, todos do Norte do país. No Sul, rios e vales eram pintados por figuras como Dong Yuan e Juran, que utilizavam traços mais suaves. Ambos os estilos – distintos, mas com certas semelhanças técnicas – viajaram o mundo e tornaram-se referência do poder suave chinês ao longo dos séculos.

Em paralelo à pintura, outra forma de expressão artística chinesa milenar é a caligrafia. Produzida por amadores, aristocratas e militares, foi tida como uma das mais elevadas e puras formas de pintura, ocupando lugar de destaque nos mais importantes museus do planeta. Dois dos caligrafistas chineses mais famosos do mundo foram Wei Shuo e Wang Xizhi, ambos da Dinastia Jin (265-420).

Esculturas e pinturas

Outro segmento importante do poder suave milenar chinês são as esculturas. Parte delas tem ligação com o budismo do século 4 ao 14, cujos modelos greco-budistas trafegavam pela Rota da Seda. As tumbas imperiais dessa época contam com esculturas de animais mitológicos tão imponentes quanto as versões egípcias, decoradas com metais e pedras preciosas. Assim como as esculturas, a cerâmica chinesa é uma forma de expressão artística conhecida no mundo inteiro. O que diminui o poder suave dessa arte é o fato de, em muitos períodos, ela ter sido produzida em escala industrial e sem a assinatura de um pintor ou ceramista específico, o que enfraqueceu seu poder simbólico. Parte das esculturas era destinada à família do imperador, enquanto outra era exportada na forma de presentes diplomáticos – o que contribuiu fortemente para a manutenção do poder suave das artes tradicionais chinesas.

Por outro lado, a censura ditatorial é historicamente um fator negativo para o poder suave chinês. Um dos exemplos mais antigos vem da Dinastia Tang (618--907). No ano de 845, o imperador Wu-Tsung proibiu todas as religiões estrangeiras, do cristianismo ao budismo, para reforçar o apoio ao taoismo. Isso afetou sobremaneira diversas formas de expressão artística chinesa, como as esculturas em madeira e pedra; algumas delas foram totalmente destruídas.

O fato é que a pintura chinesa tornou-se referência artística no mundo, sobretudo a partir da Dinastia Tang, na qual artistas pintavam paisagens não com o objetivo de reproduzi-las figurativamente, mas para captar uma emoção ou atmosfera rítmica do local. Um dos pintores mais famosos foi Dong Yuan, cujas obras eram tão sofisticadas que viraram referência por mais de 900 anos. Na dinastia seguinte, a Song (960-1279), influenciados pelo budismo e pelo taoismo, os artistas enfatizavam a harmonia entre a natureza e o homem, num estilo que lembra o impressionismo ocidental, surgido séculos mais tarde. Nessa época, destacaram-se artistas como Liang Kai, Wen Tong e Zhang Zeduan, este último autor da obra "Ao longo do rio durante o Festival Qingming", cuja importância para as artes plásticas mundiais é tão grande que a pintura é conhecida como "a Monalisa chinesa". Já a Dinastia Yuan (1271-1368) coincide com a invasão mongol na China e o retorno dos pintores às paisagens, com mestres como Huang Gongwang e Ni Zan. Na Dinastia Ming (1368-1644), pinturas mais narrativas, com cores fortes e variadas, de artistas como Wen Zhengming, marcaram o século 14 em diante, também pela influência de visitantes europeus, que introduziram diferentes técnicas de sombreamento e perspectiva.

Assim, aos poucos, houve uma grande revolução nas artes plásticas chinesas, que coincidiu com o final da Dinastia Qing (1644-1912), quando surgiu a Escola de Xangai. Rompendo com algumas tradições artísticas chinesas com obras críticas e comentários sociais sutis, ela foi a porta de entrada para a forte modernização ocorrida no século 20, influenciada por filósofos culturais como Cai Yuanpei, Feng Zikai e Xiao Youmei e por acontecimentos como a Guerra Civil Chinesa (1927-1949) e a Segunda Guerra Sino-Japonesa (1937-1945). Já na segunda metade do século 20, com a ascensão do Partido Comunista, os artistas passaram a ser vigiados e censurados – e também promovidos quando suas obras exaltavam o partido. A Revolução Cultural de Mao Tsé-tung, em 1966, implementou a "destruição dos quatro velhos" (velhas ideias, velhos costumes, velha cultura e velhos hábitos), promovendo saques e a destruição total de parte da arquitetura, da literatura e da pintura chinesas, antiguidades com fortíssimo poder suave centenário. Obras de arte foram destruídas para que os novos artistas, influenciados pelo realismo soviético, retratassem as mudanças ocorridas no país.

A chamada Revolução Cultural foi levada a cabo até o fim da década de 1970 e seus reflexos são sentidos até hoje, embora atualmente predominem a linguagem audiovisual e a tecnologia, também incorporadas às artes tradicionais chinesas. Porém, ainda que tenha se voltado às tendências oriundas da televisão e da internet, boa parte dos artistas chineses contemporâneos sofre forte censura interna. O mais conhecido deles é o ativista Ai Weiwei, que embora tenha sido assessor do governo na construção do Ninho do Pássaro – estádio das Olimpíadas de Pequim em 2008 – sofreu prisão domiciliar após denunciar a demolição de seu estúdio em Xangai. Em paralelo, o governo chinês, utilizando seu forte poder econômico, passou a promover artistas considerados favoráveis, ciente da importância do poder suave cultural como amenizador de danos de imagem causados pela censura.

Tanto a arte milenar chinesa quanto a arte moderna do país, impulsionadas pelo poder duro que levou a China ao segundo lugar na economia do mundo, estão no ápice de seu valor de mercado desde o início do século 20, com recordes de preços em leilões como Sotheby's e Christie's. Em 2007, estimava-se que cinco dos dez artistas mais vendidos em leilões eram chineses, como Zhang Xiaogang, que faturou quase US$ 60 milhões naquele ano. A China superou a França como terceiro maior mercado de arte do mundo, atrás apenas dos Estados Unidos e do Reino Unido naquele ano. Em, 2011, passou ao segundo lugar. Zhang Xiaogang vendeu um quadro por US$ 2,3 milhões em 2006 e a obra "Execução", de Yue Minjun, saiu do Sotheby's por US$ 6 milhões no ano seguinte.

No entanto, apesar de bater recordes de venda e chamar a atenção do mundo, a China não está satisfeita com o poder suave proveniente da sua arte milenar – nem com o da arte contemporânea pós-Revolução Cultural. A grande discussão no setor de propaganda do Partido Comunista da China é: que tipo de poder suave será capaz de levá-la, um dia, ao patamar que os Estados Unidos ocupam graças a Hollywood?

O dragão em busca de um novo poder suave

Sabendo do peso negativo que os abusos contra os direitos humanos, a censura e a supressão de dissidentes causam em sua imagem, a China tem consciência de que precisa de um poder suave cultural suficientemente forte para amenizar esse aspecto. O maior jornal do país, o *Diário do Povo*, afirmou: "Não podemos ser suaves com o poder suave". A ideia, então, é exportar cultura para fortalecer-se internamente e superar a imagem que o próprio Ocidente faz da China, combinando a força econômica com o autoritarismo de um único partido. Mikael Gorostiaga analisa a importância do poder suave para o país. "Depois da humilhação da China na cena internacional durante as guerras do Ópio no século 19 e da incapacidade de concretizar o modelo da revolução industrial ocidental, o orgulho da grande civilização chinesa foi terrivelmente ferido. O século 21 parece o momento exato para que a China finalmente consiga se 'vingar' e reconquistar sua posição na cena internacional. O poder suave será com certeza uma das armas preferidas do partido", diz.

Em 2012, no Congresso do Partido Comunista, o então presidente chinês Hu Jintao disse que "a cultura é a seiva da nação" e anunciou fortes medidas para promovê-la, combinando a arte milenar com novas mídias, turismo, língua e educação. O líder seguinte, Xi Jinping, disse em 2014 que "deveríamos aumentar o poder suave chinês, dar uma boa narrativa à China e transmitir melhor a mensagem chinesa ao mundo". Tudo isso por meio do Departamento de Informação do Conselho do Estado, em Pequim, que além de controlar a mídia e censurar os dissidentes também é responsável pela exportação da cultura chinesa e por construir a nova imagem do país. O departamento promove, todos os anos, uma conferência para discutir as estratégias de poder suave do país para o ano seguinte, com um orçamento gigantesco que chega a passar dos US$ 10 bilhões (os Estados Unidos gastam, em média, US$ 700 milhões com diplomacia).

Para Mikael Gorostiaga, a China usa a estratégia de misturar sua arte milenar com o entretenimento e a cultura audiovisual do século 21 a fim de ganhar mais poder suave dentro e fora do país. "A civilização chinesa marcou o mundo no passado e quer hoje lembrar a todos que tem condição de voltar a ser a civilização influente, poderosa, respeitada, refinada e criativa que foi em sua história dinástica, resgatando a arquitetura, a caligrafia e a língua chinesa por meio de grandes eventos e rituais imperiais, como a abertura dos Jogos Olímpicos de 2008. No mundo do entretenimento, usam as artes marciais com fundo de injustiça social e dramas românticos em filmes e novelas. Já Hong Kong desenvolveu um cinema moderno, com foco em filmes policiais, crime organizado e comédia burlesca", afirma.

O Instituto Confúcio

Uma das principais ferramentas usadas pelos chineses para promover seu poder suave são os Institutos Confúcio, por meio de parcerias com universidades de diversos países do mundo, num modelo parecido com o Instituto Goethe. Estimativas do governo chinês dão conta de que existam quase 500 grandes institutos como esse e outros 850 pequenos cursos ao redor do mundo. O ensino da língua e a concessão de bolsas para quem quer estudar na China são duas das estratégias utilizadas. Um artigo da *Swarajya* chegou a dizer que existem 300 mil estudantes estrangeiros nas universidades chinesas, com 20 mil novas bolsas por ano. A primeira missão os chineses já cumpriram: agradar aos vizinhos, com quem sempre tiveram relações tensas. Até o final do século 20, os Estados Unidos eram o destino preferido dos estudantes do Japão e da Coreia do Sul, mas a China reverteu esse quadro, sendo hoje o destino majoritário.

No Brasil, o Instituto Confúcio é bastante forte e tem parcerias com a Universidade Estadual Paulista (Unesp). A diretora chinesa do instituto no Brasil, professora Cai Lei, diz que o poder suave cultural chinês mais forte no mundo ainda é a arte tradicional, em vez da arte contemporânea, mas o poder econômico do país tem ajudado a reverter isso no século 21. "O poder suave chinês está crescendo muito rápido, mas está relacionado ao poder político e econômico. A produção cultural depende de financiamentos imensos. Não sei se conseguiremos competir com Hollywood nas próximas décadas, embora esta seja apenas uma parte da cultura norte-americana. Para mim, o poder suave tem diferentes aspectos, não somente aqueles ligados à indústria cinematográfica", diz ela, que considera positiva a mistura da arte tradicional chinesa com influências ocidentais. "Por exemplo, a integração da música popular chinesa ou dos poemas antigos com instrumentos e técnicas musicais do Ocidente ajuda a cultura chinesa a ser mais diversificada e acessível no mundo. Além disso, usar as mídias modernas para reproduzir a cultura tradicional chinesa é uma ferramenta que tem popularizado muito nossos artistas." Quando questionei se a censura e o controle estatal dificultam a obtenção de um poder suave mais forte, Cai Lei desconversou: "A língua é uma forte barreira para a disseminação de nossa cultura. Como nossa língua é tão diferente das ocidentais, isso dificulta o entendimento de algumas conotações culturais da literatura e da ópera. Aqui, muitos brasileiros ainda acham que a China é um país menor que o Japão, pobre, sem lojas e fora de moda".

Os chineses também estão usando a mídia como ferramenta para disseminar o poder suave cultural ao redor do mundo. Não é segredo para ninguém que o governo chinês quer tornar a Xinhua News Agency tão importante quanto a Associated

Press ou a Reuters. A agência conta com três mil jornalistas, estando 400 deles espalhados em diversos países do mundo. As fontes de notícias estatais chegam a disparar, nas redes sociais, quase 500 milhões de posts para "distrair" os usuários das notícias negativas que o Ocidente divulga sobre a China, usando assim as manifestações culturais como uma das mais frequentes armas.

Porém, é aí que reside o problema. Joseph Nye, num artigo de 2013, diz que líderes como o chinês Hu Jintao e o russo Vladimir Putin não entenderam muito bem o conceito de poder suave por ele criado. Aumentar o poder suave significa economizar muito dinheiro com o poder duro. "Para um país em ascensão como a China, cujo crescimento econômico e militar assusta os vizinhos – que por sua vez fazem coalizões para se proteger –, uma estratégia inteligente é usar o poder suave para fazer a China parecer menos assustadora e diminuir a força dessas coalizões. No caso de um poder decadente como a Rússia (ou a Grã-Bretanha, antes), o poder suave residual ajuda a amortecer a queda", diz Nye.

A cultura, para a China, talvez seja o único grande poder suave que pode ser utilizado, uma vez que os outros dois citados por Nye são ineficientes: valores políticos (num país de partido único que promove a censura) e políticas internacionais (num país que apoia a ditadura comunista da Coreia do Norte e promove expansões territoriais que irritam seus vizinhos). "Pesquisas mostram que as opiniões sobre a influência chinesa são positivas na África e na América Latina, mas predominantemente negativas nos Estados Unidos, na Europa, na Índia, no Japão e na Coreia do Sul", aponta Nye, que lembra que a megaexposição Xangai Expo, em 2009, aumentou o poder suave do país, mas este logo foi deteriorado com a prisão do vencedor do prêmio Nobel da Paz, Liu Xiaobo – quando o mundo viu uma cadeira vazia na cerimônia de premiação em Oslo. "A China e a Rússia cometem o erro de achar que o governo é o maior instrumento de poder suave. No mundo de hoje, a informação não é escassa, mas a atenção é, e depende da credibilidade. E a propaganda governamental raramente tem credibilidade. A melhor propaganda é a não propaganda", comenta Nye, que também acha fraca a estratégia de promover, por meio do Estado, a cultura milenar chinesa nos dias de hoje. "Para que China e Rússia vençam, elas precisam combinar palavras com ações nas suas políticas, ser autocríticas e liberar os grandes talentos da sociedade civil, mas isso não vai acontecer em breve", conclui.

E, mesmo quando combinam ambos os lados, nem sempre o resultado é bom. Em 2014, o presidente Xi Jinping, em uma palestra para figuras do campo criativo em Pequim, exortou os artistas chineses a não apenas mandar cultura para o mundo, mas fazê-la "ideologicamente pura". Ele "sugeriu" que a arte moderna chinesa deveria incorporar a arte milenar sem ser "escrava do dinheiro, do mercado".

Além de ser uma gritante contradição, num país onde tudo é ditado pelo mercado, trata-se de uma intervenção política que impede os artistas de criar e de ser bem-sucedidos economicamente com arte e cultura de massa. Quando o poder duro intervém demais no poder suave, torna-se inócuo.

Indústria audiovisual: o próximo poder suave chinês?

Enquanto as centenas de unidades do Instituto Confúcio no mundo enfocam o ensino da língua e a divulgação da arte tradicional chinesa, o país perde a oportunidade de investir num tipo de poder suave que é a cara do século 21: o audiovisual. Mais especificamente o cinema, que alçou a China ao segundo mercado mais lucrativo do mundo, atrás apenas dos Estados Unidos. E por pouco tempo, já que o governo chinês divulgou que a bilheteria interna do país cresceu 48% entre 2014 e 2015, atingindo US$ 6,77 bilhões. Nesse ritmo, antes de 2018 a China já se terá tornado o maior mercado cinematográfico do planeta. O problema é que, ao contrário de Hollywood e Bollywood, essa imensa indústria faz sucesso apenas dentro da China. O mercado cinematográfico chinês é tão protegido – liberando pouquíssimos filmes estrangeiros por ano – que isso resulta em lucros estratosféricos para os produtores locais. O lado negativo é criar uma cultura, entre os produtores cinematográficos, de pensar apenas no mercado interno, deixando de produzir filmes cujas narrativas e locações chamem a atenção do mundo. As poucas exceções não ajudam a fortalecer o poder suave chinês. A comédia *Bei Jing yu shang Xi Ya Tu*, de 2013, teve um respeitável sucesso fora do país, mas o enredo mostra personagens que queriam sair da China e o roteiro era inspirado no americano *Sintonia de amor* (1993). Já *Tiny times* (2013), outro sucesso chinês, incorporou o sonho americano do sucesso individual num filme adolescente que funcionou muito bem na China, mas pouco exporta algo típico do país para o mundo, a não ser uma versão chinesa do *American way of life* – o que não é de todo mal em termos de poder suave. O país necessita, portanto, multiplicar, no audiovisual, artistas internacionais como Bruce Lee (filho de chineses), Jackie Chan e Jet Li, a tríade cinematográfica chinesa aos olhos do mundo.

Um passo nessa direção foi dado em meados da década de 1990, com a criação do Hengdian World Studios, o maior estúdio cinematográfico do mundo. Conhecido internamente como Chinawood, ele vem atraindo várias produções internacionais. Em 2016, o premiado diretor chinês Zhang Yimou finalizou ali o blockbuster *A grande muralha*, coprodução China-Estados Unidos, numa tentativa de vender a cultura chinesa pelo mundo, ainda que estrelada por artistas internacionais como Matt Damon e Willem Dafoe. A atriz Meryl Streep chegou a viajar num jatinho particular para Pequim para conversar com Zhang sobre coproduções. "É óbvia a razão de a mídia ser controlada pelo Partido. Mas o que torna a China única é que, pela primeira vez, ela tem o dinheiro e o mercado para passar do mero controle da mídia local ao controle de representações externas do país. As coproduções entre China e Hollywood são veículos de Pequim para ditar como a narrativa sobre a China será feita fora de suas fronteiras", analisa, de modo certeiro, Liu Lee-shin, especialista em cinema chinês da Universidade Nacional de Artes de Taiwan.

O que ajuda ainda mais os chineses nessa estratégia é a guinada conservadora de Hollywood, em termos narrativos e de investimento, devido à crise econômica e criativa do cinema americano nas últimas décadas. Isso facilita acordos que compõem uma imagem estritamente positiva do país oriental. Ou seja, nada de sexo, religião, Tibete, Praça da Paz Celestial, dalai-lama, Falun Gong, separatistas uigures etc. "É preciso entender que o governo controla tudo: roteiro, distribuição, licenças, produção e parcerias. Críticas significam que seu filme não será exibido e que o estúdio e o produtor entrarão numa lista negra no futuro. A ironia é que Hollywood passou por uma experiência traumática de censura durante o macarthismo. Agora você pode ser censurado pelo Partido Comunista", disse um grande produtor americano, em anonimato, ao repórter Cain Nunns, da *The Diplomat*.

Ciente da necessidade de ter mais estrelas internacionais, a China usa seu poder duro para se "infiltrar" na produção audiovisual de países como os Estados Unidos, comprando a participação em diversas empresas estrangeiras por meio de gigantes chinesas como o Grupo Wanda, a maior rede de cinemas do mundo. O grupo controla a Legendary Pictures, fruto da maior aquisição no setor cultural na história da China, cujo valor chegou a US$ 3,5 bilhões. Na ocasião, Wang Jianlin, dono do Grupo Wanda e o homem mais rico da China, disse que "as empresas americanas de cinema lideram a indústria cinematográfica mundial", mas a compra "vai mudar essa situação". Sim, mas o contrário também pode ocorrer. Como se permite a entrada de apenas 34 filmes estrangeiros por ano na China, uma vez que a Legendary agora tem capital chinês, muitas produções de Hollywood vão entrar na categoria coprodução China-Estados Unidos, escapando da restrição, permitindo, então, mais filmes americanos dentro do país – fortalecendo o poder suave de Hollywood e não o contrário.

A Legendary Pictures disputou ferozmente com as americanas Warner e Sony a compra dos direitos de sucessos como Pokémon, que, após lançar o "Pokémon GO", só acirrou a sede dessas multinacionais. No entanto, o Pokémon é um produto japonês, país que tem péssimas relações diplomáticas com a China, o que pode favorecer os americanos. A Dalian Wanda também avança pesadamente na aquisição de fatias quase majoritárias de estúdios de Hollywood, como fez com a Paramount no ano de 2016. E, para fazer frente ao avanço da Disney, o grupo inaugurou o Wanda

City, um parque de diversões com resort em Xangai, ao custo de US$ 5,5 bilhões. A empresa declarou ser o projeto um representante do entretenimento chinês contra a "invasão" estrangeira. Wang Jianlin, embora não tenha citado a Disney na abertura, disse que o povo chinês "bajulava" as importações ocidentais. "A cultura chinesa conduziu o mundo por 2 mil anos, mas nos últimos 300 anos, devido ao nosso atraso de desenvolvimento e à invasão de culturas estrangeiras, nós perdemos a confiança em nossa cultura", afirmou. Mais tarde, declarou a uma TV estatal chinesa que "o frenesi de Mickey Mouse e Pato Donald e o tempo de segui-los cegamente já passaram". No entanto, basta entrar no parque para ver lojas cheias de chineses comprando produtos da Branca de Neve, do Star Wars (hoje controlada pela Disney) e do Mickey, já que o grupo não controla as ações promocionais dos varejistas. Para fazer frente a isso, além de ter comprado a Legendary Pictures por US$ 3,5 bilhões – empresa dona da franquia *Batman* –, o Grupo Wanda adquiriu também a rede americana AMC, ações que possibilitarão "infiltrar" nos Estados Unidos, com mais facilidade, os produtos chineses com perfil internacional.

Ciente de que a arte milenar chinesa tem força limitada de expansão, além do cinema, a China permite que outras frentes ampliem seu poder suave, como a música. A cantora Ruhan Jia segue os passos de Mariah Carey, Sarah Brightman e Céline Dion e está se tornando a primeira estrela internacional chinesa, sob a benção indisfarçável do Partido Comunista da China – que a promove por meio da Earth Music, produtora criada em 2011 pelo governo para divulgar artistas em nível mundial. Ciente da obsessão do Partido por mais poder suave, a cantora chegou a declarar que "uma potência cultural não se faz apenas com grandes construções. O verdadeiro poder suave são as pessoas, é preciso educá-las". Ruhan Jia lançou um álbum, *Smile* (2015), com músicas cantadas em chinês, italiano, francês e inglês. Com um repertório moldado para o gosto internacional, o álbum agradou mais fora do que dentro da China – o que não constitui problema nenhum para seu patrocinador, o Partido Comunista. "Fiz uma apresentação no Arco do Triunfo, em Paris, e os franceses me adoraram. Aqui na China, dizem que minha música é bonita, mas calma demais. Querem bum, bum, bum. Ainda levará algum tempo para o gosto melhorar na China", disse ela ao jornalista Marcelo Ninio.

Guerra cultural

Por mais que tenha tentado se fechar contra influências do poder suave norte-americano ao longo do século 20, a China não consegue impedir a entrada do noticiário americano, visto especialmente pela elite do país e por estudantes que voltam de intercâmbios. Estes, como lembra Nye, construíram uma réplica da

Estátua da Liberdade em pleno protesto na Praça da Paz Celestial, em 1989. Quando eram forçados a ouvir os líderes do Partido Comunista vociferar contra os Estados Unidos, os estudantes cantavam baixinho as músicas de Bob Dylan, numa espécie de revolução silenciosa. Filmes de Hollywood, que entram como DVDs piratas ou downloads ilegais, aos poucos vão mexendo com a cabeça dos jovens chineses, que querem mais liberdade de expressão e participação política. É o poder suave abalando as estruturas do fortíssimo poder duro chinês.

Uma das táticas do governo para abrir um canal eficiente de seu poder suave no mundo é intensificar a já conhecida celebração do ano-novo chinês, o mais importante e longo feriado do país. No Brasil, em cidades como São Paulo, já há festas que celebram a data – popular no mundo porque, além de não cair num dia fixo, por ser lunissolar, 12 animais são atribuídos a cada novo ano, com significados distintos. O Empire State Building, em Nova York, já é enfeitado todos os anos com luzes vermelhas e amarelas, representando a bandeira chinesa. A Torre Eiffel também foi iluminada de vermelho. Diante dessa acolhida, o Ministério da Cultura chinês passou a fazer parcerias com empresários e organizações culturais, tendo patrocinado 900 eventos em 120 nações só no ano de 2010. A CCTV, televisão estatal chinesa, começou a faturar com a venda dos direitos de transmissão estrangeiros da festa de ano-novo, que dura quatro horas. Em 2014, o programa foi visto por 814 milhões de pessoas na China e no mundo.

Enquanto alguns líderes chineses focam na exportação da cultura do país para fortalecer o poder suave, outros, como o ex-presidente Hu Jintao, adotam a questionável tática de atacar a cultura estrangeira. Em artigo publicado na revista *Buscando a Verdade* – fundada por Mao Tsé-tung como veículo de propagação dos princípios do Partido Comunista –, o ex-líder disse que o Ocidente quer dominar a China por meio de sua cultura e ideologia e que o país deve, então, reforçar sua produção cultural para se defender desse ataque. "Devemos enxergar claramente que forças hostis internacionais estão intensificando o plano estratégico de ocidentalização e divisão da China, e campos ideológicos e culturais são o foco de sua infiltração em longo prazo [...]. A cultura internacional do Ocidente é forte, enquanto nós somos fracos", afirmou. Em resposta, à época do artigo, Han Han, romancista e blogueiro mais famoso da China, respondeu dizendo que "as restrições às atividades culturais tornam impossível para a China exercer qualquer influência sobre a literatura e o cinema globais, ou para que nós ergamos a cabeça com orgulho".

Essa guerra cultural também é interna e, quando vaza para o mundo, diminui consideravelmente o poder suave chinês. Tibetanos são constantemente detidos para impedir o avanço das línguas e culturas das minorias étnicas. A prática da língua local é proibida por Pequim, que também reprime qualquer manifestação cultural da região. A população uigur também sofre repressão semelhante. "Afetados pela quase eliminação da língua uigur do sistema de ensino e pelas restrições às práticas culturais, os uigures enfrentam a perda de sua identidade étnica", disse Rebiya Kadeer, em 2012, no Congresso Mundial Uigur nos Estados Unidos. Considerando que um terço da população da China – 450 milhões de pessoas! – ainda não fala mandarim, segundo o Ministério da Educação, a guerra de Pequim contra as minorias só está começando e, portanto, continuará a deteriorar o poder suave chinês por anos a fio. "Uma peculiaridade acontece nessa questão da diversidade de povos, línguas e culturas que convivem no território chinês. Na província de Yunnan, onde eu morava, entre o Tibete, Mianmar, Laos e Vietnã, existem mais de 30 etnias diferentes, cada uma com línguas, músicas e tradições bem diferentes. Em cada cidade você pode ouvir o tempo todo as versões 'diluídas' dos estúdios nacionais de cantos étnicos. Eu via todos cantando, a fim de manter a identidade de cada um nessa grande 'unidade' chinesa. Perdoe o sarcasmo", comenta Mikael Gorostiaga.

A China, portanto, apresenta um cenário único e atípico no mundo: investe bilhões de dólares para aumentar seu poder suave no planeta e mascarar os efeitos colaterais do seu poder duro. Discute, todos os anos, caminhos e formas de encontrar poderes culturais tão fortes como Hollywood. Por não ser uma democracia, terá um árduo caminho pela frente, ainda que pavimentado sobre bilhões de dólares. No lado oposto, países democráticos, como o Brasil, têm passe livre para promover poderes suaves como o carnaval, novelas e música. Pena que com fracas iniciativas governamentais e muitíssimo menos dinheiro que os chineses, como veremos adiante.

6. O MAIOR ESPETÁCULO DA TERRA

> O povo toma pileques de ilusão com futebol e carnaval.
> São estas as suas duas fontes de sonho.
> CARLOS DRUMMOND DE ANDRADE

Muitas definições surgidas ao longo do século 20 sobre a cultura de massa, principalmente com o advento da Escola de Frankfurt, diziam que ela se apropria do que é vendável nas demais culturas (popular e erudita, anda que não haja divisões concretas entre elas), transformando as manifestações culturais pre-existentes em algo totalmente novo. Ao contrário da simples mercadoria, o produto cultural precisa ter uma "aura", uma imagem, ainda que ilusória, de ineditismo e exclusividade a cada lançamento. O novo filme, o novo show ou a nova encenação teatral precisam de novas tecnologias, elenco ou uma mudança na apresentação narrativa para que o público o consuma como mercadoria cultural nova, em geral efêmera e sempre substituída pela próxima novidade. O grande talento da cultura de massa é justamente saber talhar manifestações culturais populares e eruditas na forma de produto que vende, ainda que aquelas manifestações originais se transformem em algo tão diferente que muitos acabem se esquecendo de sua face "pré-cultura de massa".

O carnaval da Sapucaí (Rio de Janeiro), do Anhembi (São Paulo) e da Barra--Ondina (Salvador) são exemplos perfeitos de produtos bem-sucedidos da cultura de massa brasileira. Trata-se de festas que, ao longo dos anos, foram se adaptando cada vez mais ao gosto popular, tornando-se produtos apreciáveis por grande parcela da população brasileira e mundial. O Boi-Bumbá do Maranhão é exemplo de manifestação de caráter local que ainda não foi radicalmente transformada para o gosto da grande massa. Já a Festa de Parintins está caminhando no mesmo sentido do carnaval da Sapucaí, com transmissão de grandes redes de TV e até um Bumbódromo para abrigar de forma mais espetacular – e com rigidez industrial – a festa amazonense. Em outras palavras, a disciplina do carnaval de avenida – com tempo rígido de apresentação, número de alas e participantes e regras claras de votação – nada mais é do que a disciplina típica da indústria de massa, que elimina o que não cai no gosto popular e abraça o que mais dá audiência, aumentando seu poder de venda. Para atingir um público cada vez maior, cortam-se os excessos (nudez exagerada ou "vulgar"), aplicam-se temas brasileiros, mas "traduzidos" em luzes, cores e danças para o mundo, e reforçam-se os clichês da festa mais popular do mundo.

Portanto, ao se transformar em produto que atinge grandes massas, como Hollywood, mas em proporção ainda bem menor, o carnaval é um poder suave brasileiro, pois seduz interna e externamente e traz divisas tangíveis (turismo) e intangíveis (a maior festa do mundo, a alegria do brasileiro etc.) para o país. Esse carnaval – Sapucaí, Anhembi e Barra-Ondina – é aquele conhecido no mundo todo. Tem volume, disciplina industrial e cobertura midiática capaz de vender o país para nações bem distintas da nossa, sendo ainda capaz de carregar para o mesmo caminho outras festas, que já se tornam cada vez maiores, como o carnaval do frevo pernambucano, o carnaval de rua de Ouro Preto etc. Nos temas, sambas-enredos e performances que desfilam pelas avenidas, somos capazes de passar qualquer mensagem para o mundo, da preservação ambiental à evolução tecnológica. Por meio da festa, da sedução visual, podemos prender a atenção do planeta e mandar o recado que quisermos. Se positivo, ou bem trabalhado, é o poder suave se manifestando e fortalecendo um dos ativos mais importantes do país, o de uma nação pacífica, amigável e antibelicista. Real ou não, essa imagem tem grande potencial para nos favorecer nos campos do poder duro (negócios, política) e em outras áreas do poder suave (esporte, turismo, diplomacia).

A economia do carnaval

Ressalte-se que o carnaval nem mesmo é uma festa nascida no Brasil. Já no século 15 era celebrada em Portugal, e logo depois desembarcou no Brasil Colônia e se misturou a manifestações culturais dos escravos africanos e dos índios nativos. Uma das primeiras grandes influências do carnaval foi o entrudo, festa de origem portuguesa, mas praticada pelos escravos no Brasil, que consistia basicamente em sair pelas ruas com o rosto pintado e jogar bolinhas de água e farinha nas pessoas. Enquanto até o século 18 o carnaval era praticado de forma esporádica e desorganizada em todo o território brasileiro, com a chegada da corte real portuguesa no Rio de Janeiro vieram também os bailes e passeios mascarados europeus, reprimindo parte do carnaval popular das classes mais baixas, como o próprio entrudo. Ainda assim, diversos grupos começaram a ocupar, ao longo do século 19, as ruas do Rio de Janeiro – eram os ranchos, blocos ou cordões. Paulatinamente, músicas foram compostas para celebrar a festa, como "Ó abre alas", de Chiquinha Gonzaga (1899). O samba surgiu como produto de massa duas décadas depois, com a música "Pelo telefone", de Donga e Mauro de Almeida. Primeiro samba gravado em disco, em 1916, tornou o ritmo, aos poucos, o representante sonoro do carnaval, ainda que sambas tenham sido registrados desde o século 17 em regiões como Pedra do Sal (RJ). Já na capital paulista, festas de caráter religioso-profano vão influenciando o carnaval. O Grupo Carnavalesco da Barra Funda, criado por Dionísio Barbosa, hoje chamado Camisa Verde e Branco, surgiu em 1914. E assim, por conta da força econômica de Rio de Janeiro, Recife, Salvador e São Paulo, essas cidades vão organizando cada vez mais o carnaval, disciplinando suas regras, seus locais de manifestação, prêmios, categorias, escolas etc. Tudo ao gosto do grande público, sempre maleável para o que mais vende dentro e fora do Brasil.

Enquanto o carnaval como poder suave ainda tem muito potencial para desenvolver (como veremos adiante), ele já é uma manifestação que movimenta tanta gente e recursos que já existe o termo "economia do carnaval". No Rio de Janeiro, por exemplo, a taxa de ocupação de hotéis chega a 95% durante as festividades, o faturamento de bares e restaurantes aumenta cerca de 15% e um volume milionário circula por meio da divulgação de marcas de grandes empresas nas escolas de samba e até no carnaval de rua. O merchandising está se popularizando, com empresas pagando fortunas para ter temas de seu interesse como samba-enredo das escolas do Rio e de São Paulo. Isso sem falar na geração de empregos temporários. Só no Rio de Janeiro, em 2006, surgiram 264,5 mil postos, sendo 64,7 mil deles apenas nas escolas de samba. Dez anos depois, em 2016, o Rio contou com 3,3 milhões de turistas – 35% deles vindos de fora, sobretudo da Argentina e dos Estados Unidos –, com 1,2 mil blocos de escolas de samba desfilando pelo estado. Evidentemente, o número de turistas aumenta vertiginosamente nessas cidades. Em 2008, por exemplo, o Rio de Janeiro recebeu 2,5 milhões de turistas, gerando uma receita de US$ 500 milhões durante o carnaval. Isso também afeta positivamente as cidades próximas, como Petrópolis, Paraty, Cabo Frio e Angra dos Reis. Sem falar nas dezenas de transatlânticos que desembarcam na cidade, trazendo quase 50 mil turistas a mais. Estima-se que 52 setores da economia são afetados positivamente pelo carnaval todos os anos.

O poder suave do carnaval brasileiro, no entanto, poderia gerar mais dividendos para o poder duro – a economia – se houvesse um aproveitamento maior de seu potencial pela iniciativa estatal e privada. Em artigo no *Financial Times*, a jornalista Samantha Pearson cravou o título "O carnaval do Brasil é feito na China", afirmando que 80% de todas as fantasias utilizadas nas festividades brasileiras, no ano de 2011, foram importadas quase exclusivamente de lá, de acordo com a Associação Brasileira dos Importadores Têxteis (Abitex). "Agora, até mesmo o tão famoso carnaval brasileiro é *made in China*". A situação era fruto da valorização do real àquela época, mas também da falta de investimento em novos equipamentos têxteis que atendessem à demanda.

A imagem carnavalesca no mundo

Walnice Nogueira Galvão, ensaísta e crítica literária, autora de livros como *Le carnaval de Rio: trois regards sur une fête brésilienne* [O carnaval do Rio: três olhares para uma festa brasileira] (2000), escrito originalmente em francês, diz que o carnaval e a telenovela são nossos principais produtos culturais de massa. Porém, ela diz que o carnaval "é brincadeira de criança perto do poder de Hollywood, quase nuclear, totalitário, uma máquina ideológica". E acrescenta: "O carnaval passa uma imagem complexa para o mundo, uma face de alegria, liberação dos instintos, oba-oba tropicalista. Também mostra uma festa de celebração da mestiçagem e, por ser anual, mostra que é o oposto do resto do ano, pois o carnaval também exibe a miséria do país. Só nesses dias a mestiçagem é celebrada; no resto do ano, a prefeitura do Rio chega a cortar ônibus que conecta a periferia à zona sul – é a anticelebração da mestiçagem". No entanto, Walnice considera o carnaval um importante poder suave do Brasil. "Ele impacta diretamente o turismo do país, mas não é inocente, assim como Hollywood. É o conceito da festa, que é o oposto do resto do ano. O carnaval é a indústria da imagem, do sonho."

O mundo reconhece o poder do carnaval brasileiro. A revista norte-americana *Time* publicou, em 2016, uma extensa matéria com o título "Estes 12 fatos explicam por que o carnaval do Rio é a maior festa do mundo". Na matéria, o jornalista Matt Sandy conta sobre as origens da festa, no século 19, menciona sua duração, os quase 590 blocos de rua carioca, o fato de 1 milhão de turistas terem desembarcado na cidade em 2015, tendo gasto US$ 782 milhões, etc. "A parte mais espetacular do carnaval é quando as melhores escolas de samba competem entre si no Sambódromo, com desfiles espetaculares, milhares de sambistas e dançarinos flutuando por uma hora, dando passagem para a próxima escola e indo até a madrugada", diz a matéria.

Por ser um poder suave sedutor para o mundo inteiro, o carnaval também forma imagens diversas sobre a festa, os brasileiros e o país como um todo, o que pode diminuir o próprio benefício desse poder suave ao longo dos anos. Graças ao carnaval, há quem ache que o Brasil vive em festa o ano inteiro, ou que aqui só existe mulher pelada, bebida e música, sem controle da lei. Tal imagem – que o Brasil pouco faz para desfazer internacionalmente – corrói outros poderes nacionais, ao exportar a imagem de uma nação que não se pode levar a sério, sem limites nem disciplina. Alguns estudos apontam, inclusive, que, se essa imagem fosse desassociada do carnaval, o número de turistas seria ainda maior em fevereiro, uma vez que muitos evitam a festa justamente por temer o caos e a violência. Em outras palavras, se o turista ou o executivo estrangeiro não tem contato com outra imagem a não ser essa, evitará conhecer o país ou fazer negócios aqui. Porém, se conhece a disciplina industrial do carnaval da Sapucaí, aumentam as chances de ele levar uma imagem poderosa do Brasil ao seu país de origem.

No entanto, apesar da falta de cuidado com a imagem do carnaval no mundo, a festa parece alimentar uma impressão mais positiva do que negativa. Pesquisa encomendada pela Empresa Brasileira de Turismo (Embratur), em 2010, ao instituto de pesquisas Zaytec entrevistou 2.405 pessoas de 27 países. Dos entrevistados, 45% apontaram o brasileiro como o fator mais cativante do país, seguido por belezas naturais (23%), as praias e o mar (18%), o clima tropical (14%) e a diversidade cultural do país (9%). Em artigo publicado por Michael Brecht – CEO do Doodle, importante aplicativo on-line de agendamento de compromissos –, o autor chama o Rio de Janeiro de "referência mundial da celebração na América do Sul [...] tudo é uma celebração de barulhos, cores e felicidade". E acrescenta: "Para o visitante europeu inexperiente, antes de o carnaval começar, tudo parece puro caos. Mas, para nossa absoluta surpresa, apenas alguns minutos ou segundos antes de os desfiles começarem os grupos participantes se organizam miraculosamente e tudo flui em condições perfeitas".

O mestre em História Social Luiz Antonio Simas, coautor de *Samba de enredo – História e arte* (2010) e de *Dicionário da história social do samba* (2016), foi consultor do acervo da área de Música de Carnaval do Museu da Imagem e do Som do Rio de Janeiro. Segundo ele, a maior atração do carnaval é também seu maior clichê: "Uma certa ideia do consenso estabelecido pela alegria; a ideia da exuberância tropical; a efusão da música; a impressão de uma euforia mestiça etc. O carnaval sugere uma projeção de país possível que, todavia, deve ser problematizada, até mesmo para o bem do próprio carnaval".

Simas considera o carnaval nosso grande poder suave. Com ele, "o Brasil pode se beneficiar de formas simbólicas, com o fortalecimento da ideia de um país adepto do consenso e da inclusão pela festa, e também de forma pragmática, com a indústria do turismo, a economia criativa, o poder de atração para receber grandes eventos etc.". Porém, o pesquisador é também bastante crítico com relação aos efeitos que a globalização tem sobre o samba e o carnaval, sobretudo no que concerne à padronização da cultura em produto vendável: a cultura de massa. "O samba é, cada vez mais, instado pela indústria do entretenimento a se diluir em padrões uniformes da música pop, perdendo muitas vezes a vitalidade transformadora e as especificidades dos ricos complexos culturais que se desenvolveram em torno dele. O carnaval viaja no mesmo barco. Diluídos, em clara estratégia mercadológica, em referências pouco afeitas a suas características fundamentais, o samba e o carnaval se inserem na globalização como elementos difusores do consumo padronizado e da uniformização dos hábitos. Deixam de ser cultura e viram eventos espetaculosos".

De fato, o raciocínio de Simas conduz também a um questionamento importante: será que, para se tornar um poder suave mais influente no mundo, o carnaval precisa irremediavelmente caminhar para a uniformização e a padronização do produto vendável que é a cultura de massa – perdendo assim sua identidade cultural interna? Não é isso, afinal, que os próprios norte-americanos dizem de Hollywood, ou seja, que a indústria cinematográfica faz uma caricatura irreal, mas vendável, da cultura do país? O que dirá, então, de Bollywood, que transforma um país inteiro numa celebração musical de cores e dança, deixando de lado uma cultura milenar riquíssima? Como se pode ver, o poder suave é capaz de influenciar os outros por meio da sedução de sua cultura, mas para isso, quase sempre, essa cultura tem de passar pelas linhas de produção do vendável a fim de ganhar acesso mais amplo no mundo.

Os limites do poder suave do carnaval

Não apenas a falta de investimento público e privado diminui o potencial do poder suave do carnaval brasileiro. Outros fatores ainda mais graves limitam a influência e a sedução da grande festa nacional. Se Hollywood perde força quando o poder duro norte-americano faz intervenções militares impopulares no mundo e Bollywood diminui seu potencial por conta da burocracia e da extrema pobreza indiana, o carnaval brasileiro tem um inimigo fortíssimo: a violência. Ou melhor, a imagem de país violento que exportamos para todos os cantos do mundo. Se o carnaval é considerado pela mídia internacional a maior festa do mundo, certamente a violência das grandes cidades é um fator preponderante para que os números do turismo e da economia ainda não façam jus a esse título mundial. "Com todas as notícias que saem pelo mundo sobre o Brasil, até a mesmo visão de 'povo amigo' está indo pelo ralo, e nosso poder suave vai por água abaixo também. A principal pauta de preocupação da política externa brasileira sempre foi o desenvolvimento, sair da miséria, não ficar subordinado aos Estados Unidos ou à União Soviética. Historicamente, não se teve a percepção de que outros caminhos, como o poder suave, poderiam levar o Brasil a ser influente", diz Gunther Rudzit, especialista em relações internacionais.

E, enquanto grande parte dos países reconhece cada vez mais a importância de investir no poder suave – e vê o Brasil como a terra de potenciais múltiplos nessa área –, o governo brasileiro por vezes anda na contramão do próprio potencial nacional. Em 2014, por exemplo, o então ministro da Defesa, Celso Amorim, disse que o Brasil deveria aumentar o poderio militar (poder duro) para se impor como a (então) sexta economia do planeta. "Em várias ocasiões pude observar que ter um pouco de poder duro ajudaria. Precisamos de certa capacidade militar que ampare esse poder brando da cultura. Ter Forças Armadas bem equipadas é indispensável. E esse ponto de vista deve ser compartilhado com a sociedade", declarou em palestra denominada "Os rumos da Defesa brasileira". No entanto, para que o poderio militar seja de fato eficiente, é preciso uma estratégia de longo prazo, que requer um investimento bilionário – para qual o Brasil, à época do discurso de Amorim, pouco contribuiu. Em outro raro momento de menção do poder suave pelo governo brasileiro, a então ministra da Cultura, Marta Suplicy, defendeu que o país deveria abandonar o estereótipo de carnaval e futebol e apostar mais na promoção do poder suave. "Nesse momento, queremos mostrar a diversidade. Temos artistas plásticos e teatro de primeiro mundo, música, cerâmica. Queremos mostrar essas coisas que são parte de nosso acervo cultural. O resto também é. Nossas praias, tudo isso é bonito, e bom, e atrai, mas a identidade brasileira é a cultura... Nós temos tudo para mostrar um poder suave mais poderoso." Concretamente, a então ministra queria que o governo criasse centros de promoção da cultura brasileira no exterior, assim como os Centros Educacionais Unificados (CEUs) das Artes, que também eram projeto do Ministério da Educação. No entanto, tais centros – ao contrário das centenas de Institutos Confúcio promovidos com dinheiro do governo chinês – nunca saíram do papel. E o carnaval, que a ministra queria evitar para "fugir do estereótipo", também foi deixado de lado pelo governo.

Em 2015, o governo federal promoveu o Seminário de Alinhamento Estratégico Internacional, no qual divulgava intenções de internacionalizar a cultura brasileira. O então ministro da Cultura, Juca Ferreira, disse que a cultura é um ativo da relação do Brasil com outros países, um instrumento de diplomacia. "Temos um mapa afetivo, uma possibilidade de desenvolvimento cultural muito grande, mas os objetivos não podem ser apenas exportação da cultura brasileira, e sim a criação de sistemas cooperativos, bilaterais, regionais etc. Também temos muito a aprender", disse. Na época, o seminário lembrou que a Organização Mundial do Comércio divulgou dados, de 2012, informando que a indústria criativa representa 10% da riqueza produzida no mundo, atrás apenas de armamento e petróleo. Mas 40% desse mercado está concentrado nos Estados Unidos, na China e no Reino Unido. África e América Latina possuem apenas 4% dessa fatia. Na época, o Ministério da Cultura iniciou trabalhos de promoção da cultura brasileira em quatro linhas: formação e fortalecimento institucional; estímulo à produção, circulação e distribuição; intercâmbio cultural; e promoção da imagem brasileira.

No entanto, como se sabe, tais ações de fortalecimento do poder suave só se tornam efetivas quando conseguem sobreviver às mudanças de governo, o que paradoxalmente não é um problema para a China – uma ditadura. "É um desperdício não conseguirmos aproveitar melhor o potencial do carnaval de massa para atrair mais público de fora. Os americanos conseguem transformar o Super Bowl num produto global – não só é a maior audiência dentro dos Estados Unidos como está se tornando uma grande audiência mundial. É o que precisamos fazer com nosso carnaval da Sapucaí, ampliá-lo como audiência mundial", comenta Gunther Rudzit.

Exportando o carnaval

Para aproveitar melhor o potencial do carnaval, seria preciso que o próprio evento fosse mais atraente – logística e financeiramente – para empresas privadas, ganhando volume de faturamento dentro e fora do Brasil. Algumas agências do governo poderiam facilitar esse caminho. A Agência Brasileira de Promoção de Exportações e Investimentos (Apex) foi criada para promover produtos e serviços brasileiros no exterior e atrair investimentos estrangeiros em setores estratégicos da economia. A agência oferece serviços de estratégia de internacionalização de empresas e promoção de negócios e imagem.

Frederico Silva, coordenador de projetos setoriais da Apex, diz que a agência se associa a alguma instituição para fomentar negócios. Na área de cultura, a Apex associou-se a empresas como Cinema do Brasil, programa de exportação implantado pelo Sindicato da Indústria Audiovisual do Estado de São Paulo (Siaesp), com apoio da Agência Nacional de Cinema (Ancine), para promover o cinema brasileiro no mundo. A Apex também promove os produtos televisivos brasileiros por meio do Brazilian TV Producers (BTVP), que busca oportunidades de coprodução, parcerias internacionais e venda dos produtos em mercados internacionais. Há também negócios com a Brazilian Publishers, fruto de parceria com a Câmera Brasileira do Livro (CBL), que promove o mercado editorial brasileiro no exterior. "Percebemos que existe uma procura internacional maior pela arte brasileira contemporânea, com colecionadores pagando mais pelas obras. A música também tem crescido, com interesse em estilos musicais distintos, que tenham uma linguagem internacional, mas com raiz brasileira, como Emicida e Tulipa Ruiz. A Karol Conka gerou interesse internacional pela mistura de funk com baião", diz Frederico.

Mas e o carnaval, produto de massa pronto para exportação? "A Apex já aproveitou o carnaval como plataforma de negócios em 2013, compramos camarotes para empresários virem e também visitarem empresas. Trouxemos 300 convidados por ano, associando o carnaval a uma agenda de negócios, visitando indústrias e empresas. Sob o chamariz 'Carnaval, o maior espetáculo da Terra', trazíamos para o Rio empresários de açúcar, maquinários, militares etc.", completa Silva, que diz que a Apex abandonou a estratégia por achar que cinco anos foram suficientes e para evitar trazer sempre as mesmas pessoas. "Focamos em negócios: se algum empresário tiver estratégias para exportar o carnaval brasileiro, podemos nos associar. Mas para algo em longo prazo, precisaríamos de um setor minimamente organizado."

A dificuldade de exportar o carnaval pela Apex é que ela trabalha com fomento de negócios privados. E o carnaval brasileiro é recheado de estereótipos – a mulata, a mulher pelada, a anarquia –, o que torna delicada a associação com empresas privadas, dificultando a atração de bons rendimentos de fora. Para a Apex, é mais fácil, por exemplo, vender os serviços criativos de um carnavalesco para um estúdio de Hollywood ou associar profissionais brasileiros do carnaval a uma equipe internacional que queira filmar o carnaval aqui. O carnaval do Rio e de São Paulo, por ser organizado pela Liga das Escolas de Samba de suas respectivas cidades, não funciona como uma empresa privada, que tem metas de faturamento, público, exportação etc., o que também dificulta o ganho de projeção de imagem do carnaval no mundo. "Não considero o carnaval nosso principal produto cultural de exportação porque não existe um produto, mas uma manifestação. Se fôssemos exportar o carnaval, exportaríamos o quê? As escolas de samba? As músicas? Os serviços para a produção do espetáculo?", comenta Christiano Braga, gerente de exportações da Apex. Segundo ele, como sempre houve apenas iniciativas pontuais dos governos brasileiros na difusão da cultura e do entretenimento brasileiro no mundo, a Apex não tem condições de fazer tal inserção internacional sozinha. "Os Estados Unidos, com Hollywood, a França e o Reino Unido são países com importante poder suave no mundo. Desconheço um país que tenha alcançado um patamar de desenvolvimento sem inserir sua cultura internacionalmente", comenta Christiano, que considera a imagem do carnaval boa e ruim para o Brasil. Para exportá-lo em maior peso, seria preciso diminuir a força dos estereótipos a ele ligados. "Acho que alguns aspectos relacionados ao carnaval poderiam ser mais bem explorados: a questão do know-how do processo de organização de um desfile, a forma de organização da festa e o envolvimento das comunidades; a música e até mesmo a evolução e a inovação do espetáculo são pouco conhecidos", reflete Braga.

O carnaval, como se viu, já seduz o mundo há décadas. Também movimenta um volume financeiro cada vez maior dentro do Brasil. Mas, por ser uma manifestação e não um produto cultural mais palpável, enfrenta desafios para aumentar seu poder suave globalmente. Nada que seja um obstáculo insuperável para os produtores de cultura de massa, que já transformaram manifestações culturais muito mais tímidas em espetáculos lucrativos para o mundo todo, limpando o que não vende e ressaltando, a todo momento, a aura do novo, do inédito. Enquanto as

Ligas das Escolas de Samba, os carnavalescos, as associações e a iniciativa privada procuram trilhar esse caminho, outro produto cultural bem mais palpável, que seduz o mundo há décadas, gera grandes lucros e projeta uma imagem do país. As telenovelas são o melhor exemplo de produto da cultura de massa bem explorado pela iniciativa privada, como veremos no próximo capítulo.

7. Telenovelas: o poder suave brasileiro e mexicano do século 20

Quem matou Odete Roitman?

Na noite de 21 de fevereiro de 1986, a TV Globo colocou no ar o último capítulo de *Roque santeiro*. A população brasileira naquele ano, segundo o IBGE, chegava a 139 milhões de pessoas. Entre 20h30 e quase 22h, período em que o capítulo foi ao ar, a novela registrou média de 95 pontos de audiência, com picos de 100 pontos. Isso significa que todos os brasileiros que tinham um televisor ou estavam à frente dele naquela noite assistiam a um único programa. É provável que tal fenômeno nunca mais tenha se repetido em lugar nenhum do mundo, mas ele mostra o estrondoso poder suave da telenovela no Brasil. E não só das brasileiras. As telenovelas mexicanas fazem sucesso em centenas de países – no Brasil algumas delas, nos anos 1990, derrubaram a audiência das próprias líderes nacionais. Em suma, não é exagero dizer que as telenovelas ditaram – ao longo do século 20 – como o brasileiro se vestia, o que dizia nas ruas, o que comprava nas lojas, tendo sido parte fundamental da própria formação educacional de todo um país. É impossível ignorar um poder suave tão grande quanto esse. Afinal, se o carnaval seduz o mundo uma vez por ano, as telenovelas "escravizam" os olhos de milhões de pessoas seis noites por semana. O ano inteiro.

No entanto, esse imenso poder suave, que reinou absoluto no horário nobre televisivo ao longo de metade do século 20, está passando por um teste de fogo no século 21. As novas gerações, cada vez mais, não têm tanto tempo – nem paciência – para seu formato. Não querem mais ver intervalos comerciais, tampouco ser obrigadas a estar diante da TV no horário em que a emissora decide colocar a novela no ar. Além disso, as novelas têm concorrentes fortíssimos no século digital: de aplicativos para celular a canais como o YouTube, que permitem ao usuário assistir àquilo que quiser, na hora que quiser, com poucos segundos de comercial obrigatório. As séries de TV americanas – que exigem bem menos tempo do telespectador, uma vez que liberam um episódio apenas por semana – também entraram com força no Brasil. Para agravar a situação, o telespectador vem migrando em massa para plataformas como o Netflix, que permite assistir a temporadas inteiras de uma só vez. A TV Globo – maior produtora de novelas do país – reagiu e criou um aplicativo semelhante, o Globo Play, que colocou todo o acervo da emissora desde 2010 para quem estiver disposto a pagar uma assinatura com preço semelhante ao do Netflix. Resta saber se ainda assim o telespectador terá tempo de ver seis capítulos de novelas toda semana, ou se o formato de seriado norte-americano – de um episódio por semana ao longo de cerca de oito meses por ano – vai vencer as novelas, exigindo uma inédita e arriscada reedição de formatos das emissoras brasileiras. Enquanto isso não acontece, porém, as novelas permanecem com um poder suave imenso, lucrativo, que mexe diariamente com a cabeça de milhões de latino-americanos. E sua influência surgiu antes mesmo do advento da televisão no Brasil.

As origens do poder suave novelesco

Diversos países do mundo produzem telenovelas, mas foi na América Latina que o gênero encontrou o maior número de produtores e espectadores ao longo do século 20. No subcontinente, grande parte das tramas é melodramática, com duração de seis a nove meses e com um final obrigatoriamente feliz para os protagonistas. Sua fórmula só garante o sucesso de audiência se mocinhos e vilões tiverem certa dose de originalidade e uma personalidade bem construída pelos autores. Mas não só. Para se sustentar no ar seis noites por semana durante quase nove meses, são necessários núcleos dramáticos secundários eficientes, com subtramas que sustentem a atenção do telespectador por tanto tempo. Se isso não acontece, a audiência do produto começa a cair, afetando inclusive o sucesso da próxima novela que vai sucedê-la.

Esse formato é típico da América Latina, já que as telenovelas dos Estados Unidos e de alguns países da Europa (*soap operas*) nem sempre se passam no horário nobre e podem ficar anos no ar. Mesmo assim, na TV mundial, o Brasil foi um dos pioneiros a investir nesse formato. *Sua vida me pertence*, de Walter Foster, foi ao ar na TV Tupi no final de 1950, meses depois de a própria televisão ter sido inaugurada no país. Alguns especialistas da área consideram, inclusive, que essa foi a primeira novela do mundo. Outros países, como México, Venezuela e Cuba, começaram a produzir telenovelas em massa a partir da mesma época. Por conta das dificuldades de produção, elas duravam menos de dois meses, não eram diárias e tinham menos de 30 minutos de duração. O formato foi ajustado para cerca de 40 minutos de arte a partir dos anos 1970. Com a crise de audiência do formato desde o início do século 21, as tramas da TV Globo estão cada vez mais enxutas, durando no máximo oito meses no ar – se a audiência for realmente significativa. Do contrário, pode ser encurtada para dar vez à próxima produção, a fim de segurar os índices daquela faixa de horário.

Poder suave

Além do formato técnico, as características narrativas das telenovelas precedem o surgimento da própria televisão, pois foram inspiradas nas radionovelas. Surgidas em 1941 na Rádio Nacional, com *Em busca da felicidade*, estas foram um sucesso estrondoso no país e o embrião dos autores que fariam grande sucesso na televisão, como Janete Clair, Dias Gomes e Ivani Ribeiro. As emissoras produziram radionovelas até o final dos anos 1960, e suas duas décadas de existência criaram não só o hábito do brasileiro de consumir folhetins como um padrão de narrativa que a televisão seguiria.

Obviamente, isso tem um lado negativo. Alguns especialistas atribuem à influência da radionovela a principal razão pela qual as telenovelas são demasiadamente "frias". Acompanhar uma radionovela não dependia, necessariamente, de uma grande atenção do público, que poderia estar ouvindo e cozinhando, jogando cartas ou até estudando ao mesmo tempo. Cientes disso, os autores sabiam como narrar a trama, com palavras simples, repetição de termos etc. As telenovelas parecem ter copiado a fórmula. Ou seja, não é preciso acompanhar atentamente cada cena – ou até mesmo todos os capítulos – para entender a trama. Como a narrativa da telenovela é fortemente calcada no diálogo e não na imagem, é plenamente possível acompanhar a trama de longe ou assisti-la e fazer outras atividades concomitantemente. Tal "frieza", ao mesmo tempo, pode fazer que o público não desista de uma obra audiovisual tão longa – quem nunca disse, diante de uma telenovela, que se pode ficar uma semana sem vê-la e ainda pegar o fio da meada? Ou o contrário: que a longa duração pode dispersar o público, hoje mais habituado a filmes e séries cuja imagem tem fator preponderante na narrativa e, portanto, exige atenção maior ao longo de toda a trama?

Ainda que as telenovelas tenham começado timidamente na TV, elas se tornaram o mais poderoso produto cultural das emissoras. De poucas emissoras. Como o volume de investimentos é altíssimo, ao longo do século 20 apenas duas emissoras conseguiram manter-se no topo da audiência e da qualidade de produção narrativa e técnica na América Latina: a TV Globo, no Brasil, e a Televisa, no México. Ainda que tenha havido bons momentos das concorrentes – a Record e a Manchete, aqui, e a Azteca, no México –, elas não foram capazes de fazer a maioria dos telespectadores mudar de canal por longos períodos. Ou seja, telenovela é um poder suave centralizador, estando nas mãos de pouquíssimos produtores culturais, sobretudo na América Latina – um tanto menos no México, já que a Televisa faz associações com produtoras terceirizadas. Já nos Estados Unidos, as grandes redes televisivas não podem – por força de leis estatais – produzir certos tipos de entretenimento, apenas notícias, manobra que favoreceu fortemente os estúdios de Hollywood, como vimos. Assim, a produção do país tende a ser mais horizontal, ou seja, as redes de TV se associam a diversas produtoras ou apenas compram séries e novelas, favorecendo uma forte competição entre elas para ver quem chega no *prime time* norte-americano. Já no Brasil, a produção é fortemente verticalizada. Com raras exceções, a Globo controla da limpeza dos cenários à autoria do texto – passando por elenco, direção e venda no exterior. Isso enfraquece sobremaneira o mercado de produtoras audiovisuais, em especial num país com fracos elos entre a TV e o cinema. A Globo, portanto, absorve para si o custo de R$ 700 mil por capítulo de novela, mas também todo o lucro publicitário advindo dele. Pode-se quase dizer, dessa forma, que o poder suave das telenovelas brasileiras é quase o poder suave da TV Globo em si, e não necessariamente dos produtos culturais com que a emissora alimenta o mercado.

Projac: a Hollywood brasileira

O poder suave da TV Globo também se manifesta fisicamente. Assim como turistas e executivos se impressionam com o tamanho dos estúdios de Hollywood em Los Angeles, o Projac, central de estúdios da TV Globo em Jacarepaguá, no Rio de Janeiro, está à altura do seu congênere norte-americano. A emissora construiu praticamente uma minicidade dentro do Rio, com uma área de 1,65 milhão de metros quadrados, dez estúdios que revezam todas as produções da emissora, 150 mil peças de figurino e 300 carros elétricos que levam, de um lado para outro, quase 2,5 milhões de pessoas que passam por lá todos os anos. Com a inauguração do Projac, os números da emissora chegaram a recordes mundiais, o que também a ajudou a catapultá-la mundo afora. Em média, a emissora produz mais de 2.500 horas de programas e novelas por ano. Só em 2012, comercializou 59 produtos no exterior em 33 idiomas (mandarim, russo, húngaro, coreano etc.) para 92 países.

Inaugurado em 1995, o Projac é fruto da expansão sem precedentes de produção e faturamento da emissora carioca, inaugurada em 1965 com ajuda financeira do grupo norte-americano Time-Life e com caminho livre para expansão pelo governo militar brasileiro, à qual a emissora não fez nenhuma oposição – assim como a maior parte dos grupos de mídia brasileiros – nos primeiros anos do regime. Se o silêncio (artístico e jornalístico) diante de um regime ditatorial ajudou a consolidar o poder econômico e técnico da TV Globo nos anos 1960 e 1970, a emissora também pagou um preço por isso: não poder tocar em temas polêmicos em sua dramaturgia, sob o risco de censura, como ocorreu com a primeira versão de *Roque santeiro*. Mauro Alencar, doutor em Teledramaturgia Brasileira e Latino-Americana pela USP e autor do livro *A Hollywood brasileira – Panorama da telenovela no Brasil* (2002), diz que são justamente a ousadia e a diversidade de temas que explicam o poder suave das nossas telenovelas dentro e fora do Brasil. "O que interessa a outros países é a diversidade cultural do Brasil, nosso colorido, nossa gente. Temos o Brasil da telenovela e a telenovela no Brasil, e ela, por meio de temas e tramas diversos, consegue passar por quatro etapas básicas da consolidação da indústria cultural: regionalização, nacionalização, globalização e valor social", explica Mauro, que atribui também o êxito das telenovelas brasileiras ao fato de estas utilizarem bem os recursos das outras artes. "Com certeza a produção brasileira é mais poderosa que a mexicana, mas tanto uma quanto a outra lidam com elementos do folhetim e do melodrama e, por isso, há espaço para ambas as produções no mercado. Lembrando que a brasileira se aprofundou em questões psicossociais e na comédia de costumes com exemplar engenhosidade criativa, usando características narrativas da radionovela, da literatura, do teatro, do cinema e até da ópera", complementa Alencar.

Mas por que tantos países, de culturas e hábitos tão distintos, consomem nossas telenovelas? Entender o poder suave das telenovelas dentro do Brasil não é difícil, uma vez que assistir a elas tornou-se um hábito transmitido de geração para geração ao longo do século 20. Mas parte da lógica que rege sua força internamente também explica seu poder internacional. Para Nilson Xavier, autor do *Almanaque da telenovela brasileira* (2007), assim como os brasileiros são seduzidos, por curiosidade, a conferir tramas que retratam outras culturas, como *Caminho das Índias*, o mesmo ocorre com o público internacional. "O Brasil é visto como um lugar exótico e isso pode encantar povos estrangeiros diante do que é mostrado em nossas novelas – paisagens, costumes, cenários e figurinos tão diferentes. Algumas temáticas abordadas por nossa teledramaturgia são consideradas ousadas por povos tão diferentes do nosso. Isso gera curiosidade, reforçada pela qualidade dos nossos atores e produções", afirma.

Segundo Xavier, outro fator que ajuda a consolidar o poder suave das telenovelas brasileiras é justamente a forma como ela aborda a pobreza do país. As tramas da Globo e da Record não ignoram a pobreza brasileira como faz grande parte dos filmes de Bollywood. Tampouco exploram a pobreza com o mesmo realismo que faz, por exemplo, o cinema brasileiro. "Acho natural que o povo de um país gelado como a Rússia se encante com novelas que mostram nossas belas e ensolaradas praias. É o caso de *Tropicaliente*, sucesso naquele país", diz. Em outras palavras, a abordagem da realidade social brasileira, que por vezes alça o cinema nacional a prêmios em grandes festivais internacionais, é feita de forma crua e violenta, bem diferente das desigualdades mostradas em grande parte das tramas televisivas. Isso era regra nas emissoras até *Avenida Brasil* desconstruir padrões, fazendo sucesso justamente ao mostrar as classes sociais mais baixas com um olhar menos estereotipado.

Porém, se a televisão se distancia do cinema na abordagem da pobreza, aproxima-se no quesito produção. O pesquisador e consultor de televisão Elmo Francfort diz que os brasileiros e o público internacional são seduzidos pelo poder suave das nossas telenovelas por elas terem ares de superprodução, algo que, segundo ele, é restrito ao cinema na maioria dos outros países. "O brasileiro também é um bom contador de histórias, com muitos ganchos, tramas bem costuradas e profundidade de personagens, ainda que isso tenha diminuído nos últimos anos", diz ele, que aponta o cuidado narrativo de não desrespeitar a cultura alheia como um dos fatores que ajudam a Globo a vender tantas histórias ao redor do mundo. "Tramas como *Salve Jorge*, *Caminho das Índias* e *O clone* falam com delicadeza de questões complicadas das culturas de cada região respectiva, mas ainda assim mostram os lados positivos e negativos", comenta.

Quando uma novela interrompeu uma guerra

O poder suave das telenovelas se estrutura também de forma distinta no México e no Brasil. No México, foi muito comum, ao longo do século 20, escrever novelas para estrelas específicas, como Thalía, Verónica Castro e Grecia Colmenares. Lá, dificilmente uma trama muda radicalmente de tema, locação e tempo dramático, temendo provocar um baque na audiência. Já no Brasil, por mais famosas que sejam Regina Duarte, Glória Pires e Fernanda Montenegro, raramente um autor produz uma trama especialmente para essas atrizes. Além disso, é comum mudar de tema, tempo e locação de uma novela para outra, o que já gerou grande queda de audiência na Globo.

No entanto, o que fortalece o poder suave das telenovelas de ambos os países é o fato de elas serem obrigatoriamente obras abertas. Ou seja, o autor divide a autoria também com o telespectador e, dependendo da atração ou da rejeição, aumenta o tempo de exposição na trama de alguns núcleos ou personagens, podendo inclusive "assassinar" alguns deles cuja história – homossexualidade, drogas – seja por demais controversa. O efeito colateral disso para as novelas é serem tachadas de conservadoras, covardes e pudicas, o que é injusto. Previsto para ir ao ar pela primeira vez em 2005 na novela *América*, o primeiro beijo gay da TV Globo foi subitamente cancelado, mesmo tendo sido gravado. A autora, Glória Perez, e a emissora foram duramente criticadas quando, na verdade, era a maioria dos telespectadores – consultada por meio de pesquisa de audiência – que se mostrava contra tal cena naquele momento. O cenário só mudou no final de 2014, em *Amor à vida*, de Walcyr Carrasco, que exibiu um beijo entre dois homens décadas depois de o cinema e as minisséries americanas terem feito o mesmo.

Mas o forte controle do gosto da audiência fez que a TV Globo também alçasse voos altos no exterior com seu maior poder suave cultural. Com sucessos como

Caminho das Índias, *Terra nostra*, *O clone* e *História de amor*, a emissora vende suas tramas com frequência para mais de 100 países, quebrando barreiras culturais e linguísticas. Nos anos 1990 e início dos 2000, auge de faturamento da emissora com a exportação de telenovelas (embora o auge de audiência tenha se dado na década de 1990), ela chegava a faturar US$ 50 milhões com a venda de novelas no exterior e US$ 300 milhões em publicidade com um produto novelístico no mercado interno. Transformou-se, por isso, no segundo canal de TV mais importante do mundo, ultrapassando as norte-americanas Fox e NBC. A Televisa também não fez feio e conseguiu penetrar até no reino da emissora brasileira, fazendo um contrato de exclusividade com a rival SBT – que, nos anos 1990, chegou a desbancar a audiência da emissora líder com novelas como *Maria do bairro* e *Carrossel*. Outros países também merecem destaque como exportadores de telenovelas, como Venezuela, Cuba e, mais recentemente, Colômbia, que por meio de uma associação com a norte-americana Telemundo conseguiu viabilizar a exportação de dezenas de tramas ao redor do planeta, com sucessos como *Betty, a feia* – que chegou a entrar para o *Guinness Book* como a novela mais bem-sucedida da história. "A diferença entre as telenovelas mexicanas e as brasileiras é que as primeiras têm o formato de folhetim clássico, mas com certo romantismo ingênuo. As brasileiras foram um avanço, pois se colaram à realidade, principalmente no campo dos costumes e dos avanços sociais, tratando inclusive de temas polêmicos", comenta Walcyr Carrasco.

O êxito de exportação de telenovelas gerou impactos culturais e sociais imensos no mundo inteiro, prova cabal de seu poder suave em nível global. A novela *Escrava Isaura*, por exemplo, foi vista por 450 milhões de chineses. A atriz uruguaia Natalia Oreiro é considerada uma das mulheres mais admiradas na Rússia e em Israel por conta de suas novelas. O maior mercado de rua que Luanda (Angola) já teve se chamava Roque Santeiro por conta do sucesso da novela brasileira no país. Paladar, o restaurante que Raquel (Regina Duarte) tinha na novela *Vale tudo*, nomeou também os pequenos restaurantes privados autorizados a funcionar após a abertura econômica de Cuba, nos anos 1990. Há relatos jornalísticos de que a primeira versão da novela *Sinhá moça* interrompeu os conflitos bélicos na Bósnia, na Croácia e na Nicarágua. A TV Azteca, do México, chegou a lançar uma telenovela (*O candidato*) com claríssimas intenções de influenciar os votos das eleições do país no ano 2000. O sucesso sem precedentes da novela peruana *Simplesmente Maria* fez que, graças à personagem, a produção de máquinas de costura e a inscrição em cursos de costura explodissem em diversos países da América Latina. "As telenovelas são, sem dúvida nenhuma, nosso produto cultural de massa mais poderoso internacionalmente. Eu mesmo recebo mensagens de fãs de vários países. O último foi do Azerbaijão, que me localizou numa rede social e me escreveu", comenta Carrasco. "Elas ajudam a vender a imagem de um país avançado nas relações sociais, avançado em termos de texto, interpretação e direção", completa.

Mas as telenovelas são também duramente criticadas em seus respectivos países. O escritor mexicano Fernando Trujillo, por exemplo, diz que para entender a cultura de um povo na atualidade é preciso conhecer sua televisão: "Esse aparato nos diz muito de uma nação, seu nível de cultura e sua ética humana. O mexicano é feliz enquanto tiver um time de futebol para torcer, um vilão de novela para odiar e uma fofoca para fazer, ainda que tenha dívidas, desemprego, insegurança e pague a gasolina mais cara do mundo", diz ele, que critica as telenovelas mexicanas por ressaltar clichês – o pobre é bom, o rico é mau etc. Além disso, o pobre fica rico no final por meio de um casamento ou de trabalho honesto; o rico desmorona sua riqueza construída de maneira ilegal – a moral católica típica da América Latina. "O amor do mexicano pelas telenovelas levou ao triunfo eleitoral de Enrique Peña Nieto. Homem atraente, endeusado pela Televisa, casado com uma rainha de telenovelas como Angélica Rivera. O triunfo de Peña Nieto fala muito sobre o nível de cultura do mexicano e sua idolatria à televisão, com as massas se comovendo com o 'casamento de telenovela' no Vaticano, fazendo mais caso da propaganda da Televisa do que dos 70 anos de corrupção do PRI", constata Trujillo.

Esse produto de entretenimento em massa, porém, também já trouxe benefícios à sociedade que o consome. Em reportagem investigativa realizada para a rede inglesa BBC, a jornalista Stephanie Hegarty aponta o lado bom das novelas e como elas mudaram o mundo. Começa por citar *The Archers* – a mais longeva radionovela no ar, de 1951 até hoje –, cuja história encorajou os fazendeiros ingleses a inovar nas técnicas de produção agrícola após a Segunda Guerra Mundial.

Novelas como armas sociais

Em 1975, frustrado com o conteúdo superficial das novelas mexicanas, o escritor Miguel Sabido bolou uma metodologia para criar uma trama que fosse popular e educativa, para tentar diminuir, também, os alarmantes índices de analfabetismo do país. Criou, com Irene Sabido, *Ven conmigo*, sobre um senhor que deixa de ser analfabeto e, na cena mais emotiva da novela, lê uma carta para a filha pela primeira vez. O capítulo final mencionava um centro nacional de distribuição que oferecia livros de alfabetização gratuitos. De acordo com a imprensa mexicana, após o capítulo final, 250 mil pessoas retiraram seus livros e as matrículas no programa de alfabetização do governo cresceram exponencialmente em um ano.

A novela britânica *EastEnders* exibiu o primeiro beijo gay do Reino Unido em 1989. No dia seguinte à cena, parte da imprensa inglesa mostrou-se "enojada" e pediu que a trama saísse do ar. A casa do ator Michael Cashman foi apedrejada. "No segundo beijo, não houve praticamente nenhum problema. No terceiro, ninguém mais notou", disse o ator ao jornal *The Mirror*. Na África, uma série televisiva sudanesa mostrou a agonia de uma garota que passou por mutilação genital. Entre 2004 e 2006, quando o programa ficou no ar, as pesquisas indicavam uma oposição crescente à prática, ainda muito comum no continente. Estudo conduzido pelo Banco Interamericano de Desenvolvimento (BID) concluiu que as telenovelas brasileiras estão diretamente ligadas ao aumento de nomes específicos na população e da taxa de divórcio, bem como à diminuição dos índices de natalidade. O repórter da revista *Time* Geoffrey Cain descobriu que muitos norte-coreanos arriscam a vida para assistir clandestinamente às telenovelas da Coreia do Sul. Em 2008, o braço britânico da organização não governamental Plan International na Índia lançou a novela *Atmajaa* para desencorajar as mulheres a cometer infanticídio. Outra ONG, a Search for Common Ground, lança constantemente rádio e telenovelas que ensinam a lidar com diferenças e conflitos em oito países, como Angola e Nepal. O ex-presidente venezuelano Hugo Chávez pedia insistentemente às redes estatais de TV que produzissem telenovelas que focassem menos no capitalismo e mais no socialismo. Em 1987, os Estados Unidos colocaram no ar uma novela chamada *All my children*, introduzindo uma protagonista que tinha aids para ajudar a explicar como prevenir a contaminação.

Porém, nos Estados Unidos a audiência das telenovelas tem caído desde os anos 1980. A fórmula vem sendo substituída pelo sucesso das séries de TV norte-americanas. Ex-editora assistente do *Yale Global Online*, Susan Froetschel diz que os Estados Unidos estão abandonando um arsenal importante de poder suave. "Uma década atrás, as chinesas chegavam a Yale creditando horas de telenovelas americanas à proficiência no inglês", diz ela, que observa que, junto da língua, as novelas vendiam às chinesas um modo de vida, hábitos e, claro, produtos norte-americanos. Susan acredita que o formato norte-americano de telenovelas – que podem permanecer anos ou até décadas no ar – é o que desencoraja os jovens a se tornar telespectadores. Ela cita também uma pesquisa do escritor Douglas Shuler, da ONG Public Sphere Project, que mostra de que forma, nas tramas e nos personagens, as mensagens sociais têm mais eficácia como poder suave. "Idealmente, as mensagens sociais em telenovelas são apresentadas na forma de escolhas feitas conscientemente e não ordens formais ou instruções que precisam ser obedecidas."

O poder suave de uma telenovela pode ser tão grande que afeta até a infraestrutura de um país inteiro. Considerada a maior trama da TV Globo após *Vale tudo*, *Avenida Brasil* reoxigenou o horário nobre da emissora, que registrava uma perda constante de audiência. Ao enfocar protagonistas da classe média e em mulheres independentes, criando uma história dinâmica e com cenas claramente inspiradas em grandes filmes e romances, a novela foi um fenômeno até seu último capítulo. A rede de televisão norte-americana ABC fez uma reportagem especial dizendo que o sistema elétrico brasileiro poderia entrar em pane, na sexta-feira à noite, devido a milhões de televisores ligados ao mesmo tempo. A presidente Dilma Rousseff cancelou o comício que faria em apoio ao candidato do PT à prefeitura de São Paulo, Fernando Haddad, por coincidir com o final da novela.

Para tentar diminuir o abismo de opinião entre o público consumidor de novelas – que as venera – e os intelectuais – que as detesta –, alguns autores, inclusive a pedido da emissora, incluem nelas constantemente merchandising social. O poder suave desses produtos é tamanho que eles mobilizam o país em torno de temas polêmicos, como crianças desaparecidas (*Explode coração*), doação de órgãos (*De corpo e alma*) e reforma agrária (*O rei do gado*). Para as classes mais altas, o merchandising social se transforma em ação social, o que muda os números acerca desses temas, embora eles logo voltem a cair quando a novela sai do ar. Já para as classes mais baixas, as telenovelas têm a força de um livro, um professor ou um telejornal, informando-as de assuntos até então desconhecidos.

Mas há um efeito colateral negativo desse poder suave. De acordo com Guillermo Orozco, professor da Universidade de Guadalajara e coordenador-geral do Observatório Ibero-americano de Ficção Televisiva (Obitel), grande parte das telenovelas mexicanas continua machista, racista, classista e extremamente influenciada pelo conservadorismo da religião católica. Até mesmo quando a TV tenta dar passos à frente, precisa abraçar algum elemento tradicional. A minissérie mexicana *La Virgen de Guadalupe* foi um sucesso no México em 2015. Abordava temas modernos como violência, identidade, gravidez indesejada e bullying. Porém, tudo isso, na trama, foi resolvido por milagres da Virgem de Guadalupe e não pela sociedade.

Ainda que sejam um fenômeno de grande escala na América Latina, as telenovelas também exercem forte poder suave em outras partes do mundo. A Turquia, por exemplo, se tornou uma grande exportadora de folhetins, inclusive fazendo sucesso no Brasil com novelas como *Sila,* que alavancou a audiência do horário nobre da Band. Mas, se o Brasil ainda é território novo para os turcos, suas telenovelas já seduzem fortemente os Bálcãs, bem como Oriente Médio, Grécia, Romênia e Macedônia, remodelando a imagem do país em vastos territórios do hemisfério norte. De acordo com o *Hürriyet Daily News*, importante jornal turco, só no ano de 2012 a Turquia exportou 70 programas televisivos para 20 países. No entanto, a realidade pode contradizer a ficção e enfraquecer seu poder suave. Enquanto as telenovelas mostram uma Turquia moderna, jovem e de valores ocidentais, os conflitos, protestos e a reação dura do governo comprovam que o país ainda carrega um conservadorismo religioso que ameaça os direitos das mulheres e as relações com o Ocidente. Em outras palavras, o poder duro deteriora a eficiência do poder suave das telenovelas turcas em aprimorar os números no turismo, na economia e nas relações diplomáticas.

A ameaça do novo controle remoto

Ainda que tenha sido criado nos anos 1950, o controle remoto assombrou as redes de televisão, que temeram perder a fidelidade do telespectador. Muitas redes queriam boicotá-lo, mas a tecnologia falou mais alto e o público permaneceu fiel não a um canal, mas aos produtos televisivos que tinham qualidade superior. Agora, no século 21, essa caixinha preta com pilhas parece brincadeira de criança diante de uma ameaça muito maior: a internet.

Pergunte à geração que nasceu no século 21 o que é intervalo comercial. Os jovens até sabem responder, mas muitas crianças acreditam que a música do rádio pode ser tocada repetidamente, ao gosto do motorista ou do passageiro. E que houve algum problema na TV quando o desenho sai do ar e dá lugar aos intervalos comerciais. Será que essa geração, tão viciada em consumir séries de TV inteiras em plataformas como Netflix e HBO, sem intervalos, sem esperar uma semana pelo próximo capítulo, estará disposta a ser fiel a um produto que gasta uma hora de seu tempo durante seis noites da semana por quase oito meses? Será que emissoras como a TV Globo estão preparadas ou dispostas a remodelar o formato que garantiu sua liderança na audiência por décadas? E, se não o fizerem, não estariam arriscando seu maior patrimônio conquistado, o hábito de uma população inteira de consumir seus produtos de entretenimento?

Especialistas em telenovelas divergem quanto ao futuro desse produto. Para Elmo Francfort, a internet e plataformas como Netflix vão auxiliar na convergência, mas, por outro lado, farão que as telenovelas alterem sua duração e intensifiquem suas tramas, como já ocorre com séries e minisséries. Já Nilson Xavier acredita haver espaço para todos os formatos. "Um formato não avança no espaço do outro, pois há público para todos eles. O que pode acontecer é uma adaptação a uma nova realidade que se forma, como aconteceu com o rádio quando surgiu a TV", comenta. Mauro Alencar concorda e reforça o caráter híbrido da telenovela, capaz de se apropriar de elementos que possam melhorar sua constituição. "Não haverá diminuição do poder de circulação e fascínio; muito ao contrário, a novela vem conquistando novas mídias e diferenciados públicos, a exemplo do Telenovela Channel, canal coreano criado em 2009 cuja programação majoritária vem da Globo e de suas tramas", diz Alencar. "Não acho que o poder das telenovelas esteja declinando. Existem opções. Mas quando uma novela tem trama intensa, o público ainda a considera a primeira opção", complementa Walcyr Carrasco.

Antes de o formato ser um problema, Elmo Francfort acha que as telenovelas precisam resolver uma questão de conteúdo. "Sinto que as novelas atuais no Brasil precisam melhorar seu conteúdo no que diz respeito ao enredo (profundidade, história e conflitos). Alega-se que isso decorre da falta de novos autores e do envelhecimento dos antigos, mas por outro lado novos nomes estão surgindo aos poucos. O que aconteceu no exterior é que criamos, desde os anos 1970, uma tradição – nossas telenovelas são quase sempre bons produtos de exportação de nossa cultura. Temos heróis e vilões para os quais o mundo inteiro torce, os quais ama e odeia", diz Francfort. Para ele, o efeito positivo do poder suave das telenovelas brasileiras foi criar um país alegre, espontâneo, hospitaleiro e cordial, mas o ônus estaria nos estereótipos – uma país dominado por favelas, pobreza e violência.

Essa "crise de autores" é real também na visão de Tania Martins Aguilar, que há anos trabalha como analista de filmes e novelas para o SBT, a maior exibidora e importadora de novelas mexicanas na América do Sul. Avaliando não só a oferta de produtos que vem da Televisa como as produções originais da rival interna, a TV Globo, Tania diz que a crise ocorre também no México. "O que se tem visto tanto na Globo quanto na Televisa é uma overdose de remakes. No Brasil, existe um agravante extra. Apesar do sucesso que as novelas mexicanas fazem no SBT, o brasileiro tem preconceito quanto aos 'dramalhões mexicanos' e também quanto ao fato de ser um produto dublado. O que observo é que esse preconceito não existe quando se trata de uma série ou um filme", comenta.

Crise dos autores, crise do formato, novos concorrentes digitais. O século 21 não está nada hospitaleiro para as telenovelas. Mesmo assim, viveremos ainda muitos anos com personagens que seduzem os brasileiros na forma de falar, vestir, comer e consumir produtos. Brasil e México se tornaram excelência na produção de novelas. Ainda que populares e nem sempre bem-vistas pela intelectualidade, seu poder suave é inegável. Mas o Brasil tem outro poder suave que, apesar de ter nascido popular, foi ganhando a imagem de erudito e sofisticado, bem como a Argentina. Se as telenovelas hipnotizaram os olhos do mundo, a bossa-nova e o tango seduziram os ouvidos do planeta inteiro, como veremos adiante.

8. Bossa-nova e tango nos ouvidos do mundo

*Filosoficamente, a bossa-nova é um estado de espírito...
Chaplin, Picasso, Debussy e até mesmo Beethoven foram bossa-nova.*
RONALDO BÔSCOLI

Era uma quarta-feira chuvosa em Nova York naquela noite de 21 de novembro de 1962. Num dos templos musicais mais importantes do mundo, o Carnegie Hall, os norte-americanos foram conferir um show cercado de polêmicas e incertezas. O governo brasileiro, num dos poucos momentos do século 20 em que de fato patrocinou um produto cultural fora do país, por meio do Itamaraty, levou quase que à força parte dos músicos, que queriam mesmo ficar em casa, "comer arroz com feijão, ver as morenas", como diria um dos mais célebres, Tom Jobim. Na plateia, Miles Davis, Dizzy Gillespie, Gerry Mulligan e tantos outros que assombravam os brasileiros Antonio Carlos Jobim, João Gilberto, Sérgio Mendes, Roberto Menescal, Carlos Lyra, Chico Feitosa, entre outros. A imprensa brasileira fez pouco caso; a revista *New Yorker* escreveu 'Bossa, go home', chamando-a de "música de hotel". O Itamaraty, diante das críticas, disse que não tinha nada que ver com aquilo tudo. Os ingressos custaram, em média, US$ 3,50. Mas aquela quarta-feira chuvosa mudou a música para sempre. Duas semanas depois, os músicos eram recebidos na Casa Branca e passaram a fazer vários shows nos Estados Unidos. A primeira-dama Jacqueline Kennedy disse que "Maria nobody" [Maria ninguém] era uma de suas músicas prediletas. Aquela noite tão criticada pela imprensa brasileira gerou dezenas de gravações e versões das músicas do grupo e até hoje, meio século depois, nomes como Tom Jobim e João Gilberto se mantêm no topo de arrecadações de direitos autorais musicais no Brasil.

Isso é bossa-nova, ritmo que finalmente colocou a música popular brasileira na pauta de jornais e revistas nacionais e virou ritmo sedutor não só nos elevadores de hotel, mas em filmes de Hollywood, festas do Japão, bares de Angola e cafés da Austrália. Um poder suave original, sofisticado, que colocou o Brasil nas rádios do mundo inteiro, o ritmo nacional mais internacional até hoje. O que o Brasil ganhou, o que perdeu, que imagem construímos e o que resta do poder suave da bossa-nova no século 21? Será que tiramos o melhor proveito possível de um ritmo que quebrou tantas barreiras culturais e sociais por décadas? Para tentar achar algumas dessas respostas, é preciso percorrer o caminho desse ritmo antes mesmo de ele desembarcar no Carnegie Hall em Nova York.

O suave som de uma "revolução silenciosa"

A cobertura de música pela imprensa brasileira existe desde o século 19. Porém, por mais de 150 anos, grande parte do que se via nos jornais e nas revistas era composta de críticas e matérias sobre música erudita estrangeira. O Brasil já tinha séculos de riquíssimos ritmos regionais, que eram ignorados veementemente pela mídia. Até que um grupo de jovens músicos, nos anos 1950, decidiu misturar ritmos e influências – samba de breque com cool jazz e bebop –, criando um misto que causou rejeição da imprensa tradicionalista. Esta só deu ouvidos ao ritmo, de fato, quando este explodiu nas rádios do mundo todo. Logo o termo "música popular brasileira" tornou-se recorrente, abrindo finalmente os ouvidos da imprensa a outros ritmos regionais, que aos poucos vão ganhando espaço editorial.

Colecionando influências que vão dos sambas de Noel Rosa ao estilo de Dick Farney e Lúcio Alves, a bossa-nova surgiu oficialmente em agosto de 1958, quando João Gilberto lançou um compacto com as músicas "Chega de saudade" e "Bim bom" – embora em maio daquele ano João tenha participado do álbum *Canção do amor demais* (1958), com músicas da dupla iniciante Tom e Vinicius na voz de Elizeth Cardoso, este considerado o real marco inicial da bossa. Nesse disco, já se notavam os acordes dissonantes inspirados no jazz e a batida do violão de João Gilberto que dariam início ao movimento. O começo da bossa-nova, no entanto, é até hoje controverso. Ruy Castro, autor do livro *Chega de saudade* (1990), considera o carioca Johnny Alf "o verdadeiro pai da bossa-nova", pois lançou, em 1955, "Rapaz de bem" e "O tempo e o vento", em um compacto considerado pelo autor o primeiro disco do movimento. O próprio Tom Jobim costumava chamá-lo de "Genialf".

Com um "cantar baixinho" em tom coloquial que contrastava com o estilo musical vigente, a bossa-nova ganhou, logo em seguida, "Garota de Ipanema", a canção brasileira mais conhecida no mundo – ao lado de "Aquarela do Brasil", de Ary Barroso – e uma das 50 grandes obras musicais da humanidade, segundo critérios da Biblioteca do Congresso dos Estados Unidos. Obteve regravações de gênios como Frank Sinatra, Stan Getz, Sarah Vaughan e Ella Fitzgerald, entre quase 200 contabilizados oficialmente no planeta. Na verdade, diversos cantores de jazz lançaram discos com temas de bossa-nova, como Quincy Jones, Paul Winter, Herbie Mann, Coleman Hawkins e Cannonball Adderley. Até Elvis Presley alimentou sua fama e fortuna com "Bossa-nova baby", música-tema do filme *Fun in Acapulco*

(1963). "O Departamento de Estados Americano se esforçava para neutralizar a influência cubana na América do Sul e o chá-chá-chá era um ritmo de sucesso na época. Dessa forma, criou programas de auxílio e intercâmbio que incluíam arte e cultura. O intercâmbio de artistas fez que também os músicos americanos se interessassem pela bossa-nova. Muitas músicas, ao serem vertidas para o inglês, tiveram seu ritmo acelerado para se adequar ao gosto norte-americano, mais dançante, perdendo a síncopa típica do samba. É o caso da versão de 'Garota de Ipanema'", explica a pesquisadora da USP Marly Tooge.

No início dos anos 1960, com o país tomado por uma onda nacionalista, o movimento da bossa-nova sofreu uma cisão: um grupo de músicos abandonou a influência do jazz norte-americano para reforçar as raízes musicais brasileiras, como samba do morro, baião e xote. Enquanto João Gilberto, Tom e Vinicius ficaram na ala original, Edu Lobo, Dorival Caymmi, Francis Hime, Nara Leão e Carlos Lyra foram para o lado mais "nacionalista". Em 1964, foi lançado o disco *Getz/Gilberto*, considerado a obra que popularizou de vez a bossa-nova no mundo. Vendendo milhões de cópias no planeta, o disco ficou impressionantes 96 semanas no segundo lugar da Billboard, atrás apenas dos Beatles. Alguns especialistas consideram que a bossa-nova chegou ao fim em 1965, quando Vinicius de Moraes compôs "Arrastão" com Edu Lobo. Ainda que o ritmo tenha seu poder suave presente no mundo todo até hoje – como veremos a seguir –, alguns pesquisadores consideram essa música a última da corrente, dando lugar, depois, à MPB com gêneros e influências diversos e artistas como Geraldo Vandré e Chico Buarque, que divergiam da bossa-nova iniciada nos anos 1950. No entanto, seu poder de sedução se tornou evidente nas décadas seguintes, com a ascensão do jazz de Stan Getz e Charlie Byrd, nos Estados Unidos, bem como com a corrente pós-punk na Grã-Bretanha, com artistas como Matt Bianco e The Style Council.

Adeus à brejeirice de Carmen Miranda

Qualquer que seja a efeméride envolvendo a cultura brasileira, invariavelmente a bossa-nova destila seu poder suave aqui e no mundo. Mais de 2,5 bilhões de pessoas acompanharam a modelo Gisele Bündchen desfilar pelo Maracanã lotado ao som de "Garota de Ipanema", cantada por Daniel Jobim, neto de Tom, na abertura dos Jogos Olímpicos do Rio, em 2016. Além de atingir proporções planetárias como essa, a bossa-nova também ressuscita nomes e parcerias: em 2011, Marcos Valle, cantor e compositor autor de "Samba de verão", lotou as casas de show do Rio de Janeiro ao lado da jazzista norte-americana Stacey Kent. Tudo graças a uma apresentação da música nos 80 anos de aniversário do Cristo Redentor.

A parceria rendeu CD, DVD e documentário de apresentações feitas em Nova York e imagens de Marcos em Tóquio, mostrando a força da bossa-nova décadas depois de seu surgimento. O ritmo faz que nomes como Valle, longe de ser o mais conhecido compositor do movimento, tenham até hoje agenda lotada de shows ao redor do mundo, passando por Moscou, Tóquio e até Cazaquistão. As bossas foram regravadas por DJs europeus nos anos 1990 e viraram hit nas baladas do continente, tornando-se referência para rappers norte-americanos como Jay-Z e Kanye West. Aliás, as centenas de remixes e novas versões das músicas da bossa--nova alçam à fama pessoas de todos os cantos do mundo. O mineiro Frederick Young, por exemplo, era um desconhecido até liderar o ranking das mais ouvidas na plataforma Spotify com uma versão de "Garota de Ipanema" que mistura bossa, tropical house, jazz e deep house.

Como os Estados Unidos foram o país mais seduzido pela bossa-nova no mundo, a imprensa norte-americana até hoje produz longos especiais para falar de seu poder suave. O jornal *The New York Times*, às vésperas das Olimpíadas do Rio, em 2016, chamou a música brasileira de "casual e sedutora na superfície, ingênua e multifacetada por dentro", listando 30 músicas essenciais do Brasil, muitas delas bossas que explodiram nas paradas por lá nos anos 1960 e 1970. O mesmo jornal, dois anos antes, fez uma longa matéria sobre uma turnê exclusiva de bossa-nova do músico norte-americano John Pizzarelli, dizendo que "The girl from Ipanema" está incorporada à consciência mundial há meio século. O crítico disse ainda que "Wave", "Waters of March" [Águas de março] e "Dindi" reforçam sua "convicção de que algumas músicas são tão belas e eloquentes que nunca envelhecem".

Já a *The New Yorker*, uma das mais importantes revistas culturais do mundo, publicou uma longa matéria intitulada "De volta à bossa", na qual cita a cantora Rosa Passos como herdeira artística de João Gilberto – Yo-Yo Ma, um dos maiores violoncelistas do mundo, considera a voz de Rosa "a mais bela do planeta". Em 2008, o crítico Gary Giddins disse que os 50 anos da bossa-nova poderiam finalmente ruir a fronteira dos artistas que nunca fizeram sucesso fora do Brasil com o ritmo, como Elis Regina, e daqueles que só fizeram sucesso fora do Brasil, como Astrud Gilberto. Outros representantes da nova geração, segundo a revista, são Tito Madi, Wanda Sá e Peri Ribeiro, que ganharam certa projeção internacional.

Apontando um caminho de forte valorização das artes nacionais, a bossa-nova, ao lado do Cinema Novo e da poesia concreta nos anos 1960, é considerada pelo músico Guca Domenico uma "revolução silenciosa". "Ela desalojou paradigmas da cultura nacional, especialmente 'o espírito de vira-latas' que o dramaturgo Nelson Rodrigues identificou na alma brasileira. Ainda não nos livramos desse malfadado destino de achar que tudo que vem do estrangeiro é superior aos nossos talentos, mas a bossa-nova iniciou a reação", diz ele.

O poder suave da bossa-nova foi, na verdade, um casamento perfeito com o contexto de sua época. Para muitos historiadores, o Brasil vivia um otimismo desenvolvimentista promovido por Juscelino Kubitschek, com seu plano de metas de modernização e industrialização do país (50 anos em 5). O poder duro, portanto, abriu caminho para catapultar o poder suave da bossa-nova. Ao fazer sucesso no mundo inteiro, ela intensificou a imagem otimista de um país cujo poder político transmitia o mesmo sentimento. "A bossa-nova ocupou o lugar da brejeirice de Carmen Miranda no imaginário musical, exportou a imagem de uma música sofisticada e cultuada pelos músicos mais significativos do cenário internacional. Com Carmen Miranda – que considero genial –, a música brasileira era exótica, com badulaques e balangandãs, típica de uma banana republic. Já a bossa-nova é culta, exige conhecimento de harmonia, requer suingue. Quando os músicos de jazz norte-americanos se 'apropriaram' dela, nossa música popular passou a ser imitada no mundo todo. Evidentemente, a política se alia a um movimento vitorioso como esse, e o governo JK aproveitou a enorme penetração da bossa-nova no mercado norte-americano para agregar o jeito brasileiro de preparar cafezinho, servido à farta para o público no célebre concerto do Carnegie Hall. Naturalmente otimista, Juscelino aderiu à navegação musical em curso e se transformou no 'Presidente bossa-nova'. Se esta continua sendo descoberta e admirada pelo estrangeiro, o turismo brasileiro tem muito a agradecer ao compositor bossa-novista por ter feito a trilha sonora do comercial para vender um país que nasceu com a vocação de ser a sucursal do paraíso", explica Domenico.

O músico Tom Zé concorda, ainda que num tom jocoso, irônico ao seu estilo, mas bem realista. "Uma coisa maravilhosa como a bossa-nova nasceu dentro da 'República de Ipanema'. Do ponto de vista da situação da mulher, a 'República de Ipanema' é um gueto machista. Vinicius de Moraes, um poeta que as mulheres amam, era um puta poeta machista... A bossa-nova mudou a configuração do homem brasileiro, que era todo pé-duro, todo durão. Ela veio com tudo feminino... sendo feminino e frágil, foi o general que conquistou mais terras que Napoleão Bonaparte e Nabucodonosor. Foi essa coisa feminina e fraca que conquistou a América, a Europa e pariu o Brasil. O Brasil passou a existir depois da bossa-nova. Antes dela, era um pedaço de terra amarela lá embaixo do mapa-múndi de que ninguém sabia", diz.

Carlos Alberto Afonso, dono do Toca do Vinicius, espaço em Ipanema que abriga o Centro Cultural da Bossa-Nova, explica por que o ritmo se espalhou tão rapidamente pelo mundo: "A universalidade estética da sua linguagem garante ausência de sotaque e um comportamento clássico no âmbito da música popular. Apesar de seu elemento rítmico – o samba –, o comportamento instrumental tira o acento de marcação da possível percussão, transferindo-o para lábios, cabeça, tronco, membros sem comprometer o conforto dos limites culturais de onde quer que ela, a bossa, esteja. Eu a utilizo como instrumento desvelador de potenciais vocacionais em músicos. Ela transita livre, sem chocar, sem impactar, com passaporte visado por diferentes culturas ocidentais e orientais".

Enquanto alguns creditam à bossa-nova o reforço da imagem de país tropical sedutor ao redor do mundo, o crítico de música Lorenzo Mammì acredita que o poder suave desse estilo musical rendeu outros dividendos ao país. "Pela primeira vez, o Brasil oferecia ao mundo uma imagem que não era apenas sedutora pelo exotismo, mas relevante pelo projeto modernizador que propunha", diz ele, que explica que, apesar de a "República de Ipanema" representar a elite social do país – ainda que trazendo o samba do morro para os holofotes do mundo –, não se tratava da elite de poder (duro), mas da cultura (suave), ao lado da arquitetura de Oscar Niemeyer, dos jardins de Burle Marx, das obras de Hélio Oiticica e da prosa de Clarice Lispector e Guimarães Rosa.

Nova bossa-nova

Tão forte foi o conjunto de elementos culturais da época para a projeção da imagem nacional que também houve, como uma espécie de efeito colateral, certa "datação" da bossa-nova. Sobretudo porque, a partir dos anos 1960, com a ascensão da ditadura militar, músicas de protesto tomaram conta dos holofotes internos (Tropicália, Chico Buarque) e, lá fora, os Beatles assumiram de vez a liderança das tendências mundiais. Ainda assim, a bossa nunca deixou de tocar, na voz de Bebel Gilberto, Fabiana Passoni, Sitti Navarro e outros nomes internacionais de peso.

Nos Estados Unidos, mesmo após a ascensão dos Beatles nos anos 1960, a bossa-nova começou a fazer escola – ou pelo menos a influenciar a carreira de artistas como Perry Como, June Christy, Julie London, Eydie Gormé e Dean Martin. "O gênero musical brasileiro provou ter um apelo global duradouro, sendo o estilo de música favorito de milhões de pessoas ao redor do mundo. A bossa-nova ainda parece fresca e moderna, apesar de vários cantores terem feito atrocidades com 'Garota de Ipanema' de Tóquio a Las Vegas", comentou o jornal norte-americano *The Huffington Post* em uma edição especial dos 50 anos do estilo musical. O veículo lembrou ainda que, quando a bossa-nova parecia perder força nos Estados Unidos, o estilo voltou, nos anos 1990, com a ajuda de intérpretes como Sérgio Mendes, Walter Wanderley e Wanda Sá. Sem falar de Rosa Passos, Paula Morelenbaum e Leila Pinheiro. Até a roqueira Rita Lee misturou bossa com Beatles em álbuns como "Aqui, ali, em qualquer lugar" (2001).

Foi então que outro movimento, intitulado "nova bossa-nova por alguns", passou a misturar samba, bossa e música eletrônica, revigorando o poder suave do ritmo. DJs e produtores como Nicola Conte, Gilles Peterson, Joe Davis, Robert Garza e Eric Hilton levaram a bossa-nova às baladas e aos shows com seus remixes. "A bossa-nova tem mais permanência no mundo do que no Brasil", chegou a dizer o crítico Nelson Motta ao *The New York Times*. "Ela transmitiu uma imagem mais sofisticada e poderosa do país ao mundo. E, apesar de oriunda do samba, foi um ritmo mais dançado e cantado. O samba permaneceu mais contemplado do que vivido", completa Marly Tooge. Isso praticamente sem nenhum esforço do governo brasileiro em promovê-la internacionalmente. Exceto por um tímido movimento de Juscelino Kubitschek, nenhum outro presidente utilizou o poder suave da bossa para capitalizar o país no mundo. "Talvez esse tenha sido o principal produto cultural brasileiro internacional. Caetano, Gil, Glauber Rocha são conhecidos no mundo, mas nada se compara à bossa-nova. Não existe uma política constante de difusão da cultura brasileira no mundo, mas um desejo latente e iniciativas pontuais", comenta o gerente de exportações da Apex, Christiano Braga. "O poder suave brasileiro não foi utilizado nem patrocinado pelo governo. Não se pensava em usar a bossa-nova para abrir fronteiras, comércio. O Brasil sempre pensou para dentro", completa Gunther Rudzit. E também foi quase exclusivamente graças ao talento dos artistas – também sem grandes auxílios do poder duro – que outro ritmo ganhou os ouvidos do mundo: o tango.

Tango: dos pés aos ouvidos do planeta

Assim como a bossa-nova, o tango seduziu os ouvidos, mas também laçou os pés do mundo, multiplicando-se em casas de shows, clubes e academias de dança, sendo explorado também por Hollywood, óperas e baladas eletrônicas.

Híbrido como a bossa, o tango é uma mistura de influências hispânicas, gaúchas, africanas e italianas, fruto da onda migratória europeia e africana que chegou ao Rio da Prata. Seis estilos musicais têm influência preponderante na formação e no desenvolvimento do tango: habanera cubana, flamenco, candomblé, milonga, mazurca e polca. "Um pensamento triste que se dança" – nas palavras do compositor Enrique Santos Discépolo –, o tango vai além da música: é uma interpretação corporal, sensual, de profunda relação emocional entre os dançarinos, ao som de bandoneón, o principal instrumento do ritmo.

Porém, o tango é bem mais antigo que a bossa-nova, sendo sua origem controversa. Embora remonte aos anos 1860, tem antecedentes que vão de Buenos Aires e Rosário, na Argentina, a Montevidéu, no Uruguai. Se a Unesco considera o tango Patrimônio Cultural Imaterial da Humanidade, "nascido das classes baixas de ambas as cidades – Buenos Aires e Montevidéu", foram os argentinos, e não os uruguaios, que herdaram os dividendos do poder suave do ritmo no mundo inteiro. Se antes de 1870 o tango era, na verdade, uma hibridização de todas as influências antes citadas, a partir daquele momento ele começou a ganhar a forma que conhecemos hoje, já que no início se confundia um pouco com a milonga. Assim, pipocaram músicas que foram dando forma ao ritmo, como "El porteñito" (1880, Gabriel Diez), "Tango n. 1" (1883, José Machado) e "Que polvo com tanto viento" (1890, Pedro Quijano). Nesse início, porém, o tango era invariavelmente associado a música de prostíbulo, frequentado pelas classes baixas ou por imigrantes em bairros pobres. Tal imagem se estendeu até 1895 – era o chamado "tango velha-guarda". Até que começam a surgir as primeiras partituras, como "El entrerriano", de Rosendo Mendizábal (1898), considerado o primeiro tango publicado na região. "O tango certamente é o mais importante poder suave de Buenos Aires. Nada se identifica culturalmente mais com a cidade do que o tango. Talvez ele seja, por extensão, o mais importante poder suave da Argentina. Mas o tango não tem, no resto do país, a mesma preponderância que tem na capital", diz o pesquisador Mauro Braga, autor de *Tango – A música de uma cidade* (2014).

O poder suave do tango começa, de fato, nos anos 1900, com músicas que evocam o subúrbio, a infância e amores não resolvidos, e com músicos mais profissionais. Nomes como Los Gobbi, Ángel Villoldo, Enrique Saborido e Carlos Flores levaram o ritmo para a Europa. Nessa época surgiu "El Cachafaz" (Ovidio José Bianquet), o dançarino mais famoso de tango no mundo – e imediatamente Rodolfo Valentino associa sua imagem ao ritmo quando chega a Hollywood. Proibido durante a Primeira Guerra por ser muito sensual, o tango ganhou o piano e o bandoneón como instrumentos principais quando voltou a circular pelo mundo, após o conflito. Em Buenos Aires, em 1916, o imigrante uruguaio Francisco Canaro formou um sexteto que se tornou o padrão típico do ritmo e fez fortuna com mais de 3 mil gravações.

Carlos Gardel, vindo da velha-guarda, cantou pela primeira vez um tango em 1917, "Mi noche triste", música que inaugura o estilo tango-canção. "Gardel viajou o mundo. As sessões de cinema eram interrompidas e a fita, rebobinada para ouvir novamente suas músicas. Se faltava alguma coisa, o destino providenciou: a morte prematura, no auge da fama, em um raro e improvável acidente aéreo. O ídolo virou mito. Um mito cujo prestígio extrapola, e muito, as fronteiras argentinas", comenta Braga. Isso impulsionou ainda mais o poder suave do ritmo no mundo, já que, até então, seu sucesso era creditado aos instrumentos e à dança. "Por muitos anos, o tango foi desdenhado pelas classes altas e não era um cânone de cultura, ao contrário dos ritmos folclóricos do interior, como zamba, chacarera, chamamé, gato etc. Até que nos anos 1920 os garotos ricos tomaram o tango como uma atitude rebelde, indo aos subúrbios dançar esse baile proibido para menores de idade. Tais garotos ricos viajavam constantemente para a Europa e levaram consigo o tango para Paris, onde se tornou popular. Então, o portenho médio, que depreciava o autóctone e o popular, de repente abraçou efusivamente o 'novo' ritmo que Paris havia abençoado", explica o pesquisador argentino Roque González, doutor em Comunicação pela Universidad Nacional de La Plata.

Mauro Braga diz que o tango chegou a Paris antes dos anos 1920 e seu êxito na capital francesa explica também o poder suave do ritmo no mundo posteriormente: "Ao contrário do seu público em Buenos Aires, o tango virou coqueluche e era ouvido e dançado pela *crème de la crème* social parisiense. A plasticidade e a sensualidade da dança foram essenciais para conquistar a capital francesa. Proliferaram as apresentações de tango à tarde (thé-tango), no jantar (dïner-tango) e pela madrugada (champagne-tango). Como Paris ditava moda no mundo, o tango se espalhou pela Europa. O selo de dança proibida, por ser sensual e atrair jovens e intelectuais, aumentou seu poder de sedução. Quando a aristocracia argentina descobriu que o tango fazia sucesso em Paris, incorporou lá aquilo que fazia mais sucesso entre os parisienses".

De Gardel a Piazzolla

O poder suave do tango atingiu até a União Soviética após a Primeira Guerra e criou sub-ritmos, como o tango iídiche em países como a Polônia. Então, a partir de meados de 1920, surgiu a chamada nova-guarda do tango em Buenos Aires – momento de rápida difusão do ritmo no mundo e em que os estilos entre os músicos começam a se diferenciar. Esse impulso, aliado à difusão do rádio e do cinema sonoro, é considerado sua era de ouro; nomes como Julio de Caro revolucionaram o ritmo, introduzindo um novo conceito de harmonia. O Dia Nacional do Tango é comemorado em 11 de dezembro na Argentina por ser o dia de nascimento de Carlos Gardel e Julio de Caro. O primeiro começou a carreira solo e seus sucessos como "El día que me quieras" e "Por una cabeza" foram regravados em todo o mundo. Rapidamente, Hollywood apropriou-se do ritmo, lançando-o em filmes como *Luzes de Buenos Aires* (1931), *O tango na Broadway* (1934) e *Tango bar* (1935). A era de ouro do tango também teve poetas como Homero Manzi e Enrique Santos Discépolo e coincidiu com a formação do peronismo na Argentina, entre 1943 e 1955. Em seguida, com o golpe militar de 1955, o ritmo entra em declínio, pois muitos de seus artistas eram peronistas declarados, sendo substituído pelo rock.

Quem manteve a tradição do tango nessa fase, chamada de tango de vanguarda, foi Astor Piazzolla, que fundiu influências diversas e deu um ritmo mais nervoso ao tango – que os mais puristas nem consideram parte do gênero. Mas foram músicas como "Balada para un loco" que fizeram o tango ganhar o mundo novamente, ainda que o ritmo estivesse proibido em parte de Buenos Aires no final dos anos 1960. No chamado período contemporâneo, o poder suave do tango voltou a crescer com a redemocratização argentina, em 1983, e com o espetáculo "Tango argentino", sucesso em Paris e na Broadway. Nos anos 1990, além de regravações de sucessos antigos por talentosas cantoras iniciantes (Lidia Borda, María Volonté, Liliana Barríos, Lina Avellaneda e María Estela Monti), o tango se associou a outros ritmos, como no álbum e espetáculo "Heavy tango", de Nacha Guevara. Já o tango eletrônico ganhou força no mundo digital com os grupos Gotan Project, Bajofondo Tango Club, Tanghetto e Narcotango. Festivais de tango se espalharam pelo mundo na alvorada do século 21, em países como Islândia, Japão, Turquia e Estados Unidos. Em 1992, o poder suave hollywoodiano deu uma forcinha ao ritmo com *Perfume de mulher*, vencedor do Oscar de Melhor Ator (Al Pacino) e do Globo de Ouro de Melhor Drama. "O tango era dado como morto depois do boom de 1920-1950. Nos anos 1960, era percebido como coisa de velhos, desgastado, que cheirava a naftalina. Mas então, na década de 1990, deu-se algo particular: os governos neoliberais começaram a inseminar artificialmente o tango como produto de exportação, fomentando excursões para turistas, bem como dançarinos e orquestras que saem em turnê em países onde havia nichos importantes que seguem o tango, como o Japão", contextualiza Roque González. "Eu definitivamente acho que o tango é o produto cultural mais importante da Argentina, uma dança historicamente flexível que foi refeita de tempos em tempos, dançada de forma diferente em Paris nos anos 1920 e no subúrbio de Buenos Aires em 1910. Embora tenha morrido nos anos 1960 e 1970 graças ao rock, hoje o ritmo vive uma situação diferente. O último revival do tango é a prova de que ele está tão poderoso quanto antes. Inclui dançarinos e músicos que querem modernizá-lo e outros que desejam trazer o tango autêntico de volta, o que quer que isso seja. Competição é a palavra, e num cenário global todos esses estilos estão circulando, sendo reinventados e influenciando uns aos outros", resume Kathy Davis, pesquisadora sênior da Universidade Livre de Amsterdã e autora do livro *Dancing tango – Passionate encounters in a globalizing world* [Dançando tango: encontros passionais num mundo globalizado], de 2015.

Ritmo milionário

De acordo com estimativas conservadoras da Subsecretaria de Turismo da Cidade de Buenos Aires, o tango se transformou num negócio de US$ 130 milhões por ano, por meio de pelo menos 140 milongas registradas só na capital e lojas que vendem produtos como discos, livros, sapatos, souvenires e joias. De acordo com o Observatório de Indústrias Culturais da Argentina, as atividades culturais mais lucrativas ligadas ao ritmo são shows (48%); tours e workshops (13%); aulas (10%); lembranças, arte e livros (9%); rádio e TV e outros espetáculos (9%) e milongas (7%). Segundo o órgão, o poder suave do tango vem principalmente de fora da Argentina, sendo 85% dos clientes desses shows no país do exterior. O governo argentino criou, inclusive, uma emissora de rádio dedicada apenas ao tango, a 2x4, além de haver canais pagos exclusivos. "Os argentinos não têm dimensão da importância do tango no mundo", comenta Luz Balbuena, diretora da revista *El Tangauta*, que tem tiragem de 10 mil exemplares por mês e é uma das 22 revistas exclusivas sobre o assunto que circulam em Buenos Aires. Apenas nessa cidade há 19 instituições, 23 escolas, 20 seminários e cursos e nove museus que trabalham com a formação e o ensino do tango.

Ao que parece, portanto, os argentinos podem até não ter dimensão do poder suave do gênero no mundo, mas sabem capitalizá-lo internamente. Sua vantagem sobre a bossa-nova é evidente: enquanto o ritmo brasileiro alavanca apenas os músicos, o ritmo argentino se multiplica por meio da dança e de diversos festivais. São 24 por ano, como o Festival Buenos Aires Tango, que em 2016 teve a participação de 165 mil pessoas, 43% estrangeiras, e um crescimento de 15% em relação ao ano anterior. "Com o impulso que o tango teve graças ao turismo, em pouco tempo passamos de 300 a 4 mil músicos, que gravam discos que o argentino não compra, só os estrangeiros. Antes, um artista de primeira linha cobrava cerca de 3 mil pesos por show, mas hoje cobra 15 mil. Os turistas levam quase 90% da discografia tangueira de artistas e músicos argentinos", diz Daniel Buonamico, coordenador do Festival Nacional de Tango de Córdoba. Um dos eventos mais importantes é o Mundial de Tango, um dos maiores festivais internacionais de música, do qual participaram, em 2016, meio milhão de visitantes e 550 duplas, com dançarinos de 36 países, inclusive China e Coreia do Sul, subsedes do campeonato devido ao número crescente de fãs de tango nesses países.

Alguns especialistas argentinos temem que a falta de interesse das novas gerações pelo ritmo possa afetar os belos dividendos que seu poder suave produz para o país. Sem repor músicos, dançarinos e compositores, a oferta de tango para turistas estrangeiros pode diminuir drasticamente, o que nos leva a perguntar: teria isso também ocorrido com a bossa-nova e sua limitadíssima oferta de shows e apresentações no Rio de Janeiro no século 21? "Graças a Deus surgiu o tango eletrônico para despertar os jovens que só dançavam música norte-americana. Por meio dele, muitos jovens têm se interessado pelo tango tradicional. Foi uma renovação importante", disse ao jornal *Gazeta do Povo* o dançarino e professor de tango Hugo Daniel à época da novela *A favorita*, cuja música-tema era do grupo Bajofondo, um dos que popularizaram o gênero no Brasil e no mundo.

Quando a Unesco declarou o tango Patrimônio Cultural Imaterial da Humanidade, em 2009, a Argentina viu seu turismo crescer fortemente; além disso, abriu-se a possibilidade de financiamento internacional para preservar e resgatar a memória do ritmo. Naquele ano, o público do tango havia caído 70% na Argentina, sobretudo por conta da crise financeira internacional e da gripe suína. Um forte contraste com os dois anos anteriores, quando a Argentina lucrou US$ 80 milhões com o estilo musical. "O tango é a soja de Buenos Aires", comentou o presidente da Argentina, Maurício Macri, em referência à crescente importância da soja nas exportações do país.

Tango e bossa-nova, como se pode ver, são poderes suaves ainda sedutores e circulantes em regiões cada vez mais extensas do mundo. A ensaísta e professora da USP Walnice Galvão sintetiza bem essa ideia de ritmos globalizados: "O tango entrou na moda apenas nos últimos anos; antigamente era apenas do gosto de pessoas mais velhas. Agora há filmes sobre ele em vários países do mundo, como França e Estados Unidos. Já a bossa-nova é nosso maior produto dos anos 1950 até hoje. Fico impressionada com gravações de discos inteiros em japonês com músicas da bossa-nova".

Esses dois fenômenos musicais latino-americanos têm o mérito de circular "sem passaporte" pelos ouvidos do planeta, ainda que conservem fortes traços culturais de seus países de origem. Assim como eles, outro ritmo teve a sorte de surgir no século em que o poder duro dos Estados Unidos desbancou o francês e alçou o inglês a "língua internacional". Cantado em inglês, esse fenômeno, no entanto, não é filho da terra do Tio Sam, mas da Rainha. A British invasion é um poder suave mais valioso que todos os diamantes da coroa de Elizabeth II, como veremos no próximo capítulo.

9. A INVASÃO BRITÂNICA SEM ARMAS

> Os Beatles salvaram o mundo do tédio.
> GEORGE HARRISON

Um quarto do planeta Terra já foi dominado, direta ou indiretamente, pelo Império Britânico. É mais terra do que os impérios mongol, russo, espanhol ou romano já possuíram em qualquer momento. Porém, essa conquista provocou milhões de mortes, guerras, extração de riquezas e problemas sociais e econômicos cujas consequências se arrastam até hoje. Nem todo o ouro da coroa britânica, nem o luxo do Palácio de Buckingham, nem as poses de Kate Middleton com seus bebês reais fofinhos amenizam as consequências trágicas do poder duro britânico ao redor do mundo. Ao contrário, talvez sejam seu maior símbolo.

No entanto, a terra da Rainha foi capaz de espalhar por territórios ainda maiores um poder que não derrubou sangue, mas trouxe fortunas gigantescas para a ilha e ajudou a suavizar, melodizar e adocicar a imagem do império a partir dos anos 1960: trata-se do poder suave que ficou conhecido como "invasão britânica", termo utilizado para descrever a avalanche de artistas musicais que, via Estados Unidos, seduziram os ouvidos do mundo inteiro. Conquistaram, em 1964, o mercado musical mais competitivo da Terra, enquanto milhares de músicos e bandas colapsaram diante da indiferença da mídia ou do árduo trabalho de percorrer um país de proporções continentais para formar sua base de fãs. Os britânicos conseguiram, com a ajuda do frenesi norte-americano, espalhar suas músicas por todo o globo.

No alvorecer da contracultura na América do Norte e na Europa Ocidental, bandas de pop e rock como Beatles, The Kinks, The Rolling Stones, The Animals, The Who e The Dave Clark Five invadiram as rádios dos Estados Unidos e usaram a hegemonia midiática do país para se espalhar rapidamente pelo mundo, inclusive penetrando em países fechados como União Soviética e China. Segundo o colunista da BBC Greg Kot em 2014, por conta dos 50 anos da invasão britânica, "antes dos Beatles, os britânicos eram invisíveis para a música americana. Depois dos Beatles, você pode até ser perdoado por achar que as bandas britânicas são as únicas que importam. The Rolling Stones, The Who, The Kinks, The Animals e até Herman's Hermits ditavam as regras e mudaram o jeito como os americanos falavam, se vestiam e tocavam rock".

Preparando a invasão

Ainda que a artilharia musical tenha ido da Grã-Bretanha aos Estados Unidos, a música americana dos anos 1950 influenciou as futuras bandas britânicas da década seguinte, especialmente rock, jazz e rhythm and blues. Os adolescentes britânicos formavam bandas de garagem e fundiam alguns desses ritmos, sendo chamados pela imprensa britânica de "beat bands". Esse movimento, anterior à invasão britânica, ficou conhecido como "beat music" ou "mersey beat" – uma fusão entre o rock de Chuck Berry, harmonias vocais, doo-wop, skiffle, R&B e soul e melodias adocicadas e pegajosas. O termo "mersey beat" veio de uma revista homônima de Liverpool, embora as bandas também tenham se formado em Manchester e Newcastle. Algumas das que pavimentaram o caminho para os invasores britânicos, bem no início dos anos 1960, foram Anarchy in the U.K., Billy J. Kramer and The Dakotas, The Liverpool, The Fourmost e The Tremeloes.

Por volta de 1963, a imprensa norte-americana começou, aos poucos, a repercutir o frenesi diante de um grupo de jovens de Liverpool que estava se apresentando em algumas cidades britânicas. Com a sociedade eclipsada pelo assassinato do presidente John Kennedy, precisando de uma "anestesia" cultural, o canal CBS voltou os olhos para o quarteto por conta de uma enxurrada de ligações pedindo mais músicas como "I want to hold your hand". Não havia nenhum disco no estoque das lojas americanas; assim, a Capital Records decidiu antecipar seu lançamento em três semanas, na virada de 1963 para 1964, quando as férias escolares ajudaram a espalhar a fama de John Lennon, Paul McCartney, Ringo Starr e George Harrison. Começava a Beatlemania nos Estados Unidos, bem como o poder suave do pop-rock britânico no mundo. Os Beatles eram a "comissão de frente" de um batalhão de músicos que trouxe à Inglaterra dividendos políticos, culturais, turísticos, sociais e econômicos que perduram até hoje.

O maior produto de exportação britânico

Os Beatles chegaram a Nova York no dia 7 de fevereiro de 1964, quando a imprensa divulgou que havia uma histeria sem precedentes na história da música americana. No aeroporto, um dos repórteres perguntou a Paul McCartney: "Você é a favor da loucura?", ao que ele respondeu: "Sim, é saudável". Segundo a revista *Rolling Stone*, a aparição do grupo no programa *The Ed Sullivan Show*, dois dias depois, teve audiência de 70 milhões de telespectadores, a maior até então nos Estados Unidos.

O guitarrista e especialista em música Felipe Machado sintetiza bem o poder suave dos Beatles na terra do Tio Sam e no mundo: "É irônico imaginarmos que o rock nasceu de fato nos Estados Unidos, como uma evolução mais rápida, dançante (e branca) do blues, mas só alcançou o status de arte quando chegou ao Reino Unido. Isso se deve fundamentalmente aos Beatles, que eram não apenas uma banda de rock, mas um fenômeno cultural que pode ser visto também como uma metáfora de toda uma era. Os Beatles, que começaram usando ternos e eram vistos inicialmente como bons garotos, aos poucos foram crescendo e se transformando em símbolos de uma geração que mudou o mundo a partir dos anos 1960. Podemos ir mais longe e dizer que a música pop britânica, por meio dos Beatles, de certa forma inventou a própria juventude global, uma vez que Elvis, que poderia ter sido esse símbolo, acabou sendo uma espécie de fantoche ligado aos valores mais conservadores da cultura norte-americana".

A Beatlemania se espalhou de tal maneira que jornais como *The Baltimore Sun* sugeriram, inclusive, uma ordem de restrição dentro do país. Mas foi exatamente o oposto que aconteceu. Os Beatles, no ano seguinte, já tinham 30 músicas entre as 100 mais ouvidas dos Estados Unidos. Quando desembarcaram no país, no início de 1964, 45% de todos os televisores ligados transmitiam sua chegada. Era tamanho o poder de sedução da banda que cantores e conjuntos norte-americanos começaram a escrever músicas de amor e ódio pelos britânicos. Naquele ano, a revista *Life* chegou a dizer: "Em 1776, a Inglaterra perdeu suas colônias na América. Semana passada, os Beatles as reconquistaram".

Em abril de 1964, os Beatles já dominavam as top five da Billboard – algo fenomenal, pois ninguém sequer havia conquistado as top three. Eles ocuparam as cinco primeiras posições com "Can't buy me love", "Twist and shout", "She loves you", "I want to hold your hand" e "Please please me". Uma das explicações é que, ao contrário dos The Rolling Stones e The Animals, que eram vistos pelos pais como bandas rebeldes de contracultura, os Beatles eram bem mais aceitos pelas famílias conservadoras, o que facilitou sua popularização.

A British invasion levou a contracultura para a o centro do consumo de massa no mundo. Quando o filme *A hard day's night* (1964) estreou nos cinemas, estrelado pelo quarteto, a imprensa chamou-o de *O cidadão Kane* da música. "O merchandising dos Beatles, cujo nome adorna de lancheiras a bonecas infláveis, contabiliza algo como US$ 50 milhões no comércio varejista só em 1964. Os Beatles se tornaram o maior produto de exportação britânico", comentou o jornal *The Village Voice* à época.

O jornalista especializado em música Luiz Pimentel não tem dúvidas ao afirmar que a música britânica a partir dos Beatles é o maior poder suave da ilha. "A música, em especial o rock, nascida no Reino Unido, é disparado o produto mais importante da cultura de massa da ilha e até da história. Pegue o caso dos Beatles, que encabeçaram o movimento. Os desdobramentos do que eles fizeram com duas guitarras, um baixo e uma bateria são tão gigantescos até hoje que nunca serão superados. Eles – e apenas eles – continuam, mesmo depois de 45 anos no final da banda, tendo existido por apenas dez anos, uma das indústrias mais lucrativas do planeta", diz Pimentel.

Os Beatles foram o grupo que abriu as fronteiras norte-americanas – e portanto mundiais – para o restante da invasão britânica. Com rádios e lojas de discos sedentas por novidades inglesas, uma avalanche pop-rock desembarcou em pouco tempo. Contabilizam-se centenas de músicos e bandas surgidos na época. Apenas para citar alguns: The Animals, Manfred Mann, Freddie and the Dreamers, Wayne Fontana and the Mindbenders, Herman's Hermits, Peter and Gordon, The Rolling Stones, The Dave Clark Five, The Troggs, Lulu, Donovan, The Searchers, Chad & Jeremy, Billy J. Kramer, The Bachelors, Gerry & The Peacemakers, The Honeycombs, Them, The Kinks etc. Todos eles, em algum momento, estiveram entre os 100 mais ouvidos nos Estados Unidos. Em 1965, metade das quase 30 músicas mais ouvidas segundo a Billboard era britânica. A partir da segunda metade dos anos 1960, uma nova invasão começou, com bandas de maior variação de gêneros, algumas indo para o pop (The Hollies e também The Zombies) e outras para o blues (The Who). E, embora a invasão tenha sido primordialmente de bandas masculinas, houve também vozes femininas bem-sucedidas, como Dusty Springfield, Petula Clark, Marianne Faithfull e Lulu.

O poder suave da música britânica nos Estados Unidos, nos anos 1960, alavancou também outros produtos culturais num país que não tinha tradição em exportar cultura de massa para o mundo inteiro. Julie Andrews se tornou uma estrela de Hollywood com *Mary Poppins* (1964), assim como Audrey Hepburn (*My Fair lady*, 1964) e Sean Connery (007, 1962), além de Peter O'Toole e Michael Caine. O pop-rock britânico da época ajudou, direta ou indiretamente, a Grã-Bretanha a alavancar outras indústrias além do cinema. Moda e turismo, por exemplo, tiveram forte impulso financeiro naquela década, ajudando a cicatrizar as feridas financeiras e sociais da Segunda Guerra.

Já nos Estados Unidos, o preço foi alto para os antigos astros norte-americanos, cuja carreira foi descarrilada. Bandas e artistas como Fats Domino, Ricky Nelson e até Elvis Presley sofreram com a invasão britânica. Para reagir ao inimigo, às vezes nada melhor do que se tornar parecido com ele. Foi nessa época que surgiram bandas norte-americanas com forte similaridade visual, instrumental e vocal às britânicas, como The Beau Brummels, The Buckinghams e Sir Douglas Quintet.

Em 2002, a revista *Vanity Fair*, num especial assinado pelo editor David Kamp, afirmou que a British invasion foi fundamental para alterar positivamente a imagem da Grã-Bretanha nos Estados Unidos e, consequentemente, no mundo: "Os britânicos, ainda sofrendo com a agonia das privações do pós-guerra, com sua nova cultura jovem e ritmo e balanços inovadores, transformou um país preto e branco num país cheio de cor; os americanos, ainda em luto com a morte de Kennedy, ganharam uma dose de diversão e viram sua juventude, adormecida quando Elvis se juntou ao Exército, revigorada".

A invasão britânica também influenciou a música australiana, onde na década de 1960 se formaram bandas como The Easybeats e The Seekers, ambas semelhantes ao estilo inglês e cujas músicas estiveram entre as mais ouvidas nos Estados Unidos. Nos anos 1970, ainda que os Beatles tenham se separado e levado consigo a força central da British invasion, a música britânica ainda demonstrava seu forte poder suave na voz, nos instrumentos, nas vestimentas e nas performances de bandas como Raspberries, The Sweet e Badfinger. Mas os anos 1970 não marcaram o fim da conquista. Ao contrário. Com músicos e bandas menos poderosos que os Beatles, os britânicos apenas recuaram seu exército para preparar um novo ataque na década seguinte.

A segunda invasão

Ainda que Beatles, Queen e The Rolling Stones nunca tenham saído das rádios norte-americanas, uma segunda invasão do poder suave musical inglês aconteceu entre 1983 e 1986, impulsionado dessa vez pela ascensão da MTV. Ela não contemplava apenas pop e rock, mas também new wave e outros estilos musicais. Começou com o sucesso de músicas como "Sultans of swing" (Dire Straits) e "Roxanne" (The Police), que ficaram entre as mais ouvidas dos Estados Unidos no início de 1980. Outras bandas, como The Pretenders, Squeeze e Sniff'n'the Tears, vieram logo em seguida. A invasão começou, de fato, com recordes de audiência para músicas como "Don't you want me", do The Human League, e "I ran (so far away)", de A Flock of Seagulls, seguidas pelo vício nos vídeos acetinados de Duran Duran. Exibidos incessantemente na MTV e vendidos aos milhares nas lojas, vieram depois Billy Idol, Bonnie Tyler, Robert Palmer etc.

A invasão dos anos 1980, menos roqueira, tinha um quê de new music, androginia e tecnologia nos clipes, sobretudo os de bandas como Culture Club e Eurythmics, embora algumas tenham começado a carreira no gênero punk. Mas houve também um ressurgimento do rock inglês, com bandas como Def Leppard, Simple Minds e Big Country. Em 1983, o poder da música britânica nos Estados Unidos era tão grande que 30% de todos os discos vendidos provinha da Grã-Bretanha, bem como sete das dez músicas mais tocadas, batendo numericamente o ano de 1965. A revista *Newsweek* estampou Boy George e Annie Lennox na capa com um especial intitulado "A Grã-Bretanha embala a América – Outra vez". Já a *Rolling Stone* dedicou uma edição inteira, em 1983, ao especial "Balanço britânico: a Grã-Bretanha invade a música e o estilo americanos". Na semana de 16 de julho daquele ano, sete bandas britânicas estavam entre as dez mais ouvidas da Billboard: Duran Duran, Culture Club, The Police, Kajagoogoo, Eddy Grant, Madness e The Kinks, esta última remanescente da primeira invasão.

A imprensa dizia que o poder de sedução de bandas como Culture Club e Duran Duran podia ser comparado à histeria provocada pelos Beatles duas décadas atrás. Exagero. O fato é que a segunda invasão foi impulsionada por bandas britânicas dos anos 1970, que também continuavam bem-sucedidas, como Pink Floyd, Genesis e The Alan Parsons Project. Uma das maiores bandas de todos os tempos, o Queen, também estava no topo, bem como David Bowie, U2, Paul McCartney, Elton John e Phil Collins, este último campeão de números 1 na Billboard nos anos 1980 nos Estados Unidos. A segunda invasão britânica deveu-se também, em parte, à explosão do punk nos anos 1970 na própria ilha, cujas origens remetiam também ao movimento new romantic – híbrido de retrô, glamour e futurismo na música e na moda –, cujos pioneiros foram David Bowie e Roxy Music. O tal novo pop era um cruzamento entre punk e disco, com mensagens mais otimistas do que os bordões políticos e niilistas típicos do punk. O gostinho da nova invasão britânica, antes de 1983, também veio de potências como The Police, The Pretenders, Joe Jackson e Elvis Costello. Com a guitarra dando lugar, aos poucos, ao uso de sintetizadores, o chamado synthpop chegou aos Estados Unidos antes mesmo da segunda invasão.

Parte do sucesso da segunda invasão vinha, além da música e das performances, da aparência, dos penteados e das roupas dos artistas, que variavam de certa androginia (Boy George) aos cabelos vermelho-fogo de Annie Lennox. "Tanto a música quanto a aparência dessas bandas britânicas talvez tivessem sido completamente ignoradas nos Estados Unidos se não fosse a MTV, já que o canal era muito mais ousado em colocar novos artistas do que as rádios americanas, mais conservadoras", explica David Chiu num especial sobre a segunda invasão britânica à CBS News. Esse legado visual dos britânicos dos anos 1980 pode ser visto até hoje, em artistas que vão de Katy Perry, The Killers e No Doubt a Lady Gaga.

Com o alvorecer dos anos 1990, os britânicos começaram a perder para norte-americanos como Michael Jackson, Madonna e Prince. Mas a ilha nunca deixou de seduzir fortemente os ouvidos do mundo inteiro, sendo um dos maiores polos produtores de bandas bem-sucedidas do planeta. De lá saíram depois grupos como Coldplay, Arctic Monkeys, Radiohead, Franz Ferdinand, Oasis, Keane, Blur, The Libertines, Snow Patrow etc. "A música abriu um espectro tão grande (mais uma vez tomando como exemplo principal os Beatles) que deixou a ideia de que nada feito depois não sofra influência da cena britânica no mundo", comenta Luiz Pimentel.

Atualmente, o top 100 da Billboard já não reflete mais o peso de bandas e músicas nos Estados Unidos, uma vez que houve uma fragmentação do consumo de música em diversas plataformas. Ainda assim, os britânicos invariavelmente aparecem entre os mais ouvidos, agora não mais apenas com rock, mas com variações que vão de Enya, U2 e Ozzy Osbourne a Kylie Minogue (que, embora seja australiana, é um produto musical britânico). "A Grã-Bretanha tem sido uma fonte confiável de pop e rock desde 1964, continuando por meio de ritmos psicodélicos, heavy metal, art-rock, punk, new wave e além. Muitos dos grupos que inspiraram superlativos de tirar o fôlego – 'a maior banda de rock do mundo' (The Rolling Stones) e 'a única banda que importa' (The Clash) são britânicos", afirmou a revista norte-americana *Slate*. "Os britânicos ainda revelam especialidades em alguns dos gêneros mais ouvidos e vendidos hoje, como hip-hop, country e nu-metal." A publicação também reproduziu a reflexão de um especialista em indústria fonográfica a respeito da falta de fenômenos britânicos hoje em dia. Segundo ele, que permaneceu anônimo, os artistas ingleses parecem muito "peculiares" aos olhos do público. "Uma geração atrás, os popstars britânicos eram apreciados justamente por serem idiossincráticos e terem identidades regionais, como The Kinks e The Who. A peculiaridade pode levar a um apelo de longo prazo, mas artistas excêntricos demandam tempo e exposição para que seu número de fãs aumente. Em tempos de pop fabricado e marketing de curto prazo, a singularidade é considerada um modelo falho", afirmou.

Assim, hoje, o poder suave britânico é muito mais eficiente com bandas "certinhas" como Coldplay e teens pré-moldados como One Direction do que com artistas excêntricos como Amy Winehouse – que, embora tenha sido um dos melhores produtos de exportação da música britânica nos últimos anos, ganhou exposição mais por sua vida pessoal do que por sua performance musical. "Nos anos 2000, o Reino Unido também foi o epicentro da cultura clubber, com a popularização da música eletrônica e as raves. Um bom exemplo disso foi a cerimônia de encerramento dos Jogos Olímpicos de Londres, em 2012, quando se apresentaram Muse, Elton John, The Who, Paul McCartney, Arctic Monkeys e Kaiser Chiefs. Além disso, nomes como Queen e David Bowie foram homenageados. Que outro país teria artistas de música popular desse nível para se apresentar?", acrescenta Felipe Machado.

No maior mercado de música do mundo, os britânicos ainda fazem grande barulho e lucros extraordinários, mesmo em tempos de colapso da indústria fonográfica. Em 2012, por exemplo, segundo estudo da Nielsen SoundScan, um de cada sete álbuns vendidos nos Estados Unidos foi de britânicos, graças a artistas como Adele, One Direction, Mumford & Sons, Ed Sheeran, The Wanted, Florence and the Machine, Calvin Harris, Muse etc. "É oficialmente uma nova invasão britânica", comentou o executivo-chefe da British Phonographic Industry, Geoff Taylor, ao site da Billboard. "As gravadoras britânicas estão descobrindo talentos únicos e usando as redes sociais para construir fãs ao redor do mundo, em particular nos Estados Unidos, onde as pessoas têm grande afinidade com a música britânica", completou.

Lennon *versus* Stálin

Se antes dos anos 1960 o Reino Unido transmitia uma imagem de força por meio de seu poder duro – invasões territoriais, guerras, comércio, indústria, colonização etc. –, a música foi fundamental para mudar a imagem da ilha no mundo todo, ou ao menos amenizá-la fortemente. "A British invasion construiu uma imagem de criatividade, talento e inovação, que refletiu também na moda, na publicidade e no cinema. O humor britânico, a ironia e o sarcasmo que podiam ser vistos inclusive nas famosas entrevistas dos Beatles que foram recuperadas pelo filme *Eight days a week* (2016), de Ron Howard, é uma marca cultural inglesa desde Oscar Wilde – ou, para ir ainda mais longe, Shakespeare. O que a British invasion fez foi pegar esse estilo de arte provocador e revolucionário e transformá-lo em algo palpável para qualquer garoto em qualquer parte do mundo. A linguagem da música pop permite e facilita esse entendimento, uma vez que coloca na boca de milhares de jovens refrãos fáceis e mensagens transgressoras. Isso aconteceu com os Beatles, mas também com diversas outras bandas britânicas – de The Rolling Stones a U2", reflete Felipe Machado. "A Inglaterra entendeu rapidamente a influência que o poder suave exerce sobre os jovens de todo o mundo. Depois dos Beatles e com o advento da tecnologia, as formas de poder suave foram ficando cada vez mais complexas e subliminares. Foi então que o cinema norte-americano virou o maior instrumento de poder suave da história. Mas acredito que o primeiro país a ver isso foi a Inglaterra, por meio de sua música popular. Não foi à toa que os Beatles foram condecorados pela Coroa Britânica logo no início da carreira", completa.

Talvez uma das melhores definições visuais do poder suave da música britânica tenha sido feita pelo Queen em uma apresentação com o Estádio de Wembley absolutamente lotado e em polvorosa no ano de 1986. A banda começou a entoar a música "We are the champions", seguida por um coro de milhares de vozes. Freddie Mercury estava com um cetro na mão e uma coroa na cabeça. Como um rei britânico que, em vez de disparar as armas do poder duro, hipnotizou o mundo com um produto cultural por meio do poder suave.

Pode ser também que a melhor definição do poder suave britânico venha do próprio Joseph Nye (2005):

Em 1980, depois que John Lennon foi assassinado, um monumento a ele espontaneamente apareceu em Praga e o aniversário de sua morte foi marcado por uma procissão anual pela paz e pela democracia. Em 1988, os organizadores fundaram o Lennon Peace Club, cujos membros demandavam a retirada das tropas soviéticas. Com a passagem do tempo, Lennon venceu Stálin. A Guerra Fria foi ganha com um misto de poder duro e poder suave. O primeiro criou o impasse da contenção militar, mas o segundo erodiu o sistema soviético de dentro para fora. Nem todos os recursos de poder suave eram americanos – basta testemunhar o protagonismo da BBC e dos Beatles.

Já do outro lado do mundo, a então segunda maior economia do planeta também ecoava um poder suave hipnotizador e eficiente. Porém, em vez de utilizar a música, os japoneses conquistaram o mundo com sua cultura eletrônica. O Japão pode ter perdido o posto de segunda maior economia do mundo, mas seus instrumentos de poder suave continuam sendo devorados pelos quatro cantos da Terra.

10. Cultura MAG: o Japão no mundo

> Os videogames fazem mal?
> Foi o que disseram do rock'n'roll.
> Shigeru Miyamoto

No encerramento dos Jogos Olímpicos do Rio de Janeiro, em 2016, como manda a tradição, houve uma breve apresentação do país que sediará as próximas Olimpíadas – no caso, o Japão. Num grande telão, via-se o primeiro ministro Shinzo Abe sentado num carro, com uma bola vermelha nas mãos e vestindo o boné do Mario. Transformando-se no lendário personagem dos jogos, ele cavou um buraco no meio da terra e se transportou para o centro do Maracanã, virando novamente o primeiro-ministro. Tóquio 2020 escolheu o personagem para ser visto por bilhões de pessoas no mundo inteiro, pois é exatamente essa cifra que conhece e consome a chamada cultura MAG japonesa, termo que se refere às indústrias de mangá, anime e games. Trata-se do poder suave mais sedutor, moderno e lucrativo do Japão, que vem quebrando barreiras culturais e econômicas há décadas. E mais importante: é o poder suave que conseguiu transcender gerações, seduzindo tanto quem nasceu nos anos 1970 quanto quem nasceu no século 21. O Japão pode ter perdido o posto de segunda maior economia do mundo para a China, mas, ao contrário deste país – que ainda procura um poder suave com a cara do século 21 para ganhar os corações e bolsos do mundo –, consegue renovar seus produtos culturais eletrônicos constantemente, mantendo-se na memória e nos consoles de todo o mundo.

Joseph Nye (2005) não tem dúvida de que o Japão seja o país com maiores recursos de poder suave na Ásia. "Hoje, o Japão é o primeiro no mundo em patentes, terceiro em gastos com pesquisa e desenvolvimento, terceiro em viagens aéreas internacionais, segundo em venda de livros e música, segundo em hospedagem de internet, segundo em exportação de alta tecnologia, primeiro em assistência ao desenvolvimento e primeiro em expectativa de vida. A longa década de declínio econômico dos anos 1990 manchou a reputação da façanha econômica japonesa, mas não apagou os recursos de poder suave do país", diz. Embora alguns desses índices tenham sido – ou serão – superados pela China, no âmbito da cultura o poder suave japonês ainda é imbatível na Ásia. "As imagens japonesas dominaram os sonhos das crianças há anos com sua mistura de fofura e poder. Os desenhos do Pokémon são exibidos em 65 países, e as animações japonesas são hits entre os produtores e adolescentes americanos", completa Nye. Ele acredita, ainda, que o poder suave japonês seria ainda maior se o país não relutasse em lidar com os resquícios de poder duro que prejudicam fortemente sua imagem entre os vizinhos, como as invasões nipônicas na China e na Coreia e, depois, a posição japonesa na Segunda Guerra Mundial. Mas, para tentar reverter isso, o governo japonês entrou em cena.

Quando a política abraça o poder suave

Ao contrário de muitos dos poderes suaves que vimos nos capítulos anteriores, que vivem à mercê de iniciativas pessoais para se tornar mais conhecidos no mundo, o do Japão leva muito a sério sua cultura MAG. Em 2011, o país anunciou uma nova política de Estado, denominada "Cool Japan" – ao lado da "Cool Tokyo", por conta dos Jogos Olímpicos –, com o intuito de mostrar ao mundo um país descolado, mais ligado à cultura pop e jovem, com óbvios fins econômicos de escala mundial. Uniu especialistas acadêmicos, do governo e da indústria para promover a "marca do Japão" por meio da cultura e da criatividade, além de promover Tóquio como centro criativo e descolado. Empresas de médio e grande porte que produzam itens que se alinhem a essa imagem terão facilidades do governo para exportá-los.

Essa ideia do governo japonês surgiu após o artigo do jornalista norte-americano Douglas McGray "Japan's gross national cool", publicado em 2009 em diversos veículos. Nele, McGray dizia que, apesar das diversas crises econômicas que combaliram o Japão dos anos 1990 para cá, o país conseguiu reinventar sua indústria com música, arquitetura, gastronomia e, sobretudo, produtos eletrônicos como animes e games, tornando-se referência em arte e cultura em âmbito mundial. Segundo o artigo, o país soube estar aberto às influências estrangeiras após a Segunda Guerra Mundial, usar sua cultura tradicional e criar produtos com a mais nova tecnologia existente em cada momento, levando para o mundo de Hello Kitty até "Pokémon GO" – para citar apenas duas das febres mundiais de consumo de jovens e crianças em décadas bem distintas. "Perversamente, a recessão pode ter impulsionado o Japão descolado, desacreditando a rígida hierarquia social e incentivando jovens empresários. Pode também ter afrouxado a atração que a carreira econômica exerce nos trabalhadores japoneses, que agora enfrentam menos estigmas sociais para fazer experimentações com arte, música ou empreendimentos semelhantes, de características mais arriscadas. Há uma nova criatividade, porque há menos dinheiro", diz McGray. Ele utiliza o conceito de poder suave em sua pesquisa e afirma que o Japão tem sido astuto em colar-se a uma imagem de descolado por meio de seus produtos culturais, o que lhe conferiria um "potencial incomensurável" de superpotência na área. "Da música pop à eletrônica, da arquitetura à moda, da animação à culinária, o Japão de nossos dias brilha mais como superpotência cultural do que fazia nos anos 1980, quando era uma superpotência econômica", comenta McGray.

O poder suave da cultura MAG tem ajudado a apagar, paulatinamente, a imagem de país hostil e invasor, fruto do poder duro japonês das invasões aos vizinhos China e Coreia e também da aliança com a Alemanha na Segunda Guerra Mundial. Como o Japão não mais se envolveu, na linha de frente, em conflitos bélicos após 1945, o poder suave tem tido grande eficiência na exportação de uma imagem positiva do país até mesmo para as novas gerações de chineses e sul-coreanos. "Em 1989, quando a Guerra Fria foi dada como oficialmente encerrada, os Estados Unidos emergiram como a única superpotência bélica e econômica do mundo, e sua hegemonia como centro de influência cultural tornou-se praticamente indiscutível. Em vários países da Europa Ocidental, onde existe certo grau de valorização à diversidade cultural, como a França, a Itália e a Espanha, quando se tornou clara a preponderância americana, o pop japonês passou a ser visto como uma alternativa mais atraente e menos sufocante que a onipresente cultura ianque. Uma crescente parcela da juventude europeia passou a ver a cultura pop japonesa como um exemplo a ser seguido, por ter sido o Japão o único país no pós-guerra a conseguir quebrar a hegemonia norte-americana na exportação cultural", contextualiza Cristiane Sato, autora do livro *Japop: o poder da cultura pop japonesa* (2007).

Hello Kitty: embaixadora do turismo

O governo japonês utiliza, inclusive, o termo "diplomacia cultural" desde o mandato do primeiro-ministro Junichiro Koizumi (2001-2006), que deu início à promoção da cultura MAG antes mesmo do movimento Cool Japan. Um exemplo: Hello Kitty, personagem japonês estampada em mais de 50 mil produtos, foi nomeada pelo governo nipônico Embaixadora do Turismo do Japão na China e em Hong Kong. O objetivo? Utilizá-la para aumentar o número de visitantes vindos desses países vizinhos. O primeiro-ministro que assumiu em seguida, Tarō Asō, chegou a prometer, em sua gestão, gerar 500 mil empregos na área cultural e criar um fundo de expansão internacional dos produtos audiovisuais japoneses.

Outro exemplo de uso do poder suave japonês pelo governo: segundo o *Japan Times*, as Forças de Autodefesa Japonesas pintaram, em seus caminhões de água, imagens do *Captain Tsubasa*, mangá que virou fenômeno mundial nos anos 1980. De acordo com o jornal, esses caminhões nunca foram atacados no Iraque durante os dois anos e meio em que o país participou da ajuda humanitária.

Enquanto o governo japonês, por meio de iniciativas como o Cool Japan, facilitava a exportação dos produtos culturais do país, as grandes corporações privadas também faziam sua parte. Em empresas como Sony, Nintendo e Sega encontram-se diversos otakus, jovens ligados à cultura tecnológica, fanáticos por mangás e animes, que são os primeiros a testar os novos produtos e personagens, servindo de termômetro criativo para saber até que ponto estes serão bem-sucedidos mundialmente. Curiosos e nada ligados às velhas tradições japonesas, os otakus ditam as novas tendências, ajudando o Japão a ser um grande exportador cultural. Segundo dados da Organização de Comércio Exterior do Japão (Jetro), só no ano de 2005 o país arrecadou US$ 2 bilhões no mercado de anime.

Esforços públicos e privados como esses – sem uma ação do poder duro para destruí-los, como colocar o Japão em uma guerra – ajudaram a elevar a popularidade do país. Em 2008, pesquisa realizada pela BBC apontou que o Japão ocupava o segundo lugar de melhor imagem do mundo (56% positiva), atrás apenas da Alemanha.

A atração pela cultura MAG favorece outros aspectos culturais do país. Enquanto a China promove o mandarim por meio de seus Institutos Confúcio – e por conta do poder duro, ou seja, sua atração econômica –, o Japão viu o número de estudantes de japonês saltar de 980 mil nos anos 1990 (seu auge econômico) para 2,4 milhões em 2003, mesmo quando a economia já estava cambaleante. Segundo Peng Lam, especialista em imagem que analisou o uso da cultura MAG para o aumento do poder suave japonês, mesmo com a economia em declínio, o apelo nipônico vem da "fascinação e do amor pelos animes e mangás", de modo que os produtos nem mais precisam ser isentos de marcas culturais japonesas – como foram no final do século 20, para fins de exportação. O "aspecto japonês" tem se tornado componente central para a atração das audiências mundiais.

Não é de hoje que a cultura japonesa exerce atração internacional, sobretudo no Ocidente. Os artistas japoneses tiveram impacto enorme nos impressionistas, 150 anos atrás. São figuras centrais dos maiores museus europeus. Mas, ao contrário da China, que ainda não conseguiu "atualizar" seu poder suave cultural para a era do audiovisual que vivemos desde o século 20, o Japão já fez isso há tempos. Sua cultura de massa é sofisticadamente interligada. Mangás, animes, programas de rádio, cinema, indústria fonográfica, games – todas as pontas da indústria se retroalimentam, gerando uma potência econômica que cruza o mundo inteiro.

Quem foi criança no Brasil nos anos 1980 passou as manhãs vendo todo tipo de animes e séries japonesas – de Jaspion a Digimon – em praticamente todos os canais abertos. A cultura MAG conquistou nossa audiência de massa antes mesmo de muitos brasileiros saberem onde ficava o próprio Japão. Evidentemente, muitos desses produtos culturais japoneses pegaram um atalho: os Estados

Unidos. Quando se tornou a primeira empresa não norte-americana a comprar um estúdio de Hollywood (Columbia Pictures), a Sony simplesmente abriu caminho para distribuir com força os MAG japoneses no Ocidente. No rastro da empresa, como vimos, vieram a Matsushita, comprando a MCA-Universal, e a Toshiba, como sócia minoritária da Time Warner.

Hollywood, evidentemente, não ficou passivo diante da invasão econômica e cultural nipônica. Se o público quer consumir animes, games e mangás, que os magnatas dos estúdios tirem, ao menos, proveito disso. Foi o que aconteceu em 2003, apenas um ano depois da criação da categoria de Melhor Animação no Oscar. Naquele ano, *A viagem de Chihiro*, de Hayao Miyazaki, desbancou os titãs norte-americanos Dreamworks e Pixar – concorrendo com animações como *A era do gelo* – e levou a estatueta da categoria. Não por mera coincidência, nos anos seguintes, a Disney adquiriu, um a um, os direitos de distribuição mundial dos animes de Miyazaki.

Para que um produto cultural se torne um poder suave importante para determinado país, ele deve, primeiro, ser suficientemente forte dentro do próprio país. Nesse ponto, a abordagem dos japoneses diante dos animes colaborou para sua expansão internacional. Embora Walt Disney tenha revolucionado o entretenimento com *Branca de Neve e os sete anões*, nos anos 1930, os norte-americanos passaram a ver a animação como sinônimo de gênero infantil, raramente produzindo para outros públicos. No Japão, desde sempre, animes, mangás e games não são considerados gêneros, mas meios ou plataformas. Em outras palavras, os produtores culturais fazem os MAG para os mais variados públicos, produzindo, por exemplo, animes adultos, pornográficos, mangás para velhinhos, games para recém-nascidos etc. Isso diversifica as fontes de lucro, fortalecendo a indústria cultural do país. Percebendo isso, Hollywood aproveitou a ascensão da animação digital para mirar ao mesmo tempo no público adulto e infantil, especificamente a partir de *Toy story* (1995), que entrou para a história como animação não mais como gênero, mas como meio – com piadas e narrativas feitas para o entretenimento de crianças e adultos.

Michiko Okano, professora de História da Arte da Ásia, concorda que o governo japonês teve papel fundamental na promoção de seu poder suave mundo afora. Segundo ela, a cultura kawaii (coisas fofas, bonitinhas, mimosas, infantis etc.), presente em jogos, filmes, animes etc., faz muito sucesso. "A sedução começa de pequeno, com o fenômeno kawaii com anti-heróis que facilitam a identificação deles com os personagens. Não são modelos idealizados, mas figuras que permitem falhar, levar bronca, esquecer coisas, como todas as crianças. O Japão tem, inclusive, embaixadores kawaii que visitam outros países, custeados pelo governo, para promover os produtos no mundo", diz Okano.

Se hoje os produtos culturais japoneses têm se permitido manter alguns traços culturais do país, no século 20, para se internacionalizar, muitos "neutralizavam" a cultura a fim de se difundir. Outra estratégia, adotada pelos estúdios japoneses, era vender licenças para adaptações ocidentais. "O *Tetsuwan Atom* virou *Astro Boy*, o *Mach Go Go Go* virou *Speed Racer*, o *Gatchaman* virou *Battle of Planets*, os seriados de tokusatsu (efeitos especiais) deram origem aos *Power Rangers*. A lista é gigantesca. Já os mangás mantiveram seus traços culturais e só ganharam espaço internacional pleno nos anos 1990. Hoje, dezenas de títulos são publicados em vários países. Músicas-tema de séries e games, quando mantidas no original japonês, abrem espaço para que as pessoas tenham contato com a música do país. E, com novelas criadas com base em mangás, cuja trilha sonora é composta por música pop, fica completo o pacote de entretenimento para fazer o fã se perder em um universo multimídia", explica Alexandre Nagado, autor de diversos livros sobre a cultura japonesa contemporânea. "A barreira da língua foi vencida com traduções e dublagens, mas os aficionados há anos vão atrás do material inédito, recebendo fitas gravadas no Japão por amigos e parentes. Assistiam mesmo sem entender nada, tamanho o fascínio dos traços, das músicas e da movimentação do desenho. Em 1994, quando *Os Cavaleiros do Zodíaco* estrearam na TV aberta brasileira, foi uma febre sem precedentes, com efeitos sentidos até hoje. Eu trabalhava na revista *Herói* e recebíamos milhares de cartas e telefonemas de fãs desesperados para saber quando viria o próximo episódio. Até os dubladores do desenho, quando revelados pela revista, viravam celebridades", completa Nagado, que diz que as histórias mais bem-sucedidas da cultura MAG implicam superação, com personagens que choram e sangram, aliada a novas técnicas de jogabilidade (games) – copiadas depois pela indústria ocidental.

À época da entrevista para este livro, Nagado acreditava que essa histeria nunca mais se repetiria com um produto MAG ao redor do mundo. Enganou-se. Em 2016, a Nintendo lançou um jogo de realidade aumentada, para smartphones, que virou febre. O "Pokémon GO" fez tanto sucesso que levantou a empresa nas bolsas de valores do mundo inteiro. Com uma legião de crianças e adultos andando pelas ruas caçando os bichinhos, o produto cultural japonês chegou a ser proibido na China, que logo em seguida criou um aplicativo similar – mas de qualidade bem inferior – chamado Pokeball Coach. A justificativa da proibição foi que o jogo, que utiliza a tecnologia GPS, poderia apontar bases militares secretas chinesas, segundo especulações que circularam na mídia.

A interligação de mídias, meios e indústrias se tornou fundamental para fortalecer o poder suave da cultura MAG. No Japão, por exemplo, os "ranobes" (romances adolescentes recheados de ilustrações em estilo mangá) há décadas geram outros mangás, além de animes, filmes e games. "Os japoneses têm uma tradição secular de contar histórias e souberam aliá-la às tecnologias de ponta do momento. O sucesso dos animes, creio eu, começa pela conquista das crianças, por retratar perfeitamente os interesses e as aspirações infantis. Vem de uma tradição, de um século, de revistas dirigidas para crianças. Hoje, o que me surpreende é a quantidade imensa de dissertações e teses sobre essa cultura", comenta Shozo Motoyama, pós-doutor pela Universidade de Tóquio.

A união entre tecnologia de ponta, diversas plataformas midiáticas e promoção governamental parece ter ajudado fortemente o poder suave japonês a ganhar o mundo. Gunther Rudzit reflete a respeito: "O poder suave japonês só não é mais forte na Ásia por conta de seu histórico de invasão e ocupação. As pessoas compram a tecnologia japonesa de olhos fechados. Para a chinesa, torcem o nariz. O governo japonês soube capitalizar o poder suave, criando agências pelo mundo para levar sua cultura. Onde você aprende português no mundo? Eu estagiei no Brazilian American Cultural Institute de Washington, que fechou por falta de verba, enquanto o Instituto Confúcio no Brasil é sustentado por Pequim até hoje. No bairro da Liberdade, em São Paulo, já se veem resultados disso. É um bairro japonês que comemora o ano-novo chinês. São governos que sabem usar o que influencia, o que é vendável, o que os outros têm apetite para ler, ouvir, aprender. O kung fu é um cartão de visita. A capoeira seduz o mundo inteiro, envolve música, dança, mas se existem centros de capoeira no mundo, eles estão de pé puramente por iniciativas individuais. Não sabemos vender nossos produtos". Os japoneses, como vimos, o sabem há décadas. Mas há outro país aprendendo bem rápido a capitalizar seu poder suave na Ásia, competindo com os japoneses pela hegemonia asiática no ramo. A Coreia do Sul entrou no jogo. E quer ganhá-lo.

Hallyu: o poder suave da Coreia do Sul

Fenômeno econômico do alvorecer do século 21, que conseguiu diminuir drasticamente suas desigualdades e atingir a referência mundial em educação e tecnologia, a Coreia do Sul já acordou para a importância do poder suave ao país. Na Expo 2010, em Xangai, por exemplo, "o pavilhão destacou o crescente poder suave da Coreia do Sul no desenvolvimento econômico, social e cultural com o tema 'Cidade amigável, vida colorida'", disse Chang Joon-sang, diretor da equipe sul-coreana na feira. O investimento sul-coreano tinha o claro objetivo de aproximar o país da China, já que ambos, assim como o Japão, têm relações econômicas, políticas e sociais nem sempre amistosas.

Um dos instrumentos de poder suave sul-coreano de maior prestígio é o cinema. Com quatro filmes no Festival de Cannes em 2015, o país foi bastante elogiado pelos presidentes do festival, os irmãos Coen (*Fargo*). Astros de Hollywood já topam estrelar superproduções sul-coreanas originais, como Liam Neeson, protagonista de *Operação Chromite*, de Lee Man-hee, sobre a Batalha de Inchon durante a Guerra da Coreia, em 1950. A China compra os direitos dos filmes sul-coreanos para refilmá-los, como *20 once again* (2015), refilmagem de *Miss granny* (2014) em coprodução entre os dois países. Filmes sul-coreanos têm ganhado de Hollywood como os mais vistos no país, como foi o caso de *Assassination* (2015) e *Northern limit line* (2015), respectivamente de Choi Dong-hoon e Kim Hak-soon, que bateram a bilheteria de *O exterminador do futuro: gênesis* e *Jurassic world* em 2015.

O maior festival de cinema da Ásia fica na Coreia do Sul: trata-se do Busan International Film Festival. O país passou de 500 salas em 1998 para 2 mil, vendendo 215 milhões de ingressos, sendo 50% deles para filmes nacionais. O Korean Film Council é um braço do governo para apoiar a produção cinematográfica e recebe verbas generosas. O cinema sul-coreano, porém, ainda está ganhando fôlego interno para, talvez, se tornar um poder suave eficiente ao país mundo afora. Houve, no entanto, filmes que já ultrapassaram as fronteiras nacionais. Em 2006, a superprodução *O hospedeiro*, filme de terror de Bong Joon-ho, foi amplamente comentada e vista na América Latina, sobretudo no Brasil. Kim-ki-duk, diretor sul-coreano dos premiados *Arirang* (2011), *Pietà* (2012) e *Samaritana* (2004), já é um dos cineastas mais admirados do mundo.

Park Jung-bum, diretor de *Sanda* (2014), que venceu os festivais de Locarno, Singapura e Tóquio, cita o termo "hallyu", ou onda coreana, que se refere à popularização da cultura sul-coreana a partir dos anos 1990. A expressão foi cunhada por jornalistas de Pequim que ficaram espantados com o sucesso de produtos sul-coreanos na China, como séries de TV, filmes e k-pop (música pop coreana) – um de seus expoentes mais famosos ao redor do mundo foi o rapper sul-coreano Psy, autor de "Gangnam style". "Acho que o sentimento do que é ser coreano e a questão da unidade do povo ajudam a criar algum tipo de característica comum na narrativa dramática e atraem a curiosidade externa. Juntando-se a essas características diretores com habilidades técnicas e atores com perfis físicos que se aproximam do ideal de beleza ocidental, gera-se um sucesso internacional. Sei que o governo coreano investiu numa Comissão de Desenvolvimento de Conteúdo. O cinema comercial coreano ganhou destaque na hallyu e muitos diretores estão avançando com obras de ótimo desempenho de bilheteria, chegando ao topo de mercados como o chinês", diz Park Jung-bum.

O poder suave sul-coreano tem se desenvolvido, portanto, como uma combinação de vários tipos de produtos culturais, do cinema ao k-pop. Este, por exemplo, começou em 1992 com a música "Nan Arayo", da boy band Seo Taiji and Boys, e envolve uma mistura de ritmos como dance-pop, eletrônica, rock, hip hop e rhythm and blues. Vinte anos depois, em 2012, a revista *Time* afirmou que o k-pop era o produto de exportação mais rentável da Coreia do Sul, arrecadando US$ 3,4 bilhões. A renda vinha sobretudo das Três Grandes, como são chamadas as empresas SM Entertainment, JYP Entertainment e YG Entertainment. Individualmente, porém, Psy ainda está entre os mais poderosos k-pop do país, uma vez que "Gangnam style" quebrou recordes no YouTube, com mais de 2,5 bilhões de visualizações. Ciente da força do poder suave da hallyu, o Ministério da Cultura passou a organizar anualmente o K-Pop World Festival, show televisivo no qual artistas do mundo inteiro são convidados para cantar como um artista k-pop por uma noite. Segundo pesquisas posteriores do ministério, a estratégia funcionou: em 2011, dos 10 milhões de turistas que visitaram a Coreia do Sul, 1 milhão deles o fez primeiramente graças ao k-pop. O país não brinca quando se trata de usar seu poder suave nos vizinhos, com estratégias esquisitas, porém eficientes. Para conquistar o mercado chinês, por exemplo, uma banda sul-coreana chamada Super Junior, formada por 13 garotos, criou uma "sub-banda", chamada Super Junior-M, dedicada ao mercado chinês e com cantores da mesma nacionalidade. O mesmo fez o grupo EXO, composto por seis sul-coreanos (EXO-K) e seis chineses (EXO-M). A SM Entertainment criou a SM Academy, na qual escolhe jovens que são submetidos a um período de três a cinco anos de treinamento em canto, dança e estudo de outras línguas. Quando prontos, os futuros ídolos levam a imagem do país mundo afora e vendem produtos nacionais como roupas, cosméticos e bebidas alcoólicas.

Alexandre Nagado acredita que a Coreia do Sul vem dando passos largos na divulgação de sua cultura no mundo e tem sido proporcionalmente mais bem-sucedida que o Japão nos últimos anos. Mas os sul-coreanos estão fazendo isso, em parte, imitando as fórmulas japonesas, como os "doramas", novelas japonesas de curta duração com histórias tristes, estreladas por jovens astros da mídia, com narrativa atrelada a canções pop das grandes gravadoras. "Enquanto os japoneses ainda têm a mentalidade de criar um produto para o mercado interno, combatendo ferozmente a pirataria, a Coreia do Sul usa a internet como poderosa aliada. Foi ela que estourou Psy no mundo. No Japão, postar um vídeo no YouTube indevidamente já rendeu muitas prisões, o que faz que poucos cantores japoneses tenham canais oficiais na plataforma. Vendo a internet como inimiga, gravadoras e estúdios japoneses estão perdendo a chance de competir com os sul-coreanos, de mentalidade muito mais aberta e empreendedora", diz Nagado.

Segundo a revista *The Economist*, no ano de 2013 a Coreia do Sul exportou US$ 5 bilhões em cultura pop pelo mundo, mas a projeção é que esse número dobre até o final de 2017. O país mudou radicalmente no século 21: nos anos 1980, havia censura e os dramas televisivos e cinematográficos eram considerados tediosos. Apesar da forte crise econômica que atingiu a Ásia em 1997, o então presidente Kim Dae-jung reagiu investindo em alta tecnologia e conteúdo de filme, música pop e games. A Samsung se transformou numa gigante global competindo com a Apple; incentivos fiscais e fundos governamentais foram criados para startups de games; o governo cedeu 1 bilhão de wons para a indústria pop e as gravadoras passaram a recrutar adolescentes que enfrentam anos de treinamento antes de virem a público. "O k-pop tem um apelo global mais forte que o j-pop (do Japão). Os atores e cantores promovem os gostos sul-coreanos em áreas como cosméticos; em troca, essa indústria contrata as estrelas para promover seus produtos. Os dramas sul-coreanos são tão populares nas Filipinas que inspiraram remakes. *Winter sonata* foi um dos maiores sucessos no Iraque e no Uzbequistão. O Japão agora está usando o modelo sul-coreano como inspiração", diz a revista.

A questão do poder suave na Coreia do Sul se tornou tão importante que gerou um estudo especial da revista inglesa *First*, escrito por Nick Lyne. "Medir o verdadeiro impacto do poder suave nos níveis diplomático e político não é fácil, mas os benefícios econômicos são certamente tangíveis: as indústrias criativas geram ganhos de exportação, aumentam a visita de turistas estrangeiros, as matrículas de alunos internacionais e investimentos externos. Qualquer um que subestima o papel do poder suave quando se fala em redesenhar a marca de uma nação só precisa olhar para a Coreia do Sul para corrigir seu erro. Na última década, uma nova onda da cultura sul-coreana, chamada hallyu, transformou o país no mundo, a ponto de o ministro do Exterior usar abertamente o termo 'diplomacia hallyu'", diz Lyne. Segundo o estudo, os ministérios da Cultura, Esportes e Turismo do país chegou a usar o hit de Psy para ajudar a exportar mais centros culturais sul--coreanos ao redor do mundo e a desenvolver, junto com a Federação de Indústrias da Coreia, um Escritório de Cultura Diplomática para promover a imagem sul-coreana internacionalmente.

Ainda que o poder duro, sobretudo o econômico e militar, esteja empurrando rapidamente a China para o ranking das nações mais poderosas (e temidas) do mundo, ela perde feio quando se compara com a combinação de poder duro e suave da Coreia do Sul. Ao contrário da China, a Coreia do Sul é uma democracia na qual há liberdade de expressão – ao menos se pode usar Facebook e Google livremente. Além disso, posiciona-se radicalmente contra uma das ditaduras mais cruéis e sanguinárias do mundo, a vizinha Coreia do Norte, sem nunca deixar de cogitar uma futura reunificação. A liberdade de expressão e a democracia são, além de tudo, elementos importantes para que a criatividade floresça dentro do poder suave cultural de um país. Muitos analistas já mencionaram a irritação do governo chinês diante do fanatismo da população em relação aos produtos da hallyu sul--coreana, afirmando que isso demonstra "falta de autoestima cultural", além de destruir a "dignidade cultural chinesa". Mas palavras são pouco eficientes quando, por exemplo, a primeira-dama da China, Peng Liyuan, ela mesma cantora e artista, admite publicamente entender a febre por entretenimento sul-coreano em seu país. Cientes da baixa originalidade de seus produtos audiovisuais, os chineses recorrem novamente à cópia, adaptando os mais proeminentes programas sul-coreanos, mas adicionando "características chinesas" para apelar às audiências internas. No entanto, os chineses continuam preferindo o produto original sul-coreano, justamente por sua originalidade. Também tendem a preferi-lo por sua modernidade tecnológica e pela criatividade do Ocidente adornada de características regionais.

Os casos japonês e sul-coreano representam bem a força do poder suave de um país quando bem utilizado pela iniciativa privada e incentivado pelo poder público. Gera, invariavelmente, dividendos econômicos, turísticos e sociais em escala mundial. Vira uma indústria, um dos motores centrais do país, promovendo uma imagem quase sempre positiva para a nação. É também o caso de um poder suave já secular, que virou uma indústria poderosíssima e se tornou referência para o mundo inteiro. Quando se trata de prestígio, status, beleza, sofisticação e muito dinheiro, ninguém ousa ignorar o maior poder suave da França: a moda.

11. A França veste o mundo

Para ser insubstituível, é preciso ser diferente sempre.
Coco Chanel

O Chanel n. 5, criado pela estilista francesa Coco Chanel em 1921, foi eleito o perfume mais emblemático do planeta. Marilyn Monroe, por exemplo, dizia que dormia "vestindo apenas algumas gotas de Chanel n. 5". Essa caixinha de vidro – vendida a cada 55 segundos em algum canto da Terra – guarda o símbolo da mais poderosa indústria cultural francesa de todos os tempos. A moda, na forma de roupas, calçados, chapéus, adereços e perfumes, não só movimenta bilhões de dólares como conquistou mais territórios e corações do que todo o poder duro de Napoleão Bonaparte. A França pode até ser o berço do cinema, referência em gastronomia e arquitetura e o país-estopim das repúblicas e democracias pós-Revolução Francesa, mas não há poder suave mais duradouro do país do que sua moda. "A moda é francesa. Ponto. Sem dúvida ela foi e continua sendo importante para o país, arrecadando divisas e projetando a cultura francesa para o mundo. Os jornalistas norte-americanos dos anos 1950 e 1960 diziam que a alta costura é o principal motivo para se tomar um avião e ir até Paris", comenta o jornalista de moda Mario Mendes. "A moda, por meio do forte apelo estético e das mídias de acesso mais imediato, propaga com mais eficiência a imagem da França como país ícone em questões de luxo, riqueza e beleza. Um modelo a ser seguido", define Ozenir Ancelmo, professora de moulage (forma tridimensional de modelagem) e mestre em Artes.

A moda francesa começou a se tornar proeminente no século 15 e, por sua natureza de constante mutação, conseguiu se manter expressiva até hoje, mais de meio milênio depois. O país considera sua moda um dos mais importantes produtos de exportação desde o século 17, bem antes de a Revolução Industrial distribuir com ainda mais força os produtos e lucros dos estilistas. Ao longo de tanto tempo, Paris deixou de ser a única cidade que abrigava avenidas, ateliês e fábricas de moda. Aos poucos, novos centros foram surgindo: Lion, Marselha, Toulouse, Lille, Bordeaux, Nice, Saint-Tropez, Nantes etc. A região conhecida como Ilha de França, que inclui Paris, bem como Manosque e Gacilly, são ícones mundiais da indústria de cosméticos, sedes da "Hollywood da moda": L'Oréal, Lancôme, Clarins, Guerlain, Yves Rocher, L'Occitane, Vichy etc. Já cidades costeiras como Cannes, Saint-Tropez e Nice potencializam os produtos com festivais e eventos bilionários que envolvem celebridades do mundo todo. Esse poder suave tão lucrativo foi construído pouco a pouco por meio de alianças e estratégias ao longo de séculos e mantido com afinco pelos detentores do poder duro francês.

Luís 14: o rei da moda

A primeira associação entre a França e a moda surgiu antes mesmo de o país ter a forma atual. "No Ducado de Borgonha, no século 14, surge o conceito de moda como conhecemos hoje, mas a prática é até mesmo anterior", diz João Braga, professor de História da Moda. Mas o grande salto veio mesmo no reinado de Luís 14, que controlava a indústria da moda e ditava os gostos e estilos da Europa. Para chegar a essa posição, o monarca proibiu a importação de mercadorias de outros países, forçando a França a alcançar a autossuficiência na produção de seda, rendas, fitas etc. Porém, foi o desenvolvimento da imprensa, no século 15, que permitiu a divulgação em ampla escala dos gostos reais. Nessa fase surgiram inclusive termos como "temporada de moda". A moda foi uma das armas suaves mais importantes para manter a imagem de poder do monarca ao longo de seu longuíssimo reinado (72 anos). Apesar disso, os historiadores contabilizam-na como um dos fatores que também derrubaram a monarquia francesa posteriormente.

Com um estilo extravagante que custava uma fortuna aos cofres do país, onerando os mais pobres, a farra fashion derrubou a reputação da monarquia – sobretudo de Maria Antonieta –, ajudando a iniciar a Revolução Francesa. "A vida em Versalhes era uma encenação permanente, uma vez que todos assistiam ao cotidiano dos soberanos e a nobreza se comportava como coadjuvante desse espetáculo de luxo. Foi a amante do rei, a Marquesa de Montespan, quem iniciou um movimento de harmonização da moda e da decoração para diminuir as obrigações cerimoniais no dia a dia. Por exemplo, no Palácio do Trianon, pela primeira vez, pediu tetos brancos em vez dos ultraelaborados e decorados com afrescos. E optou por trajes mais confortáveis que facilitassem os gestos e os movimentos em vez do figurino engessado que obrigava todos a segurarem a pose em tempo integral. O auge da moda ditada pela corte foi o reinado de Luís 14 e quando seu filho, Luís 15, o sucedeu, a rainha Maria Antonieta se encarregou de continuar a tradição. Sua costureira era Rose Bertin, dona do grande empório de moda em Paris, Le Grand Mogol. Mesmo depois do fim do Antigo Regime, a burguesia industrial abonada passou a importar e a imitar a moda parisiense, divulgando-a pelo mundo. Os sucessivos reinados dos Napoleões só fizeram fortalecer essa herança de estilo", resume Mario Mendes.

Mas, se a monarquia caiu, o estilo de Maria Antonieta sobreviveu a sua morte, sendo objeto não só da indústria da moda, mas também literária e cinematográfica. No final do século 18, os sans-culottes – como eram chamados pelos aristocratas os artesãos e trabalhadores – rejeitaram não só o estilo econômico como a moda dos ricos logo no início da Revolução, trocando a peruca e os trajes pomposos por calças compridas e cabelo natural. Com a queda da monarquia, as chamadas Maravilhosas, no século 19, escandalizaram a cidade com suas vestimentas extravagantes. Vestiam roupas e túnicas inspiradas nos gregos e romanos, apertadíssimas, que revelavam demasiadamente o corpo para a época, além de usar perucas coloridas, chapéus enormes e sandálias amarradas no tornozelo. Perfumes sofisticados começam a surgir como distinção de estilo e também de classe social. O ícone das Maravilhosas foi Hortênsia de Beauharnais, mãe de Napoleão III. Já os Incríveis, outro grupo surgido na época, usavam perucas coloridas, brincos exagerados, casacos de cores berrantes, gravatas imensas, óculos grossos e chapéus que permitiam que os cabelos caíssem pelo rosto; um de seus ícones foi o Visconde de Barras, presidente do Diretório entre 1795 e 1799.

O final do século 19, conhecido como Belle Époque, renova a dominação francesa no mundo da moda, com o surgimento de casas de costura que predominam até hoje, além de publicações especializadas. A revista norte-americana *Vogue* foi batizada em francês por conta da predominância da língua e da cultura da moda francesa na época de sua fundação, em 1892.

Alta-costura: patrimônio francês

No final do século 19 surgiu o conceito de alta-costura (*haute couture*): criação em escala artesanal e não industrial, feita sob medida e com alto valor de mercado. Em 2012, por exemplo, um vestido de alta-costura feito por um costureiro em início de carreira em Paris não custava menos do que 15 mil euros; no caso de modelos bordados, o valor subia para 45 mil euros. Numa casa com estilistas renomados, o preço chegava a 100 mil. A peça. O termo "alta-costura" hoje tem proteção jurídica na França e só pode ser usado por empresas que atendam a uma série de normas preestabelecidas. Ironicamente, sua ascensão se deveu a um inglês, Charles Frederick Worth, que se mudou para Paris, onde estabeleceu o conceito. Worth era habilidoso não só em desenhar roupas belíssimas e ao gosto do cliente como em promover suas criações para a imprensa especializada e se autopromover como artista e árbitro do gosto refinado. "A Semana da Moda foi fundamentada por ele, que chamava algumas pessoas para desfilar para uma clientela privilegiada. O Worth lançou a ideia de lançamento por estação", diz João Braga. Ele explica que, nos desfiles de moda, é comum ver roupas extravagantes – que dificilmente chegariam ao grande público, embora tudo ali esteja à venda – porque esses eventos expressam conceitos e, também, precisam criar pautas jornalísticas para dar visibilidade aos criadores. "Hoje, o consumo fala mais alto, então as semanas de moda de Nova York, Londres, Milão e Tóquio começam antes para lançar tendências de mercado. A de Paris vem por último", completa.

A época teve também outro nome importante para a moda francesa. Aprendiz de uma fábrica de guarda-chuvas, um garoto decidiu fazer um vestido para a boneca da irmã com restos de seda encontrados no chão. Paul Poiret mudou a moda no final do século 19 com capas luxuosas, jaquetas e acessórios que se tornaram referência para os estilistas que o sucederam. Rejeitando o espartilho em 1906, deu liberdade de movimento às mulheres. Ficou conhecido como "Le magnifique" na França e como "O rei da moda" nos Estados Unidos. Na cola de Poiret, a italiana radicada em Paris Elsa Schiaparelli continuou a trazer novidades, desenvolvendo o wrap dress nos anos 1930 e elevando o zíper a um acessório visível e elegante.

Ozenir Ancelmo lembra também uma estratégia fundamental para manter Paris como a dona do poder suave da moda no mundo. "Por meio da Câmara Sindical, uma organização que abona os criadores e o *savoir faire* (competência, experiência), a França legitimou um saber. Isso qualifica o criador, sua *maison* como referência. Paris, por ser tão central e aberta ao mundo, tornou-se a capital da moda porque os franceses souberam vender muito bem esse produto. Estudantes do mundo todo iam estudar moda na cidade. Pela escola da Câmara Sindical passaram diversos criadores importantes", diz. "Sem dúvida, a moda é o maior poder suave da França, seduzindo olhares e corpos do mundo todo por um longo tempo", completa.

Casas famosas foram inauguradas em Paris, como as de Jacques Doucet, Paul Poiret, Madeleine Vionnet, Louise Chéruit etc. Coco Chanel, por sua vez, surgiu nos anos 1920, revolucionando o visual feminino para sempre. Em vez do visual composto por pele pálida, cabelos longos e curvas generosas, Chanel aparece magra, de cabelo curto e bronzeada. Suas roupas eram inspiradas em suas práticas esportivas, como o iatismo: camisa listrada horizontal, calças boca de sino e sapatilhas. Porém, a alta-costura francesa foi tomada de assalto pela ocupação nazista na França, que tirou muitos estilistas icônicos do mercado por serem judeus. Nesse período, as mulheres só conseguiam extravagância usando chapéus coloridos, já que todo o resto remetia à mulher tradicional, dona de casa recatada e discreta.

Com o fim da guerra e, consequentemente, da ocupação nazista na França, o governo percebeu que os norte-americanos, sobretudo graças a nomes como

Claire McCardell, e os ingleses haviam tomado a dianteira da moda no mundo. E, mesmo diante de um país combalido em vários setores, o governo francês priorizou também a moda para retomar não só uma indústria milionária como sua imagem perante o mundo. Deu certo, principalmente graças a um conceito e a um nome: o new look de Christian Dior, surgido em 1947. Com vestidos de cintura apertada, decotes generosos e saias rodadas longas que deságuam em pequenos corsets, chapéu e salto alto, Dior fazia referência à Belle Époque. O new look se tornou o padrão da moda nos anos 1950, ainda que os governos de outros países desestimulassem o estilo por usar uma quantidade grande de tecido em época de racionamento pós-guerra.

No mesmo período, surgiram as casas de Pierre Balmain e Hubert de Givenchy. Celebrando o fim da guerra, a França ganhou outra grande revista de moda, *Elle*. A moda francesa recebeu ainda um grande impulso de outro poder suave: Hollywood. Em 1953, Audrey Hepburn conheceu Givenchy no set de *Sabrina*. O estilista redesenhou o vestidinho preto para um novo público com ajuda de Hepburn. Junto com um par de óculos escuros, surgiu depois *Bonequinha de luxo* (1961). "As roupas criadas por ele são as únicas que me fazem sentir eu mesma. Ele é muito mais do que um costureiro, é um criador de personalidade", disse Hepburn à época.

Porém, a moda francesa e seu poder suave milionário começaram a ser questionados pela juventude dos anos 1960, mais interessada no estilo casual inglês. Dando uma reviravolta estética no ramo, Yves Saint Laurent lançou, em 1966, uma linha *prêt-à-porter* (pronto pra vestir), expandindo a moda francesa para a produção e o marketing de massa. Além de elevar a reputação de linhas de consumo de massa, Laurent também criou o terninho feminino, usando modelos não europeias como ícones das passarelas. Um ano antes, ele inventara o "vestido Mondrian", inspirado nas obras do pintor modernista. As peças, hoje, são consideradas elas mesmas obras de arte.

Nomes essenciais do poder da moda francesa da época incluíram também Paco Rabanne e Pierre Cardin. Este último fez fama com o mod fashion, com saias na altura das coxas, vestidos com formas geométricas ousadas, recortes e furos – uma espécie de moda do amanhã. Para atender a uma juventude hippie e menos formal, herança dos anos 1960, nas décadas seguintes, nomes como Sonia Rykiel, Claude Montana, Jean-Paul Gaultier e Christian Lacroix diversificaram a produção, aumentando a presença das casas de costura francesas no mundo. Aliás, tais casas tornaram-se, na verdade, poderosíssimas multinacionais.

A partir dos anos 1970, Nova York e Milão viraram ferozes competidores de Paris no mundo da moda, uma vez que o planeta caiu de amores pelas criações luxuosas esportivas de Giorgio Armani e pelo estilo minimalista de Halston nos Estados Unidos, bem como pelas roupas inspiradas na cultura punk da inglesa Vivienne Westwood. Esta vestia bandas como os Sex Pistols de forma deliberadamente agressiva, fazendo Paris parecer velha. Mas, ainda que cidades como Nova York, Milão, Londres e Tóquio tenham entrado para o circuito da moda, os próprios estilistas dessas cidades continuavam recorrendo a Paris para incrementar sua formação profissional. O alemão Karl Lagerfeld passou pela Chanel; o britânico John Galliano, pela Dior; o italiano Stefano Pilati, pela Yves Saint Laurent, o norte-americano Marc Jacobs, pela Louis Vuitton; e o japonês Kenzo Takada, pela Givenchy. Ou seja, a Champs-Élysées continua sendo a avenida central da moda no planeta.

"A globalização da indústria têxtil mudou totalmente o sistema da moda, mas a costura, que realmente só existe em Paris, retém seu prestígio e ajuda a movimentar um universo de acessórios de luxo, de perfumes a bolsas. Dando continuidade à tradição de Charles Frederick Worth e Elsa Schiaparelli, muitos dos designers influentes de Paris, como Karl Lagerfeld e John Galliano, não são franceses. Mas qualquer que seja seu país de origem, esses designers vivem e trabalham na cidade-luz. Os jornalistas de moda se acostumaram a fazer exaustivas turnês por semanas de moda em Nova York, Milão, Paris e Londres. E, embora outra cidade possa se tornar soberana durante algumas estações, Paris continua sendo generalizadamente conhecida como a mais importante cidade de moda do mundo", diz Valerie Steele, autora do livro *Paris fashion: a cultural history* (1998). "Não há como negar que a moda ajudou a definir a imagem da França no mundo e foi eficiente em seduzir o coração, o bolso e os olhares do planeta. A tradição francesa de ditar tendências vestiu grande parte do mundo desde os tempos da monarquia, passando por Napoleão, chegando à Belle Époque, indo para Paul Poiret, Chanel, Laurent, Dior. Quando se fala em moda, a primeira coisa que vem à cabeça é a França", afirma Rosângela Espinossi, especialista no tema. A estilista Luana Guimarães segue a mesma linha de pensamento: "A moda francesa sempre chegou como informação para outros locais e está totalmente relacionada ao processo fabril. Economicamente falando, isso foi muito bom para a França, que, depois de dividir o espaço de moda com outros países, ainda ficou no topo e conhecida por seus produtos de alta costura e qualidade", diz.

A economia da moda

Para se manter no topo do mundo, a moda francesa dispôs de alguns recursos importantes. Paris, onde se concentram suas grandes marcas, tornou-se turística não só pelas compras dos produtos, mas por proporcionar visitas às grandes casas de moda, espalhadas pela avenida Montaigne e por ruas conhecidíssimas, como

Rue du Faubourg-Saint-Honoré, Rue de Sevres, Rue de La Paix etc. Imensas lojas de departamento, como a Le Bon Marché, são famosas no mundo inteiro. E para completar, a Semana de Moda de Paris é referência. A cidade, obviamente, criou museus ligados à moda, como o Musée des Arts Decoratifs, perto do Louvre, o Palais Galliera, a Fundação Yves Saint Laurent e a Louis Vuitton Galerie.

O que não significa que a França se mantenha como grande exportadora de roupas do mundo. A China dominou esse mercado, mas o que realmente interessa, o poder suave derivado da moda – marcas, turismo, luxo e lucro de branding –, ainda permanece na Champs-Élysées. De acordo com um estudo do Instituto Francês de Moda, ainda que a China seja o maior fornecedor de vestuário para a União Europeia e os Estados Unidos, ela vem perdendo espaço para novos jogadores, como Bangladesh, Vietnã e Camboja, países cuja mão de obra recebe salários infinitamente inferiores aos pagos na China. "O governo francês tende a considerar alta-costura sinônimo de luxo, mas não se dá conta de que as empresas dos grandes designers de moda também são responsáveis pelas maiores exportações de moda pronta para vestir. São eles – empresas e designers – que estão revigorando a indústria francesa e continuando a criar empregos", disse em tom firme Didier Grumbach, presidente do Instituto de Moda Francês, que congrega mais de cem membros, incluindo todas as grandes marcas de luxo do país. Num dos raros momentos em que essas empresas liberaram dados financeiros – para mostrar seu poder e, assim, obter mais atenção do governo –, em 2013 o instituto divulgou que 30 das maiores empresas de luxo da França geram um volume de negócios em torno de 15 bilhões de euros e empregam diretamente 35 mil pessoas, descontando seu setor de perfumes. O instituto decidiu excluir o termo "luxo" de seu nome justamente para evitar a associação com a elite e não transmitir a ideia de que o setor não precisa de proteção ou incentivo do governo. "Nós enfrentamos os mesmos problemas sempre que há mudança de governo ou crise econômica", disse Grumbach. Mas antes mesmo da divulgação desses dados, o então ministro da Indústria francês, Christian Estrosi, havia dito que queria ter um ou dois bancos que desenvolvessem serviços especializados em empréstimos para empresas de moda. "Queremos que Paris se mantenha a capital da moda no mundo e precisamos de pessoas que compartilhem os riscos", disse o ministro em 2010. Na ocasião, ele também falou da importância de criar mais escolas de moda na França, para fazer frente ao Saint Martin's School (Londres) e à Académie Royale des Beaux-arts d'Anvers (Bélgica).

Estima-se que a França empregue diretamente 165 mil pessoas na indústria do luxo, um número baixíssimo por conta do deslocamento da produção para a Ásia. O país conservou, no entanto, a reinvenção de tendências, unindo visuais e disputando ferozmente os novos estilistas para evitar perder valor no mercado.

Segundo um estudo publicado pelo jornal britânico *The Independent*, 26% dos itens de luxo vendidos no mundo vêm de empresas francesas. Destino número 1 de visitantes do planeta há décadas, a França retroalimenta seu poder suave da moda com os números do turismo. Quando os nazistas quiseram transferir a Semana de Moda de Paris para Berlim e Viena, o estilista Lucien Lelong, chefe da Federação Francesa de Alta-Costura, disse: "Vocês podem nos forçar a fazer o que quiserem, mas a alta-costura de Paris nunca vai sair de Paris. Ou ela fica em Paris ou deixa de existir". À época, os alemães estavam interessados no valor agregado da moda. Um único vestido francês, em 1940, tinha o mesmo valor que 10 toneladas de carvão. Um litro de perfume valia o mesmo que duas toneladas de petróleo. "Tenho lido estudos sérios dizendo que 25% do PIB francês vem de moda, cosméticos e perfumaria. O impacto cultural é imenso. Moda lá não é só cultura, é economia, é marketing, com ações empresariais e governamentais. O ex-presidente François Mitterrand investiu muito na indústria da moda. Nicolas Sarkozy também, obviamente, por ser casado com uma ex-modelo. Parece que a França tem uma responsabilidade cármica com a moda há milênios, pois os primeiros registros antigos de desenhos de pessoas usando roupas foram achados em grutas no território francês. É, sem dúvida, o maior poder suave da França de todos os tempos", reflete João Braga.

    O fato é que a França reinventa a moda e a fortalece ao sabor dos ventos. Reinventada até como forma de protesto, contra a gastança de Maria Antonieta, durante o regime nazista e durante o Período do Terror da Revolução Francesa, "sem dúvida nenhuma a moda é o maior poder suave da França. O cinema se tornou propriedade de Hollywood e as artes visuais sempre conheceram um terreno fértil em Paris, mas produzidas por artistas de outras nacionalidades, como o holandês Van Gogh, os espanhóis Picasso e Dalí, o norte-americano Man Ray etc. E o governo francês sempre divulgou a moda como um de seus mais importantes produtos culturais", diz Mario Mendes.

    João Braga sintetiza: "Londres, Milão, Tóquio e Nova York são cidades importantes para a moda, mas as canetas da crítica francesa são poderosíssimas – podem legitimar ou arruinar alguém. E, no fim das contas, todos querem lançar moda em Paris. A moda é tão importante para o governo e para multinacionais, gera tanto dinheiro que quase não é mais um poder suave, mas poder duro", completa.

    Se a moda foi capaz de seduzir o mundo para vestir o que a França ditava, poderia um poder suave fazer frente à terrível deterioração de imagem causada pelo poder duro? Essa é a missão do balé russo.

12. A DANÇA DO PODER DA RÚSSIA

> O balé é uma dança executada pela alma humana.
> ALEXANDER PUSHKIN

O cenário é, no mínimo, inusitado. Há pelo menos um século, a Rússia figura entre os países que mais gostam de exibir seu poder duro ao mundo. Desfila com orgulho, pela Praça Vermelha, seu arsenal nuclear que poderia pôr fim à civilização como a conhecemos hoje. Coleciona chefes de Estado que posam de machões na mídia, caçando pelas tundras ou esquiando em Sóchi. Um poder duro que não cansa de manchar continuamente a imagem da nação com invasões a outros países, intervenções bélicas ou resoluções que desrespeitam a comunidade internacional e os direitos humanos. No entanto, o poder suave que mais ajuda a amenizar as feridas do poder duro opõe-se a tudo isso. Na Rússia tão orgulhosamente bélica e nacionalista, é o balé, com sua delicadeza, leveza e poesia corporal, que encanta de fato o planeta. E os russos, até mesmo seus líderes turrões, sabem da importância desse poder suave e, bem antes do colapso da União Soviética, vêm tirando proveito do bônus que a sapatilha pode trazer contra os estragos dos canhões.

Joseph Nye (2005) afirma que a União Soviética sempre procurou demonstrar a superioridade de seus sistemas cultural e educacional, investindo grandes quantias nas artes:

> As companhias de balé Bolshoi e Kirov e as orquestras sinfônicas soviéticas atraíram clamor amplo, por meio de artistas realistas soviéticos ou não. A cultura popular, no entanto, era uma história totalmente diferente. Devido à natureza fechada do sistema soviético e a seus esforços constantes de excluir influências culturais burguesas, a União Soviética cedeu à batalha pela cultura de massa, nunca tendo competido globalmente com filmes, televisão e música popular americana. Quando esses produtos lá entraram, provocaram efeitos profundos, mas os produtos soviéticos nunca encontraram mercado fora do país. Não houve um Elvis socialista. A cultura soviética não gerou muitos recursos de poder suave. Em ciência e tecnologia, música clássica, balé e atletismo, a cultura soviética era atraente, mas a ausência de exportação da cultura popular limitou seu impacto.

"O balé russo, especialmente o Bolshoi, cresceu por uma disputa cultural com os Estados Unidos, e os soviéticos souberam crescer e manter esse poder suave", complementa Rudzit.

Em outras palavras, se o sistema soviético não soube fomentar nem exportar seus poderes suaves culturais, o balé é claramente uma exceção, e talvez por isso tenha se tornado o poder suave cultural mais importante da Rússia, como veremos a seguir. E, com o fim da União Soviética, a Rússia passou a fomentar ainda mais a dança. Em 2016, o jornal russo *Kommersant* apresentou um relatório do chefe do Estado Maior russo, Valery Gerasimov, que enumera os componentes das guerras híbridas – entre elas as revoluções coloridas (designação atribuída a uma série de manifestações políticas de oposição que envolveram a derrubada de governos considerados antiestadunidenses e sua substituição por governos pró-Ocidentais. Ocorridas a partir dos anos 2000, principalmente nas ex-repúblicas soviéticas), os ciberataques e o poder suave. Especialistas do governo foram convocados para discutir a ampliação do poder suave russo nos próximos anos, a fim de fazer frente às outras nações que têm instrumentos fortes nessa área.

Uma das agências responsáveis por desenvolver o poder suave russo é a Rossotrudnichestvo, criada em 2000 e encarregada de atrair estudantes do mundo inteiro para estudar nas universidades do país. Após seu surgimento, o presidente Vladimir Putin utilizou o termo "poder suave" em sua campanha eleitoral de 2012. "Poder suave é um conjunto de ferramentas e métodos para atingir objetivos de política externa sem o uso de armas, mas com uso de informação e outros níveis de influência", disse. Aos poucos – bem aos poucos –, o país também tem aberto mão da tática da censura para reforçar sua propaganda, percebendo que cercear informações torna o produto estrangeiro mais atraente. Em 2015, para espanto do Ocidente, ainda colhendo as mazelas do poder duro devido à crise da Ucrânia, a Rússia, em vez de proibir a CNN no país, acabou renovando sua licença. O mais curioso é que o índice de assinantes do canal no país permaneceu o mesmo, em vez de aumentar, pois sem proibição o canal perdeu a atração interna.

Enquanto a Rússia ainda está distante de ter um poder suave forte nos campos do audiovisual, é sobretudo no balé que o país se apoia para difundir e melhorar sua imagem no mundo. "O corpo diplomático russo leva bailarinos com eles como cartões de visita mundo afora. Na reunião dos Brics no Brasil, Putin trouxe bailarinos. E, embora os teatros russos sejam de controle estatal, são empresários do setor privado quem administram as turnês internacionais, gerando lucros financeiros e de imagem para o governo. Não tenho dúvidas de que a Rússia sabe que promover sua cultura é fundamental para as relações internacionais do país", explica o neto de russos Augusto Stevanovich, diretor e produtor que há anos promove espetáculos de balé e música da Rússia nos países da América Latina.

As origens do poder do balé russo

Surgido na região onde hoje é a Itália durante o Renascimento, no século 15, o balé não existia na Rússia até 1689, em virtude do controle e da cultura isolacionista dos czares, que permitiam pouca influência do Ocidente. Antes de entrar no país, tornou-se popularíssimo na corte francesa, enquanto crescia também na Itália. Foi a ascensão de Pedro, o Grande, que mudou o cenário, colocando São Petersburgo como a ponte cultural que ligava o país ao mundo ocidental. Assim como os palácios e as cortes magníficas da cidade, o balé foi introduzido não como entretenimento, mas como modo de postura e comportamento. A Imperatriz Ana, como Maria Antonieta, adorava ostentar beleza e luxo. Em 1740, contratou Jean-Baptiste Landé, que se tornou o líder da nova escola de balé – A Escola Imperial de Balé de São Petersburgo –, inaugurando uma nova era de estudos avançados sobre a dança. Landé foi tão importante para o império que recebeu dois quartos do Palácio de Inverno – onde todo monarca russo morou até 1917 – para fundar a escola.

Da França vieram vários outros nomes até o século 19. Durante esse período, os ingressos eram relativamente baratos e parte considerável da população tinha acesso à arte. Na prática, todos os diretores das escolas de balé eram nomeados pelo czar e os bailarinos eram vistos como "servos do império". Catarina, a Grande, fundou o Diretório de Teatros Imperiais, controlando ainda mais o curso do balé no país. Na ocasião, foram contratados coreógrafos da França e da Itália, como Domenico Angiolini, que compôs o primeiro espetáculo heroico de balé, "Semira", em 1772.

O Romantismo do século 19 alterou fortemente o balé no mundo inteiro, inaugurando um estilo com figuras etéreas ou exóticas, heróis e heroínas etc. O francês Charles Didelot se tornou o nome fundamental do balé russo nesse momento; seus espetáculos eram vistos no Mariinsky, o teatro de São Petersburgo. Didelot introduziu novos movimentos e cenários, especialmente a partir do espetáculo "O prisioneiro do Cáucaso", adaptação do poema de Alexander Pushkin. Pela primeira vez, a literatura russa era usada no balé. Os europeus, quando visitavam a Rússia, ficavam impressionados não apenas com os espetáculos, mas com os altos salários pagos aos artistas – o que mobilizava bailarinos do mundo todo. O espetáculo de balé mais famoso do mundo nasceu em 1877: "O lago dos cisnes", composto por Tchaikovsky e inspirado no folclore russo sobre Odette, a princesa que vira cisne por conta de uma maldição. Porém, essa primeira versão foi um fracasso; o espetáculo-referência no mundo é de 1895.

Outro francês fundamental para o balé russo foi Marius Petipa, que, embora tenha ido à Rússia para uma rápida visita, ficou lá para sempre, sendo considerado o responsável por ter transferido o centro mundial do balé de Paris para São Petersburgo. Além de "O lago dos cisnes", coreografou também outros dois monumentais espetáculos: "A bela adormecida" e "O quebra-nozes".

No começo do século 20, o balé russo passou a influenciar o mundo, começando por Paris. Quando Ivan Clustine – formado pelo Bolshoi – ganhou espaço central na Ópera de Paris, "o balé russo, basicamente, se tornou uma metáfora de invasão, uma força eterna para envolver e controlar; podia penetrar a sociedade francesa, sua cultura e até sua arte", diz Davinia Caddy, autora do livro *The ballets russes and beyond* (2012). "Temos de nos perguntar se nossos convidados não acabarão se tornando nossos mestres", chegou a dizer o jornalista francês Maurice Lefèvre, invocando o nacionalismo artístico francês. Ainda assim, Caddy diz que o balé se tornou, com o tempo, uma aliança, uma cooperação franco-russa, inaugurando um novo tipo de relação entre as duas nações.

Outro marco foi a fundação, por Sergei Diaghilev, da companhia Ballets Russes, cujas atividades duraram apenas 20 anos (1909-1929), mas influenciaram a dança no mundo inteiro com excelentes dançarinos, coreógrafos e compositores. Picasso, Matisse e o cineasta Jean Cocteau também colaboraram para a Russes, que viveu três fases: a nacional Russa (1909-1912), com pesquisas de desenvolvimento do balé clássico; a pan-europeia (1912-1921), que modernizou as investigações artísticas da dança; e a moderno-internacional (1921-1929), que se voltou novamente para o clássico. Um dos pupilos de Diaghilev, George Balanchine, fundou a New York City Ballet em 1948. À época, a Rússia já tinha um método até hoje muito famoso no mundo, o Vaganova. Criado pela dançarina Agrippina Vaganova, ele funde elementos tradicionais franceses com o virtuosismo e o atletismo das técnicas italianas, envolvendo todo o corpo em todos os movimentos, dando igual atenção às partes inferiores e superiores e criando, assim, mais consciência corporal e movimentos mais harmônicos.

Apesar de a Revolução Russa ter mudado completamente a nação a partir de 1917, o balé sobreviveu e foi protegido por membros do Partido Comunista como Anatoly Lunacharsky. Vaganova tornou-se diretora artística do balé da Ópera de Leningrado e precisou lidar com regulamentações estatais tão bizarras que chegaram a transformar o final de "O lago dos cisnes" em algo alegre. Um dos bailarinos mais famosos da então União Soviética foi Mikhail Baryshnikov. Embora ele tenha ido para o Canadá e trabalhado nos Estados Unidos, realizou tantos projetos artísticos que ajudou a promover a dança moderna no mundo e, indiretamente, a fama do balé russo na segunda metade do século 20. Mikhail Baryshnikov é um dos quatro famosos bailarinos que deixaram a União Soviética nos anos 1970, ao lado de Valery Panov, Rudolf Nureyev e Alexander Godunov. Algumas saídas foram "toleradas" pelo staff soviético, enquanto outras se tornaram mais problemáticas.

Enquanto fazia um tour pelo Balé Bolshoi na cidade de Nova York, Alexander Godunov entrou em contato com autoridades políticas dos Estados Unidos e pediu asilo. A KGB colocou sua esposa num avião rumo a Moscou, mas os norte-americanos adiaram a decolagem. Após negociações, foi provado que sua esposa preferia voltar à Rússia sem ele. Ambos se divorciaram em 1982.

Christina Ezrahi, autora de *Swans of the Kremlin – Ballet and power in Soviet Russia* [Cisnes do Kremlin: balé e poder na Rússia soviética] (2012), afirma que o balé russo se tornou o produto cultural de exportação mais importante da era soviética. O livro mostra como gerentes, diretores, coreógrafos e até dançarinos entravam e saíam do Kirov (nome do teatro de São Petersburgo em tempos soviéticos) e do Bolshoi de acordo com o clima ideológico vigente. Mas a pesquisadora mostra também que bailarinos e coreógrafos conseguiram resistir às pressões do governo soviético para produzir peças de propaganda ideológica, tendo preservado, inúmeras vezes, a qualidade artística e musical das apresentações, "limpas" de ideologia comunista. No fim, o Bolshoi sobreviveu ao colapso da União das Repúblicas Socialistas Soviéticas (URSS).

Com a dissolução da URSS e a consolidação da Rússia capitalista, o balé ganhou mais atenção, investimento e capitalização de imagem do governo federal. A mansão dos Dobbert, em São Petersburgo, será transformada no Museu de História do Balé. "São Petersburgo ocupa um lugar singular na história do balé mundial. Aqui o balé surgiu e se desenvolveu graças a personalidades europeias, principalmente francesas, do mundo da dança. Jean-Baptiste Landé, Charles-Louis Didelot e Marius Petipa, por exemplo. Aqui foram feitas as montagens mais famosas dos clássicos que constituem a base da arte coreográfica mundial", comenta Boris Eifman, diretor e coreógrafo do Ballet Teatro de São Petersburgo. Para ele, o balé russo atual vive uma ruptura, estando suas personalidades mundiais numa encruzilhada. "De um lado, reconhecem que a eterna influência do balé abstrato é um caminho que não leva a lugar nenhum. De outro, as tentativas de superar a estagnação e de criar novos espetáculos de grande porte, baseadas nos princípios do balé teatral, não têm alcançado êxito. Isso acontece porque, durante as décadas de predomínio do balé moderno, os colegas simplesmente desaprenderam a trabalhar com os espetáculos de grandes dimensões. Quanto à originalidade do balé nacional, o maior obstáculo é a tentativa de copiar os modelos de coreografia ocidental. Está claro que isso é consequência de certo complexo de isolacionismo, surgido entre nós ainda no período soviético", completa Eifman.

Até Hollywood deu uma forcinha para o poder suave do balé russo. Em 2011, a dança ganhou impulso com o filme *Cisne negro*, baseado no clássico de Tchaikovsky e indicado a 5 Oscars (Natalie Portman venceu o de Melhor Atriz). "O que temos na Rússia? A alma russa, o balé russo, a vodca russa. Desses elementos, o balé é o mais valioso, porque possui beleza, graça, realização", disse, à época, Anastasia Volochkova, uma das bailarinas mais importantes do país.

Augusto Stevanovich explica por que o balé seduz não só as plateias do mundo, mas primeiramente os próprios russos. "Convivendo com bailarinos russos, secretários de cultura, cônsules, embaixadores e empresários do país por tantos anos, concluo com grande convicção que ter um filho bailarino é motivo de grande orgulho familiar na Rússia. O balé clássico é disciplina, superação, competição. Enquanto no Brasil muitos pais têm receio de colocar o filho no balé por medo de afeminá-lo, na Rússia isso não existe. Conheci um grande empresário do ramo de shoppings do país e perguntei a ele por que colocara o filho no balé. Ele disse que quer que o menino aprenda disciplina e respeito à hierarquia e aos líderes para só então se tornar diretor de suas empresas", explica.

Bolshoi: o ícone do balé russo

Quase tão poderoso quanto o próprio balé russo é o Teatro Bolshoi, em Moscou, cuja grandeza das apresentações (Bolshoi significa "grande" em russo) seduz o mundo há décadas, tendo se tornado também um ponto turístico obrigatório do país. É a maior companhia de balé do mundo e também a mais famosa, com mais de 200 dançarinos fixos e 3 mil funcionários.

Patrimônio cultural da humanidade pela ONU, o Teatro Bolshoi é tão importante para o governo russo que este passou seis anos restaurando sua fachada e acústica originais – perdida na era soviética – e gastou mais de US$ 800 milhões entre 2005 e 2011, quando ficou fechado. O valor, que virou notícia no mundo todo, pode ter chegado a US$ 1 bilhão de gastos inteiramente governamentais, segundo o jornal *The Moscow Times*. Parte considerável da população aprovou os gastos, e o governo não hesitou em fazer o investimento por saber do poder suave residente na instituição há séculos. "O Teatro Bolshoi da Rússia é nosso maior teatro nacional, escudeiro das tradições musicais e culturais russas e o centro mundial da cultura musical", afirma o site do teatro.

Fundado em 1776 pelo príncipe Pyotr Ouroussoff e pelo inglês Michael Maddox, O Bolshoi apresentou apenas espetáculos russos até 1840, quando o czar permitiu composições estrangeiras. Alguns incêndios destruíram parte do prédio, especialmente em 1853, quando o teatro ficou fechado por seis anos. Em 1919, dois anos após a Revolução Russa, o local passou a se chamar Academia Estatal Teatro Bolshoi. Aliás, a proclamação formal da formação da União das Repúblicas Socialistas Soviéticas foi feita ali. Bombardeado na Segunda Guerra Mundial, foi novamente restaurado. Em 2002, renomeado Teatro Bolshoi da Rússia, abraçou alguns prédios adjacentes, que viraram casas de ensaios e espaço de recreação dos artistas.

Com a generosidade milionária do governo e décadas sob o Estado soviético, o Teatro Bolshoi se acostumou a viver com dinheiro estatal, tendo forte dificuldade de arregimentar patrocínios privados. Após a morte de Stálin, a companhia de balé do Bolshoi começou a fazer turnês internacionais, aumentando consideravelmente seu poder suave no mundo e transformando a Rússia no berço do balé mais importante do planeta até hoje. Nos anos 1970, no entanto, ela chegou a pagar um preço alto, com a saída – por meio de pedido de asilo internacional – de seus nomes de ouro, como Leonid Kozlov, Valentina Kozlova e Alexander Godunov, o que, à época, arranhou o poder duro soviético.

Entre sapatilhas e rifles

Outro golpe na imagem do teatro ocorreu em 2013, quando o rosto de Sergei Filin, diretor artístico do Bolshoi, foi desfigurado por ácido por um bailarino ressentido com a não escalação de sua namorada para um espetáculo. Porém, o que parecia apenas um entrevero entre duas pessoas se revelou uma rede de insatisfações de dançarinos, além de suspeita de esquemas financeiros, de desvio de verbas e muita vaidade, o que levou mais tarde à dispensa de outros diretores importantes do teatro. "O balé é uma arte autodestrutiva, privilegia a determinação acima do corpo. Grandes dançarinos se aposentam pela ruína física; a próxima geração assume o papel. Esse mesmo impulso tem sido politicamente observado a serviço da renovação. Instituições são destruídas, ou levadas a se destruir, para facilitar sua transformação por quem está no poder no momento. O Bolshoi vai emergir dessa época difícil para melhor refletir o imperialismo nostálgico da Rússia de Vladimir Putin", diz Simon Morrison, autor de diversos livros sobre o balé russo. "O balé é a mais russa das artes e o Bolshoi o mais russo dos teatros. Desde sua fundação, o governo se serviu dele como um emblema de seu poder, ora ideológico, ora comercial, ora ambos. Stálin fez discursos no Bolshoi antes de intimidar oficiais do Partido Comunista que ousavam ser os primeiros a parar de aplaudir. Burocratas supervisionavam e censuravam cenários e patrocinaram a invenção de um gênero de dança chamado 'dramballet', para conduzir conteúdos marxistas-leninistas. Ao mesmo tempo, servia para preservar o belo passado russo e o futuro soviético glorioso. Quando esse futuro ruiu em 1991, a TV soviética não mostrou cenas da rua, mas a exibição contínua de 'O lago dos cisnes' no Bolshoi", completa Morrison.

O incidente com o ácido gerou também um documentário, dirigido por um cineasta inglês e um diretor italiano, *Bolshoi Babylon* (2015), que desvenda as lutas pelo poder dentro do teatro. "Durante a Guerra Fria, os bailarinos eram os estandartes que glorificavam a Mãe Rússia, sendo enviados para fora como ícones do poder suave do país. Até durante a Glasnost e a Perestroika eles eram enviados para a Casa Branca para dançar antes de Gorbachev se encontrar com Reagan. Então, nos anos Yeltsin, quando as estruturas estatais foram desmanteladas, o crime organizado cresceu e as oligarquias apareceram. O Bolshoi teve de se adaptar aos novos tempos. Ainda que seja bancado pelo governo, ele empobreceu por conta da fraca economia, tendo de fazer turnês mais e mais longas e em locais mais distantes. Até que veio a era da marca Bolshoi, em que eles aspiram ser uma instituição, assim como os próprios dançarinos", disse ao *The Guardian* o diretor do filme, Nick Reed, que começa a película com um comentário de um dos entrevistados que define perfeitamente a imagem dividida entre poder duro e poder suave da Rússia no mundo: "Poucas marcas representam a Rússia. Uma é o Balé Bolshoi; a outra é a AK-47".

Pesquisadora com pós-doutorado em Teoria e Semiótica de Cultura e Literatura pelo Instituto Estatal de Pesquisa da Arte na Rússia, Elena Vássina diz que a arte, há séculos, tenta "salvar" o país de seu poder duro. "Creio que toda a cultura russa, especialmente a literatura, pode salvar (e, graças a Deus, está salvando) a imagem do Estado e do governo russos porque sempre existiu – e existe – uma enorme diferença entre os valores humanísticos e universais da cultura russa e as ambições nacionalistas políticas e ideológicas do poder estatal", diz.

Não há definição melhor, pois a Rússia – berço de grandes escritores, dramaturgos e cineastas – parece pendular constantemente entre sapatilhas e rifles. "A homossexualidade é comum e generalizadamente aceita no mundo da dança russo, mas um tabu no país, onde juristas e legisladores encontram formas de tornar ilegal a 'propaganda gay'. O Bolshoi fica a 10 minutos a pé do Kremlin e parece ter sido mesmo um anexo dele. Stálin, um aficionado por ópera e balé, entrava por uma porta secreta e assistia sozinho aos espetáculos. Quando o coreógrafo George Balanchine tinha 12 anos, em 1916, ele dançou 'A filha do faraó' para o czar Nicolau II, que depois lhe deu uma caixa de doces. Lênin costumava fazer discursos no balcão do Teatro Mariinsky de São Petersburgo", declarou David Remnick, que morou anos na Rússia, à revista *New Yorker*.

O poder suave do balé russo é tão impressionante que sobreviveu, inclusive, à maior tentativa de derrubá-lo já registrada. Quando os bolcheviques subiram ao poder, Lênin dissera que seria estranho gastar muito dinheiro em teatros tão luxuosos quando o país sofria com falta de escolas nas vilas. Em 1921, o líder ordenara à comissária cultural Anatoly Lunacharsky que destruísse todos os teatros e pensasse nas necessidades básicas dos trabalhadores e camponeses: educação, comida e remédios. Mas Lunacharsky percebeu que, ainda que a guerra civil consumisse o país, trabalhadores e camponeses ficavam felizes de lotar os assentos do Bolshoi – cativados não pelo "teatro revolucionário", mas pelo balé. Ainda que não entendessem nada da arte, foi a paixão dos camponeses que ajudou Lunacharsky a convencer Lênin a manter em pé o Bolshoi e outros teatros.

Todos os grandes líderes já ocuparam os assentos que os tais camponeses salvaram da demolição. Além de todos os czares, presidentes e líderes russos desde os anos 1740, o Bolshoi já apresentou espetáculos para Mao Tsé-tung, Gandhi, Elizabeth II e diversos presidentes mundiais. Khrushchev gostava tanto de ver a bailarina Maya Plisetskaya apresentar "O lago dos cisnes" que chegou a dizer que sonhava com "tutus brancos e tanques, tudo misturado". "Em 1946, tudo em volta estava em ruínas após a Segunda Guerra, e mesmo assim havia uma grande produção de 'Romeu e Julieta' no Bolshoi. A ideia era mostrar que o pesadelo acabara e o conto de fadas havia recomeçado", diz a crítica de dança Tatyana Kuznetsova. No final das contas, todos os bailarinos do mundo sonham com o Bolshoi, mas como disse certa vez uma bailarina soviética, Ludmila Semenyaka, "para sobreviver no Bolshoi, é preciso ter os dentes de um tigre e a pele de um dinossauro".

O Bolshoi no Brasil

Basta fazer uma simples pesquisa na internet para encontrar centenas de escolas de "balé russo" espalhadas pelo mundo. Seu poder suave é tão grande que usar o termo se tornou quase obrigatório para pequenas ou grandes escolas de balé no planeta. Nenhuma delas, porém, é reconhecida pelo governo russo nem por instituições ligadas ao governo, como o próprio Teatro Bolshoi. A única cidade do mundo que teve autorização do Teatro Bolshoi para abrir uma filial foi Joinville, em Santa Catarina. Inaugurada em 2000 pelo diretor do Teatro Bolshoi, Vladimir Vasiliev, e pelo prefeito da cidade, Luiz Henrique da Silveira, a Escola do Teatro Bolshoi no Brasil foi aberta como parte de um projeto de inclusão social de crianças e jovens. Isso aconteceu porque o diretor artístico do Bolshoi, Alexander Bogatyrev, ficou impressionado com a receptividade da instituição na cidade, escolhida para fazer parte de uma turnê do Bolshoi de Moscou em 1996. Além disso, o Festival de Dança de Joinville ajudou o município a ser escolhido como cidade-sede, uma vez que ele é considerado o maior festival de dança do mundo.

Depois de construída e inaugurada – com recursos brasileiros –, a Escola de Teatro Bolshoi no Brasil foi utilizada pelo governo brasileiro como instrumento de captação de turistas russos. "A dança na Rússia é uma expressão artística marcante, muito importante para o país, e o Bolshoi é um ícone. A escola de Joinville, por exemplo, é a ligação mais visível entre os dois países. Acreditamos que uma campanha com eles vai motivar os russos a visitar nosso país", disse, em setembro de 2015, o presidente da Embratur, Vinícius Lummertz.

Pavel Kazarian, diretor-geral da Escola do Teatro Bolshoi no Brasil, nasceu na Rússia e trabalhou no Bolshoi de Moscou. Segundo ele, em 16 anos, a unidade brasileira formou 268 bailarinos, escolhidos por meio de 130 pré-seleções no Brasil e no exterior. Todos os escolhidos recebem bolsa integral. De acordo com Kazarian, a instituição já recebeu 63 mil visitas e 732 mil pessoas assistiram às apresentações dos bailarinos. A unidade de Joinville mantém constante contato com Moscou e recebe seus bailarinos famosos, como Natalia Osipova, Ivan Vasiliev e Mariana Rishina. Sobre a proliferação de escolas ao redor do mundo, ele explica: "O balé russo tem uma metodologia argumentada e bem escrita, clara para quem ensina e aprende. No começo do século 20, vários professores disseminaram esse método pelo mundo. Hoje, ele é muito utilizado, tem impacto, glamour de mídia". Em 2016, o Bolshoi de Moscou tinha sete bailarinos estrangeiros, sendo quatro deles brasileiros e três formados na escola de Joinville. "Em 2003, a rede pública da cidade de Teresina, no Piauí, recebeu a visita de professores da nossa escola. Cerca de 16 mil crianças passaram pela pré-seleção. Hoje, alguns deles estão em companhias importantes, como o Joffrey Ballet, de Chicago", completa o diretor.

Ainda que o século 21 seja associado a cultura eletrônica, filmes, séries e games, o tradicional balé russo mostra que tem mantido seu poder suave diante de fortes concorrentes. Augusto Stevanovich lembra que, em Moscou e São Petersburgo, os teatros estão sempre lotados, sendo impossível conseguir ingresso na hora. "Vários teatros estão surgindo para suprir a demanda interna. Se o russo não tem dinheiro para ir ao Bolshoi, vai ao teatro do seu bairro. São 3 mil pessoas trabalhando no Bolshoi, que, assim como todos os teatros geridos pelo governo, têm metas, como receber 200 mil espectadores em quatro meses de alta temporada, por exemplo", explica.

Pelo mundo, bailarinos aposentados da Rússia constantemente abrem escolas ou viram diretores e professores em países como Alemanha, Polônia, Argentina e Estados Unidos, ajudando a difundir e a aumentar o poder suave do balé. Em suma, governo, artistas e empresários trabalham para obter benefícios do poder suave do balé russo, mas, também, para ajudar a fortalecê-lo mundialmente, mantendo a dança como o cartão de visitas mais sedutor da Rússia.

Mais ao sul, porém, um continente inteiro tem lutado para fazer o mesmo com o seu poder suave cultural. Valiosíssima e inestimável em museus da Europa, a arte africana seduz empresários, artistas e museólogos há décadas. E, como veremos adiante, os africanos querem, agora, usar o poder que lhes cabe.

13. Arte africana: poder suave saqueado

> As forças que nos unem são intrínsecas e maiores que as influências superimpostas que nos separam.
> Kwame Nkrumah

Todos os poderes suaves culturais até aqui descritos enriquecem seus respectivos países em termos financeiros, turísticos, sociais, econômicos e, sobretudo, de imagem internacional, razão pela qual alguns desses governos os utilizam até como cartão de visitas mundial. A Pedra de Roseta, do Egito, é um objeto tão importante para a humanidade – pois foi crucial para a compreensão dos hieróglifos egípcios – que seu valor é inestimável financeiramente. Quantos turistas visitam o Egito para conhecê-la de perto? Nenhum. Mas a peça é a mais visitada e fotografada do Museu Britânico, em Londres, onde está desde o começo do século 19. Já a Senufo Fêmea, rara e belíssima obra de um artista da Costa do Marfim, tampouco arregimenta poder suave para o país. Foi vendida por US$ 12 milhões para uma coleção particular no Sotheby's de Nova York. A República Democrática do Congo é o berço de esculturas como a Luba, cuja geometria rigorosa e cheia de sentidos faz menção à ligação entre a vida e a morte. Pertencia a barões de Bruxelas e, desde 2000, traz benefícios turísticos e de imagem para o Museu do Louvre, em Paris, onde também é uma das mais visitadas. Três exemplos entre centenas de como o continente africano não usufrui de seu maior poder suave, as relíquias contam a história da formação de seus impérios, seus hábitos sociais, crenças etc. O poder suave africano foi grandemente saqueado durante o processo de colonização e, quando os países se tornaram independentes, na segunda metade do século 20, surgiu um incômodo permanente: essas obras de arte devem voltar para seus países de origem? Essa questão vem ganhando cada vez mais força na comunidade internacional, mas para entender o tamanho da polêmica é importante, primeiro, compreender o conceito transnacional de arte africana.

O termo é utilizado, geralmente, para os artefatos artísticos da África Subsaariana, mas também pode ser usado para aqueles produzidos na diáspora africana na Europa e na América. Trata-se de uma expressão genérica e imprecisa – embora não tenha um sinônimo corrente –, uma vez que alguns especialistas excluem os artefatos de culturas africanas islâmicas e também de países próximos ao Mediterrâneo. No entanto, no século 21, surgiu um movimento que procura incluir todas as obras feitas no continente africano no escopo de arte africana, para ajudar a mostrar ao mundo a diversidade cultural do continente.

Internacionalmente, os artefatos mais conhecidos e valiosos são esculturas, cerâmicas e máscaras de figuras humanas extremamente estilizadas. São tão importantes que, hoje, artesãos as produzem como produtos de cultura de massa, ou melhor, "cultura de aeroporto". O Reino de Benin, por exemplo, dominou o uso do bronze e gerou esculturas belíssimas a partir do século 12. Grande parte dessas obras era feita para ser usada em celebrações religiosas. Já na região central da África era comum a produção de figuras de madeira com rosto em formato de coração, curvadas para dentro e com círculos e pontos em sua extensão. Produtos têxteis também foram produzidos, e o reino do Zimbábue deixou sua marca na arquitetura e na escultura, como a Ave de Zimbábue, talhada em pedra e símbolo nacional. No começo, os artefatos mais valiosos eram aqueles que os europeus identificavam como mais próximos da própria arte, como os objetos da Nigéria, com cabeças comemorativas de reis, estatuetas feitas de bronze e cobre etc.

Diversas culturas africanas priorizavam esculpir figuras humanas, fazendo referência a chefes tribais, dançarinos, caçadores ou a figuras antropomórficas de deuses. Essas obras se tornaram tão importantes para a humanidade que influenciaram a arte de diversos outros países, como Portugal. Ainda que seja berço de algumas pinturas abstratas importantíssimas, o poder suave da arte africana é maior nas esculturas, figuras tridimensionais tão influentes que até as pinturas bidimensionais utilizavam tecidos ou outros objetos em sua composição. As máscaras, esculpidas para rituais, ajudavam o usuário a entrar em transe e se comunicar com seus ancestrais.

Berço da raça humana, o continente africano coleciona artefatos artísticos que remontam há 6 mil anos, mas descobertas constantes mostram que podem ser mais antigos que isso. O Reino de Cuxe, por exemplo, onde hoje fica o Sudão, produziu esculturas monumentais de diversos estilos. Professora do Museu de Arqueologia e Etnologia da USP, Marta Heloísa Leuba Salum explica que a arte africana tradicional tinha como verdadeiros museus as matas, onde se colocavam as produções. Ou seja, a arte africana não foi pensada para ficar confinada em museus urbanos, mas em harmonia com a natureza; inclusive, parte dos artefatos se perdeu, uma vez que utilizavam materiais orgânicos.

O pesquisador do Museu Afro Brasil e especialista em arte africana Renato Araújo afirma que a arte africana foi se organizando de acordo com os interesses que os europeus tinham nela. A partir do século 15, os portugueses levavam itens africanos para presentear papas e aristocratas; porém, tais objetos não eram considerados arte, mas objetos exóticos. Como a colonização africana foi tardia – por conta da dificuldade de penetração territorial e das doenças tropicais –, esse conceito só mudou no século 19, quando etnógrafos e botânicos europeus começaram a coletar artefatos e iniciaram as classificações etnográficas e etimológicas do continente. Ainda assim, tais objetos continuavam não sendo chamados de arte, indo para o setor de etimologia dos museus. Esse cenário só mudou no século 20, graças sobretudo a artistas como Pablo Picasso.

Arte moderna: Europa e Estados Unidos curvam-se ao poder suave africano

Durante muito tempo, a arte africana era tida como primitiva pelos colonizadores, uma vez que eles associavam condição social a habilidade técnica. Nada mais equivocado. Foi preciso que artistas como Picasso, Vincent van Gogh, Paul Gauguin, Modigliani e Matisse quebrassem esse preconceito e se inspirassem nas formas e na produção sofisticada para uma nova era da arte europeia. Vendo na arte africana uma sofisticação formal que expressava de forma poderosa a cultura do continente, tais artistas mudaram a forma de se expressar e se basearam nesses artefatos para utilizar as obras como meios de discurso intelectual e filosófico. Movimentos como o Futurismo e o Expressionismo passaram a explorar novas proporções geométricas; o mesmo se deu na arquitetura, influenciando arquitetos como Paul Rudolph, Oscar Niemeyer e Le Corbusier. "A arte africana não tem cânones de formato como a arte europeia. Essa liberdade de formas foi percebida pelos modernistas, que se deliciaram num mundo de novas possibilidades. Não sou partidário da ideia de que, se não fosse a arte africana, a arte moderna não existiria, pois em dez ou 15 anos Picasso eventualmente chegaria às mesmas conclusões. O importante é que, a partir daí, os artefatos africanos ganham status de arte, dando início ao boom para construir novos museus e galerias a fim de abrigá-los", explica Renato Araújo.

Alcançando o status de arte perante os europeus, milhares de esculturas e outras obras africanas começaram a ser saqueadas pelos colonizadores a partir dos anos 1870, iniciando a influência sobre os artistas europeus. Primeiro, os pós-impressionistas Cézanne e Gauguin se inspiraram nas cores e formas das esculturas africanas, que por sua vez influenciaram Matisse e Picasso, dando forma ao Cubismo. Ainda que não compreendessem o significado e as funções sociais dessas esculturas, eles reconheceram o aspecto espiritual e foram além do Naturalismo então em voga na arte europeia. O alemão Ernst L. Kirchner usou a estética africana e suas figuras distorcidas para falar das ansiedades da vida moderna em suas obras, enquanto Paul Klee rumou para a transcendência simbólica. Nasceu aí o termo Primitivismo, conceito complicado e cada vez menos aceito para denotar o interesse europeu nos artefatos africanos da época. "Os artistas modernos eram atraídos pelas esculturas africanas por conta de sua aproximação sofisticada com a abstração da figura humana, vista, por exemplo, nas esculturas do povo fang. O achatamento exagerado do rosto de algumas relíquias e sua falta de expressão de afeto tipificam elementos da estética africana que foram frequentemente evocados nas pinturas e esculturas modernistas", explica Denise Murrell, do departamento de História da Arte e Arqueologia da Universidade de Columbia.

Obra inspiradora do Cubismo, "Les demoiselles d'Avignon" é fruto do contato de Picasso com as formas humanas vistas nas esculturas africanas. O mesmo vale para as esculturas de rostos com pescoços alongados de Modigliani, fruto de sua obsessão pela arte africana. Artistas norte-americanos como Max Weber, por sua vez, foram influenciados por esses europeus, pintando máscaras em estilo abstrato. Quando o filósofo norte-americano Alain Locke disse publicamente que os artistas afro-americanos deveriam olhar para a arte africana como inspiração, diversos nomes proliferaram nos anos seguintes, como Elizabeth Catlett e Romare Bearden. Já o afro-cubano Wifredo Lam produziu "Goddess with foliage", em 1942, inspirado nas obras africanas que faziam menção à espiritualidade.

Quando os modernistas se tornaram clássicos, a partir dos anos 1950, foi a vez de as universidades se debruçarem sobre essas (agora) obras de arte e tentar entender suas formas, cores e texturas – trabalho árduo, uma vez que só a Nigéria, por exemplo, tem 400 povos. A descolonização a partir dos anos 1960, por sua vez, teve impacto muito negativo na arte africana, já que povos de mesma etnia foram divididos em países diferentes pelos europeus, o que afetou a qualidade e a identidade artística e descaracterizou as expressões de alguns povos. "Começa, então, a arte de aeroporto, pessoas vendendo qualquer coisa para estrangeiros sem critérios de qualidade. Cria-se o mercado de cópias – uma cultura de massa africana. Nos anos 1970, houve uma busca dos últimos remanescentes pré-descolonização, com museus atrás de herdeiros para vender em leilões", diz Renato. "Na era pós-colonial, a influência da tradição africana é profunda e a globalização do mundo da arte inclui artistas como o fotógrafo do Mali Seydou Keita e o escultor de Gana El Anatsui, que tornam cada vez mais discutíveis as divisões entre arte ocidental e não ocidental. A visão do Primitivismo está sendo relegada ao passado", completa Denise Murrell.

Museus ocidentais em xeque

Ainda que a devolução de obras de arte ao continente africano não esteja ocorrendo nos museus europeus e norte-americanos como se esperava, a discussão está em pauta. O Egito solicitou diversas vezes que o busto da Rainha Nefertiti (1370-1331 a.C.) – conservado à temperatura idêntica à do país – fosse devolvido pelo Museu Neues, em Berlim, onde está desde 1913. Os argumentos para a não devolução são sempre os mesmos: "É mais seguro deixar essas obras em museus de países onde não há guerras"; "Tais obras são 'patrimônio da humanidade'"; "As obras foram compradas no mercado africano e, portanto, pertencem aos compradores". A questão, no entanto, é que nem tudo foi adquirido de forma lícita. Como distinguir a compra do roubo e dos saques feitos com frequência pelos ocidentais nos últimos séculos? Além disso, quantos países africanos estão, de fato, em guerra? A imprensa inglesa já iniciou a polêmica há tempos, mostrando que a ausência desse poder suave prejudica enormemente o continente.

O Arts Council England estima que cada libra paga pela indústria da arte e cultura gera um adicional de 2,01 libras à economia, por atrair visitantes, gerar empregos e estimular talentos, revitalizando negócios e locais. "Não há estimativas como essas para a África, mas cada libra a mais é mais importante para o continente do que para a Inglaterra, e a perda econômica associada com obras de arte ausentes – ou, ao contrário, o ganho econômico com o retorno das obras de arte – é significativamente maior na África", afirmam o economista Dilip Ratha e o especialista em cultura Patrick Kabanda.

Os saques a obras de arte africanas começaram há séculos, mais precisamente por volta de 1450, quando os portugueses se encantaram pelos artefatos encontrados no continente, especialmente em Serra Leoa, no Reino de Benin e no antigo reino do Congo. "Os britânicos fizeram uma expedição ao Reino de Benin, no final do século 19, interessados em comércio, mas não conseguiam permissão para penetrar o território e conhecer o rei. No reino, as cerimônias impediam a presença de estrangeiros. Os britânicos insistiram e foram atacados por tropas do rei, por desobedecerem à soberania local. Os britânicos voltaram para contar a história e usaram isso para atacar ferozmente Benin e saquear tudo que podiam, deixando as pessoas da família real vivas para ajudar a conquistar aquele território. Dois mil objetos de Benin estão no British Museum até hoje", conta Renato Araújo.

Saques e compras ilegais de obras de arte tornaram-se um negócio milionário a partir do século 20, com a ajuda até mesmo de alguns curadores africanos, que se aproveitaram da fraca vigilância de museus e exposições e trocaram objetos originais por cópias, vendendo aqueles no mercado ilegal. O Museu Nacional de Bangui, na capital da República Centro-Africana, tem apenas duas máscaras restantes em toda a coleção. Todo o resto foi saqueado. Como grande parte dessas relíquias não é fotografada e catalogada, é impossível ter os números oficiais de obras desaparecidas. Algumas delas ressurgem anos depois nos museus europeus, como é o caso de três máscaras Nok da Nigéria, que podem ser vistas no Museu du Quai Branly, em Paris. Foram roubadas na Nigéria e compradas por 20 milhões de francos de um negociante belga. "Vamos comprar tudo e acumular em massa em nossos museus para salvar artefatos de civilizações selvagens da destruição", disse o antropólogo Adolf Bastian, no começo do século 19. Hoje, provavelmente nenhum antropólogo se expressaria assim publicamente, o que não significa que algo tenha mudado na prática.

A ausência desse poder suave no continente tem impacto profundo em longo prazo, uma vez que a arte é um instrumento de educação e ajuda a definir a personalidade das nações. Sua ausência causa um vazio histórico, que afeta a criatividade, a motivação e a inovação. Uma saída seria o meio-termo: por exemplo, o Neues abriria uma filial no Egito e levaria para lá Nefertiti, ainda mantendo seu ganho econômico com as visitações, mas transferindo o poder suave para seu país de origem. O Louvre já fez algo próximo disso com sua filial em Abu Dhabi. "Os museus europeus e norte-americanos contam com um amontoado de obras que, hoje, são o registro físico de uma coleta de produto colonial, fruto de exploração colonial. O British Museum, por exemplo, não abre mão da Cabeça de Ifé, artefato de valor inestimável do século 13, da região onde hoje é a Nigéria. Hoje, por permanecer em Londres, tornou-se um símbolo declarado da colonização, de uma invasão condenável que macula a história europeia", diz Marta Salum.

Essa causa já atraiu o apoio de celebridades do mundo inteiro. A advogada inglesa Amal Clooney – casada com o ator George Clooney – faz campanha para que o governo inglês devolva à Grécia os mármores do Parthenon, do século 5 a.C. "O Museu Acrópolis, uma galeria incrível, revela como o colonialismo cultural está condenado. É verdade que o mundo inteiro visita o British Museum e o Louvre, e continuarão a fazê-lo. Mas os museus refinados não estão confinados, por um ato divino, à Europa e à América do Norte. Em longo prazo, aponta-se para um mundo onde as grandes coleções de arte serão maiores e mais distribuídas. A desculpa fraca de manter obras roubadas ou saqueadas nas antigas capitais imperiais está se tornando cada vez mais débil. No final, o argumento é o de que nossos museus cuidam melhor dessas obras que seus países de origem. Até quando nossos museus manterão essa postura arrogante? O império britânico está morto. Assim como a era da pilhagem cultural", afirmou um editorial do jornal britânico The Guardian.

Em 2010, o British Museum sofreu uma grande pressão após uma conferência, no Cairo, na qual 16 países assinaram uma declaração exigindo o retorno de obras de arte. A Pedra de Roseta e o busto de Nefertiti eram os itens mais cobiçados pelos países de origem, mas os museus rejeitaram o pedido recorrendo a uma convenção internacional, de 1954, que proíbe saques, roubos e revenda de obras de valor artístico e histórico durante períodos de guerra, mas o acordo não se aplica a itens tomados antes dessa data. Talvez seja por isso que os europeus, especialmente os britânicos, estejam correndo atrás de obras de arte africanas em leilões, como veremos mais adiante. O Sotheby's, por exemplo, dedicou um leilão apenas a obras de arte modernas africanas em 2017, algo inédito.

A briga pela devolução de obras de arte parece estar sendo ganha apenas por países de grande cacife financeiro. Em 2015, após anos de investigações, negociações e esforços diplomáticos, 32 ornamentos de ouro que remontam há 3 mil anos foram devolvidos à China. Eles haviam sido saqueados de Gansu e vendidos a um colecionador francês no final do século 20. Agora, estão no museu da província. A boa notícia é que isso abriu um precedente perigoso para os museus que negam a devolução das obras. O caso chinês, no entanto, não ficou ileso de controvérsias mesmo depois da devolução. A legislação francesa proíbe os museus nacionais de abrir mão de qualquer peça para outras nações. Para driblá-la, tiveram de reverter a doação ao colecionador privado, que por sua vez devolveu os ornamentos à China. O doador, o colecionador francês Christian Deydier, ficou tão furioso que posteriormente pediu que todas as suas doações a museus fossem agora devolvidas a ele, em represália à decisão do governo. Em 1995, uma convenção do Instituto Internacional para a Unificação do Direito Privado tornou responsabilidade do comprador exercer a devida diligência no ato da compra. Os compradores cujos países assinaram o termo terão de devolver os artefatos cuja origem venha de saque, roubo etc.

Os museus europeus e norte-americanos também estão tendo de lidar com os paradoxos de suas apropriações da arte africana. No artigo "Que dizer agora sobre arte africana? A África nas exposições da virada do século 20 para o 21 no Brasil e no exterior", Marta Heloísa Leuba Salum aponta diversas exposições que começam a quebrar a visão estereotipada do Ocidente diante da arte africana, questionando a despersonalização da arte do continente, a visão do Primitivismo etc. Apresenta como exemplo as exposições feitas nos Estados Unidos por Susan Vogel, como *Art/Artifact* e *Digesting the West* – resposta à famosa mostra *Primitivism*, que o MOMA fez em 1984. A pesquisadora aponta, ainda, a importância da Dak'Art, a Bienal de Arte Africana Contemporânea de Dakar, como meio de consolidação e incorporação de artistas africanos no circuito internacional. No entanto, ainda persistem as visões estereotipadas. Foi o caso do festival de artes promovido pela Grã-Bretanha denominado *Africa: Art of a continent*, fortemente criticado, segundo a pesquisadora, "pelo conservadorismo estereotipado de representação da África e de sua arte por regiões, épocas e estilos traçados sob a ótica ocidental".

Marta conclui que o termo "arte africana" foi inventado pelo Ocidente para proveito próprio e opina sobre a polêmica da devolução das obras ao continente. "Seria cabível devolução à África, mas que junto com as obras roubadas fosse toda a infraestrutura necessária que essa devolução haveria de implicar. Mas não há quem invista nisso com admissão de perda do gerenciamento sobre coleções que renderam aos museus ocidentais – e ainda rendem – cifras incontáveis. Para quem as exposições? Para que os museus?", questiona.

Século 21: África de novas formas e conceitos

A partir do século 20, principalmente no século 21, diversos países, instituições e artistas começam a unir a tradição artística africana a novas formas de expressão. Questiona-se se a arte contemporânea africana precisa dialogar com a tradição ou se libertar disso. "No começo do século 20 até os anos 1960, a elite africana levava seus filhos para estudar na Europa, que voltavam para o continente com outra cabeça, como ocorreu com os modernistas brasileiros. Aqueles que eram jovens na época, hoje velhos, mudaram de lado, como Ablade Glover, que hoje tem mais de 80 anos e faz um tipo de obra totalmente universal, sem raízes nacionalistas diretas com seu país, Gana", diz Renato Araújo.

Cynthia Zukas, da Zâmbia, é referência mundial, tendo fundado a Lechwe Trust, organização que fomenta os novos artistas do país. Trata-se de uma das poucas ONGs instaladas por lá dedicadas à arte, sendo fundamental para evitar a fuga de artistas para a Europa e os Estados Unidos. Já a região do Mali é terra do povo bambara, cujas máscaras e esculturas têm sido amplamente estudadas por seus significados e formas. Outro povo do Mali, o dogon, faz esculturas que não podem ser vistas em público, sendo deixadas em santuários familiares. No Quênia, instituições como a Universidade Makerere, a Universidade Kenyatta e a Universidade de Nairóbi formaram importantes pintores e artistas, como John Dianga, Moses Gichuiri, Bulinya Martins e Sarah Shiundu. E, embora a arte africana também se expresse por tecidos em todo o continente, as roupas quenianas são particularmente usadas como meio artístico. No Gabão, o povo fang produz esculturas, cestos, gravuras com linhas e formas belíssimas. Cestos também são formas de arte em Botsuana, local onde foram encontradas as primeiras evidências de pinturas, 20 mil anos atrás. Um dos países mais pobres do mundo, Burquina Faso, tem também uma das culturas ancestrais mais bem preservadas. Lá, até hoje máscaras são usadas a fim de honrar os ancestrais. Mas a arte africana é tão diversa que cabe também o oposto: como exemplo, podemos citar Gilbert G. Groud, pintor da Costa do Marfim cujas obras criticam justamente as crenças ancestrais africanas. Já a Tanzânia deu ao mundo, no século 20, as coloridas esculturas e pinturas de George Lilanga, que eternizaram a cultura de sua tribo, os macondes.

Uma cortina dourada é vista de longe como um belíssimo adorno, mas, de perto, mostra-se feita de tampas de garrafas de uísque e rum, achatadas e costuradas com fios de cobre. A obra do – talvez – maior artista africano vivo, El Anatsui, ficou exposta no Museu Afro-Brasileiro, em São Paulo, e a intenção do artista foi mostrar o jogo duplo entre luxo e lixo, uma síntese da tendência de parte da arte contemporânea atual. O nigeriano Bright Ugochukwu Eke também esteve presente, com uma instalação de sacos plásticos cheios de água, suspensos sobre um monte de areia. Discípulo de Anatsui, Eke queria falar das mazelas que assolam o continente, como a chuva ácida que deteriora as lavouras e os rios nigerianos. O beninense Hector Sonon trouxe uma caricatura de vendedoras de peixe numa feira, todas falando ao celular.

Sob curadoria do diretor do Museu Afro Brasil, Emanoel Araujo, a exposição *African Africans* foi uma das maiores sobre arte contemporânea africana já feitas na América Latina, inaugurada no mesmo mês que a Bienal de Veneza abriu sua edição de 2015 com recorde histórico de participação de artistas africanos. Araújo trouxe obras de 20 diferentes artistas de nove países, com o objetivo de desconstruir os clichês e preconceitos diante do continente. No belíssimo catálogo resultante da exposição, os autores Chika Okeke-Agulu e Okwui Enwezor discutem a linha tênue que separa o artesanato da arte no âmbito africano. "É importante ressaltar aqui que o termo 'artesanato' (*craft*) não denota necessariamente uma prática inferior à arte contemporânea. Mas deve-se reconhecer que esses dois tipos de processo criativo operam em distintos sistemas discursivos e circulam em diferentes economias culturais, a saber, no mercado de suvenires e material utilitarista, por um lado, e em circuitos de exposição em galerias de arte contemporânea, e de outro, em sistemas de museus de arte e etnografia", dizem, citando exemplos em que artesãos trouxeram para a arte conceitos sofisticados e estética complexa. O escultor ganense de urnas funerárias Kane Kwei faz peças esculpidas com disjunção surrealista e com referência ao fetichismo da mercadoria. El Anatsui explora o artesanato para chegar a fins conceituais. As abstrações geométricas de Esther Mahlangu são frequentemente transmutadas tanto para galerias quanto para BMWs.

Recentemente, o *The Wall Street Journal* publicou uma reportagem especial afirmando que, no século 21, a África se tornou a nova Meca da arte mundial: primeiramente devido ao boom de novos museus, feiras, bienais e casas de leilão que estão surgindo no continente; em segundo lugar, porque o continente está começando a ir além de máscaras tribais, cestos e esculturas. "Hoje, os artistas ascendentes estão explorando assuntos importantes, como imigração, cultura gay e investimento chinês no continente. Além disso, as instituições africanas estão sendo alimentadas inteiramente por apoio local, o que resulta num cenário artístico autossustentável." Ainda assim, o jornal afirma que a arte africana ainda é uma barganha comparada com o resto do mundo. As obras de seus melhores artistas são arrematadas em leilões por uma média de US$ 150 mil. Retratos politizados do pintor congolês Chéri Samba, o primeiro artista africano contemporâneo a ter uma exposição no Louvre, foram vendidos por US$ 30 mil. Os trabalhos do sul-africano William Kentridge, renomadíssimo artista com obras em museus como o Tate Modern, são vendidos por US$ 150 mil a US$ 600 mil, uma fração do que é pago a artistas que alcançaram a fama depois dele, como o chinês Zeng Fanzhi e a brasileira Beatriz Milhazes. Os valores pagos a obras africanas, no entanto, estão subindo rapidamente. Esperava-se que a obra "Peju's robe", de El Anatsui, fosse arrematada por US$ 795 mil, mas ela atingiu US$ 1,2 milhão. Ainda assim, apesar de algumas instituições de ensino despejarem vários talentos no mercado, poucos museus africanos dedicam espaço à sua arte contemporânea; aliás, o próprio universo dos museus ainda está se organizando no continente. O Museu das Civilizações Africanas, em Dakar, foi um empreendimento de US$ 2,5 milhões construído pelo governo chinês como gesto diplomático para o então presidente do Senegal. Mas ficou anos sem coleções, trancado e vazio.

Muitos são, portanto, os desafios para que o continente africano traga para si seu poder suave cultural mais importante. Se, aos poucos, museus, leilões, galerias e instituições de ensino estão fixando no continente a arte dos novos talentos contemporâneos, a impressão que fica é a de que, sem trazer de volta as magníficas peças que contam – em formas, cores, relevos e conceitos – a ascensão das civilizações do continente, seus diálogos com a espiritualidade, com o homem e com a natureza, a África parece artisticamente incompleta. O mundo cada vez mais reconhece, valoriza e paga preços altos pelos produtos artísticos de seus povos e artistas. É preciso, agora, que as benesses desse poder suave sejam revertidas em ganhos sociais, culturais, turísticos, econômicos e de imagem para o continente berço da espécie humana e de expressões artísticas que não cansam de fascinar o mundo.

Curiosamente, enquanto tais obras são diretamente identificadas com seu continente de origem, mas o próprio continente não se beneficia de seu poder suave, o oposto ocorre em outro canto do mundo. Determinado país ainda nem existia quando nasceu seu maior poder suave cultural. Desembarcamos finalmente na Itália, país que herdou um dos mais sedutores poderes suaves culturais já existentes: a arte renascentista, como veremos a seguir.

14. Arte renascentista: a ponte para o mundo moderno

> A verdadeira obra de arte é apenas
> uma sombra da perfeição divina.
> MICHELANGELO

Em meados de 2014, a França procurava desesperadamente uma solução para resolver seu crescente déficit nas contas públicas. Foi então que começaram a circular, na imprensa europeia, rumores de que o país poderia vender a "Monalisa", de Leonardo da Vinci, para amenizar a dívida. Ainda que artistas e especialistas digam que é impossível colocar uma etiqueta com preço no quadro mais famoso do mundo – responsável, sozinho, por milhões de visitas ao Museu do Louvre todos os anos –, estimativas da época diziam que a obra poderia ser vendida por algo em torno de US$ 2 bilhões, o equivalente ao Produto Interno Bruto de países como Santa Lúcia, Ilhas Maldivas ou Groelândia. Curiosamente, um quadro de 77 cm x 53 cm vale o equivalente à soma, em dinheiro, de todos os bens e serviços finais produzidos por um país em um ano.

Só que não vale. O sorriso mais célebre dos últimos 500 anos é inestimável, e a notícia nunca foi além das páginas dos jornais. Além de a lei francesa proibir tal transação – como vimos antes –, nenhuma nação abriria mão de um produto artístico que nem especuladores conseguem precificar. Tal exemplo, no entanto, mostra a importância histórica do que a "Monalisa" representa: a arte renascentista. Assim como é impossível estimar precisamente seu valor, tampouco é possível saber o real poder suave desse movimento que mudou a face da arte no mundo inteiro. Qual é o peso da arte renascentista para o poder duro e suave da Igreja católica? Quantos turistas do mundo inteiro a Itália recebe por conta de suas obras? Qual é a importância simbólica do movimento para todas as formas de expressão artística surgidas nos séculos seguintes? Dificilmente encontraremos respostas precisas a essas questões. No entanto, ninguém é capaz de negar o óbvio: o poder suave da arte renascentista é imenso e há mais de cinco séculos traz enormes benefícios financeiros, turísticos, sociais, diplomáticos e, claro, artísticos para o principal Estado que a herdou: a Itália.

Parte de um período histórico homônimo que abraçou manifestações na pintura, escultura, arquitetura e decoração europeia a partir de 1400, a arte do Renascimento também se emaranhou com mudanças na filosofia, literatura, música e ciência da época. Sua raiz mais direta é a arte greco-romana, mas absorveu novas técnicas, inspiradas sobretudo nos avanços científicos da época, sendo considerada por historiadores a ponte entre a Europa medieval e a Europa moderna. É como se, naquele momento, uma série de elementos tenha sido combinada, dando origem ao Renascimento: antigos textos filosóficos e literários, avanços da matemática islâmica dos séculos anteriores, a criação da imprensa e a aliança com o poder duro – precisamente o poder político e econômico da família Médici em Florença, como veremos. "A partir de Francesco Petrarca, que vem antes do advento renascentista, a arte ganha status de conhecimento e se torna oposição à vida contemplativa medieval. Ao contrário de artistas posteriores como Goya e Picasso, que expressavam sua subjetividade pela arte, os artistas renascentistas eram artífices que cumpriam encomendas. Mas, lentamente, a ideia de obra de arte como a conhecemos hoje começa a surgir", explica Eduardo Kickhöfel, professor de História da Filosofia da Renascença na Unifesp.

A noção de Renascença é atribuída ao pintor Giorgio Vasari (século 16), que usou o termo "rinascita" para o renascimento das artes de seu século. Aliás, ele fundou, em 1563, com o apoio financeiro de Cosmo de Médici, a primeira academia para pintores e escultores. No livro *Histoire de France* (1855/2013), de Jules Michelet, o termo passa a ser associado ao período e a tudo que nele se produziu. Em 1860, Jacob Burckhardt, no livro *A cultura do Renascimento na Itália* (2009), atribuiu o termo à produção artística italiana dos séculos 15 e 16. Trata-se, no entanto, de um período com manifestações artísticas diferentes entre si. Giulio Carlo Argan, em *Clássico anticlássico – O Renascimento de Brunelleschi a Bruegel* (1999), diz que esse mesmo período abriga artistas como Rafael, cuja arte estava em consonância com a natureza; Michelangelo, cuja arte almejava transcendê-la; e Leonardo, cuja arte era fruto, também, de suas pesquisas científicas.

É preciso ressaltar, no entanto, que os termos "Renascimento" e "arte renascentista" podem ser imprecisos numa visão histórica. O crítico de arte e professor da USP Leon Kossovitch explica que ambas as expressões pressupõem uma morte, um vazio, uma treva que separa aquele presente da luz antiga. Tal vazio é atribuído à Idade Média, muito embora o período tenha sido riquíssimo em termos culturais e artísticos. "Sem dúvida, as manifestações artísticas, literárias e filosóficas que acontecem a partir do século 15, que se chama de Renascimento, elevam a imagem da Itália no mundo até hoje. Mas o termo é altamente impreciso e tampouco é fácil saber quando exatamente esse momento termina. A Itália ficou muito conhecida pelo Renascimento, mas também foi berço de artes magníficas feitas nos séculos 3 e 4, com forte influência oriental do império persa", diz Kossovitch. No texto intitulado "Contra a ideia do Renascimento" (1994), o pesquisador afirma: "Dois Renascimentos distinguem-se na história das artes: o inventado, retórica, poeticamente, no século 15, ainda vigente no 18; o periodizado no século 19 ainda como positividade estilística, hoje positivíssima".

A arte renascentista, portanto, é o resultado de pelo menos dois séculos de mudanças ocorridas ainda na chamada Europa medieval, como os trabalhos de escultores como Nicola Pisano e seu filho Giovanni, bem como os do pintor Giotto, cujo naturalismo e tridimensionalidade abririam as portas para o movimento posteriormente. Mais adiante, em paralelo com o início do Renascimento italiano, pintores dos Países Baixos como Robert Campin, Hugo van der Goes e Jan van Eyck também caminharam para o estilo de pintura que se tornaria icônico, embora ainda mantendo proporções hierárquicas e simbolismos religiosos típicos da era medieval. Algumas obras chegaram a Florença no século 15, influenciando profundamente os artistas da cidade. A região onde hoje se situa a França também foi berço das primeiras manifestações renascentistas a partir de 1375, com pintores como Jean Fouquet, Jean Hey e Enguerrand Quarton, que combinavam o formalismo medieval com a observação detalhada da figura humana e trabalhos de luz e fundo da transição renascentista. A Alemanha também foi berço de grandes expoentes do Renascimento, com artistas como Albrecht Dürer e Hans Holbein, o Jovem.

Mas foi na região onde hoje fica a Itália que a arte renascentista ganhou enorme poder. Alguns estudos sugerem que a Itália foi o berço do Renascimento por sua proximidade com a cultura da Roma antiga e por avanços políticos, sociais e econômicos que tomaram aquela região – sobretudo Florença – entre 1350 e 1400. O Humanismo, fortemente baseado nos valores clássicos greco-romanos, reforçava a importância do desenvolvimento da sabedoria, da abundância econômica e do bem-estar físico. As cidades italianas herdaram, geográfica e simbolicamente, parte desse legado. Além disso, a queda do Império Bizantino e ascensão dos otomanos, no século 15, ajudaram a impulsionar o Humanismo. Os cristãos gregos fugiram da invasão muçulmana e se estabeleceram na Itália, levando consigo conhecimentos da Grécia antiga, que por sua vez foram estudados e traduzidos por intelectuais da região. As cidades italianas, à época, vivendo no sistema republicano, também enriqueciam rapidamente, o que desenvolveu a ciência e as artes. Em outras palavras, o poder suave da arte renascentista só surgiu porque o poder duro – econômico e político – foi favorável a ele.

Em 1401, um concurso para esculpir em bronze as portas do Batistério de São João, em Florença, reuniu escultores como Donatello, Brunelleschi e o vencedor, Lorenzo Ghiberti – artistas que, posteriormente, fariam obras como o Domo da Catedral de Florença, que atraem milhões de visitantes até hoje. A perspectiva e a luz se tornaram uma obsessão também para os pintores a partir do século 15. Piero della Francesca fez estudos científicos sistemáticos de luz e perspectiva linear que resultaram em obras como "A lenda da verdadeira cruz", exposta na Basílica de São Francisco de Assis, em Arezzo. Em Nápoles, havia Antonello de Messina, enquanto na região setentrional surgiu Andrea Mantegna. Essa fase inicial do Renascimento se encerrou quando o papa Sisto IV convocou diversos artistas para decorar a Capela Sistina.

Nomes como Sandro Botticelli, Domenico Ghirlandaio, Cosimo Rosselli e Pietro Perugino entraram em concordância com relação ao formato, produzindo 16 afrescos. O que esses artistas fizeram – no âmbito da perspectiva e da anatomia humana – foi aperfeiçoado na fase seguinte, chamada de Alto Renascimento, por gênios como Leonardo da Vinci – que dedicou a vida a meticulosos estudos sobre o mundo natural, incluindo a dissecação de cadáveres. Pintando a óleo, Da Vinci conseguiu controlar com precisão os efeitos de luz em paisagens e objetos para conferir às obras uma dramaticidade maior e mais próxima do real. "A última ceia", pintada entre 1495 e 1497, abriu o Alto Renascimento. Nela, Leonardo da Vinci abandonou tudo que não era essencial: o fundo eleva o elemento central, Jesus e seus discípulos. A perspectiva é magnífica, realçada pelas janelas do fundo. A pintura simboliza e ressalta o significado cósmico daquele momento.

Já outro artista contemporâneo, embora mais jovem, concentrou sua atenção no corpo humano. Michelangelo criou duas perfeições em mármore: "Davi" e "Pietà", cuja precisão de volume, proporção e movimento é espantosa e dificilmente repetível até hoje. No início do século 14, uma comissão nomeada pelo papa Júlio II solicitou a decoração do teto da Capela Sistina, feita por Michelangelo entre 1508 e 1512. Essa obra de arte, que já fez milhões de turistas do mundo todo erguerem os olhos para o céu, tornou a basílica italiana um dos pontos mais visitados do planeta, além de inspirar incontáveis gerações de artistas. Vale lembrar que Júlio II foi pintado por outro ícone da época, Rafael.

Aliança de poderes: arte e Igreja

A arte renascentista talvez tenha sido aquela que firmou a aliança mais profunda e duradoura com outro poder (ora suave, ora duro): a Igreja católica. Alguns artistas trabalhavam sob encomenda papal, sendo bancados, protegidos e incentivados pela Igreja. E, apesar de estarmos mais de 500 anos distantes do Renascimento, o poder suave da arte renascentista se expressa até hoje em afrescos, pinturas e esculturas das centenas de igrejas italianas visitadas anualmente por milhões de pessoas, criando uma economia cultural fundamental para a Itália – há décadas entre os cinco países mais visitados do mundo.

Essa aliança entre religião e arte nunca mais se repetiu de forma tão eficiente e sofisticada como durante o Renascimento. As igrejas católicas, hoje, são construídas de forma mais modesta arquitetonicamente e com conceitos artísticos quase inexistentes. Outras denominações, porém, apostam na grandiosidade. O Templo do Salomão, em São Paulo, é a materialização não do poder suave ou simbólico, mas do poder duro. Sua grandiosidade expressa a força do dinheiro que a construiu. De resto, nada ali é arte. A palavra que a melhor define é kitsch, cópia, encenação para fins de visualização televisiva, estando a anos-luz de distância da originalidade das representações renascentistas. Em outras palavras, não importa a crença religiosa, a classe social, o país de origem ou o tempo em que se viveu: a arte renascentista mostra seu poder suave e sedutor há 500 anos. O Catolicismo pode até definhar com os anos, mas seus templos em Roma e Florença continuarão atraindo multidões.

Foram as mudanças econômicas do século 15 que incentivaram a arte renascentista e, sobretudo, o trabalho sob encomenda. Com o surgimento de novas rotas comerciais e a prevalência do sistema de troca ao sistema feudal, surge uma classe abastada, que começa a investir em arte e nos pintores. Usavam a arte para aumentar seu poder simbólico diante da sociedade, uma vez que não faziam parte, necessariamente, dos outros poderes (religiosos, monárquicos etc.). Havia inclusive "olheiros" que classificavam as habilidades técnicas de cada um no mercado. Porém, a economia também explica o declínio futuro da Renascença. Com novas rotas descobertas no Atlântico, após a chegada de Colombo à América, o comércio no Mediterrâneo decaiu, o que diminuiu os investimentos em arte, especialmente a partir da segunda metade do século 16. Além disso, com a formação de reinos, como os da Espanha e da França, as cidades italianas, relativamente independentes, pareciam fracas, razão pelas quais muitas delas foram dominadas e saqueadas pelos espanhóis nos séculos 16 e 17. Outro fator fundamental para o declínio da criatividade artística renascentista foi a Contrarreforma da Igreja católica, a partir de 1545, em reação à reforma protestante iniciada por Martinho Lutero. Livros foram proibidos, obras de arte, censuradas: o foco, então, era catequizar novos povos.

No entanto, a Igreja católica continuou próxima dos artistas. Estes não trabalhavam por ideal – conceito que surge posteriormente com o Romantismo –, mas sob encomenda e livremente, apoiados não em textos religiosos, mas em releituras das obras latinas e gregas. As esculturas gregas, por exemplo, apresentavam corpos nus, o que deveria ser um problema para os artistas na Itália católica, mas não foi – exceto em alguns momentos, em que se colocaram folhas de parreira sobre o órgão genital em afrescos e quadros. Alguns papas temiam que o São Sebastião flechado, no quadro de Marco Palmezzano, "excitasse indevidamente" as freiras; a solução foi colocar sobre ele um tecido sumário. "A nudez no Renascimento é um retorno declarado às doutrinas de artes gregas, excluindo mil anos que as separam. E, por ser um retorno declarado, a Igreja aceitava de modo geral", explica Kossovitch.

Porém, se o legado artístico desses italianos é indissociável da fé católica, as técnicas que eles desenvolveram vão muito além disso, constituindo a base das artes visuais até hoje, quando ainda predominam a proporção, a perspectiva, o esfumaçado e o contraste claro/escuro. Outra característica que expõe o poder suave da arte renascentista historicamente é o fato de ela elevar, como nunca antes, o status do artista – agora não mais mero artesão mecânico, mas um sujeito criativo valorizadíssimo pela sociedade. Foi nesse período, também, que arte e ciência andaram mais próximas e retroalimentaram seus poderes. Em outras palavras, o poder suave da arte renascentista advém não só da genialidade de seus artistas, mas de alianças fundamentais com outros poderes.

Nascido em Veneza, Gentile Bellini era o retratista mais famoso do final do século 15. Tão famoso que o sultão Maomé II, o Conquistador, mandou trazê-lo para fazer seu retrato mais famoso. O pintor também deu vida aos ambientes urbanos da cidade, como a Praça de São Marcos. Oriundo de Florença, Donatello talvez seja o mais importante escultor do Renascimento, ao lado de Michelangelo. Seu trabalho é marcado pelo realismo e pela ênfase aos aspectos psicológicos e emocionais das figuras. Absolutamente versátil, esculpia em bronze, madeira e pedra. O "Davi" criado por Donatello, o primeiro nu do movimento, é mostrado pensativo e meditativo, pisando na cabeça de Golias. É o começo da nova concepção de beleza humana masculina.

A arquitetura também foi um dos braços mais nobres da arte renascentista. Inspirado na arquitetura romana, sobretudo na vitruviana, foi mais um exemplo da arte em aliança com a fé e a ciência. Os arquitetos da época acreditavam que o cosmos fora criado por Deus de forma harmonicamente matemática, na qual partes diferentes estavam relacionadas. As igrejas, portanto, eram construídas sob essa premissa, a fim de trazer o homem mais próximo da devoção a Deus. O primeiro grande arquiteto renascentista foi Filippo Brunelleschi, que construiu o domo de Florença. Outros exemplos são Leon Battista Alberti, Donato Bramante e Palladio, cujos livros são também obras-primas da literatura da área. Para este último, a prática da arquitetura era um ato moral, uma manifestação de virtude.

Outro legado simbólico deixado pela arte renascentista é o poder de olhar para o passado como fonte de inspiração para mudar o futuro. Os artistas inspiravam-se nos gregos e romanos de mil anos antes, cujas ruínas ainda estavam entre eles como prova das maravilhas da engenharia e do pensamento da época. Mas, ao mesmo tempo, sabiam que era fundamental olhar para a frente por meio de contínuos estudos da natureza e do homem, séculos antes de as verdadeiras revoluções científicas acontecerem.

Florença: o berço renascentista

Berço de Dante Alighieri, o maior poeta da língua italiana – e um dos maiores gênios do mundo –, Florença recebeu, décadas depois, outros gênios que mudaram a arte no mundo. Uma das maiores cidades da Idade Média, já era rica em comércio de seda e ouro e mantinha negócios que atingiam a Pérsia bem antes do advento renascentista.

Talvez não haja livro mais importante sobre a Itália renascentista do que *Arte e humanismo em Florença* (2012), publicado na França em 1959 pelo historiador de arte André Chastel. Na obra, ele discorre sobre a Florença sob Lorenzo de Médici, mencionando as propostas arquitetônicas inovadoras, a noção de beleza em vigor, a influência das elites e, claro, a obra de Rafael, Leonardo da Vinci e Michelangelo. Mas, ao contrário do que se imagina, Chastel teria escrito o livro para mostrar que a Florença de ouro sob Médici não existiu, tratando-se de uma invenção humana tendenciosa de achar que o melhor ficou para trás. No entanto, a obra deixa evidente que Florença foi uma cidade com condições econômicas, sociais e políticas ideais para reunir os artistas da época do Renascimento. Michelangelo, para Chastel, é o último florentino, enchendo seus contemporâneos de espanto e incerteza. À época, circulava muito dinheiro na cidade, condição fundamental para a aglutinação de tantos artistas e obras fundamentais num mesmo local.

A fama de Florença como uma das capitais mundiais da arte deve-se em grande parte aos Médici, talvez os maiores mecenas da história. A família alimentava seu poder em duas vias: o poder suave da arte e o poder duro da economia. Foram banqueiros de primeira, que fizeram sofisticados negócios internacionais. E, ao contrário dos ricos do Norte que bancavam arte e gostavam de ser retratados com seus artefatos de trabalho, os Médici eram pintados com elementos mitológicos e históricos, remetendo à glória do passado. Enquanto Giovanni di Bicci de' Médici concentrou-se no fortalecimento do banco da família, o filho, Cosimo, redesenhou a política florentina. Já o neto, Lorenzo de Médici, se tornou o membro da família mais magnífico, poderoso, carismático – um verdadeiro patrono das artes e da política florentinas.

O nascimento das belas-artes

Lorenzo Mammì, livre-docente em Filosofia pela USP com estudos na área de música e artes plásticas, explica que a arte renascentista que despontou na Itália e, sobretudo, em Florença nos séculos 14 e 15 foi tão importante que mudou, inclusive, a ideia que se tinha de arte. Antes do Renascimento, separavam-se as artes em duas áreas: as mecânicas, feitas por artesãos (detentores de habilidades manuais), e as científicas, que não demandavam exercício manual, mas intelectual, como o domínio da língua. "A ideia de belas-artes nasce naquele momento do Renascimento, especialmente em Florença, como um campo específico de atividade manual, mas com prestígio intelectual, alçando os artistas a outro patamar social. Eles produzem conhecimento, não apenas objetos sensíveis", diz Mammì, que também concorda que as artes renascentistas deixaram um legado de imagem fundamental para o poder duro do Estado italiano, que desfruta disso até hoje. Como exemplo, ele cita Catarina de Médici, que não tinha sangue azul, mas uma família abastada, que ganhara dinheiro e poder financiando monarquias e artistas renascentistas e engordando os bancos da família. Por influência do sobrenome ligado à arte e do dinheiro ligado às monarquias, Catarina "comprou" seu sangue azul: casou-se com Henrique II e tornou-se rainha da França entre 1547 e 1559. "A Itália é, sem dúvida, detentora de um grande poder cultural, visitada por essa razão, pelo menos desde o século 16, por seu legado romano renascentista. Florença é uma cidade que até hoje concentra dezenas de polos culturais. Estudei em uma instituição alemã na cidade e percebi claramente que os demais europeus caçoam da bagunça política e social italiana, mas têm enorme respeito por seu legado cultural", comenta Eduardo Kickhöfel. Para ele, o governo italiano, nas esferas federal e regional, é incapaz de cuidar de todo esse poder suave espalhado em museus, igrejas e parques, tampouco de promovê-lo devidamente. De fato, obras renascentistas se deterioram sem a devida conservação e o governo italiano parece dispensar esse poder suave para promover-se internacionalmente porque a arte o promove por conta própria.

Por fim, talvez a melhor forma de visualizar a importância do poder suave para um país seja pensar no próprio caso da Itália. Não importa que governo esteja no poder. Não importam os escândalos de corrupção envolvendo o primeiro-ministro, não importam as histórias envolvendo a violenta máfia, não importam a intransigência política com os imigrantes vindos da África, os horrores do fascismo etc. Apesar de todos esses ataques do poder duro, a Itália nunca deixou de ser respeitada como um museu aberto, um patrimônio artístico da humanidade. Apesar de todo o dano de imagem causado pelo poder duro, ela continua, há décadas, entre os países mais visitados do mundo. Ao contrário de outros poderes suaves aqui vistos, como Hollywood e o balé russo, que sofrem com as intempéries do poder duro de seus respectivos países, a arte renascentista parece ser "imune" ao sabor político, econômico e social do momento. Trata-se, sem dúvida, de um poder suave imenso, que direta ou indiretamente alimentou outros elementos culturais importantes italianos, como a gastronomia e o cinema, e há cinco séculos seduz o mundo, de olho na perfeição quase divina de suas obras.

Posfácio – O poder de modelar as preferências do mundo

> A água é a mais suave das coisas; ainda assim, ela pode penetrar montanhas e terras. Isso mostra claramente o princípio da suavidade superando a dureza.
> Lao-tsé

O século 21 talvez seja o momento da história humana em que nossa espécie tem a menor propensão a aceitar que uma nação declare guerra à outra. A internet pulverizou as informações, ninguém é dono da verdade e o outro lado da moeda invariavelmente vai chegar à sua tela, fazendo-o questionar as intenções do declarante do conflito. Guerras, no entanto, foram nosso meio mais eficiente, ao longo dos séculos, de assegurar o acesso quase ilimitado a água, ouro, petróleo e outras riquezas naturais. Essa alternativa, porém, saiu da lista das melhores opções político-econômicas – ou, pelo menos, tornou-se muito mais custosa do que antigamente. Hoje, se um país consegue que outros admirem seus ideais e queiram ser o que ele é e consumir o que ele consome, os recursos fluem mais facilmente, com a vantagem de não derramar uma gota de sangue. O poder suave é essa arma. Diplomacia, língua, esportes e cultura são os instrumentos mais eficientes para abrir a fronteira alheia. E, entre todos eles, a cultura, na forma de arte e/ou entretenimento, é o aspecto mais sofisticado, sedutor e rentável.

Vimos, ao longo dos capítulos, que o poder suave pode trazer benefícios políticos, sociais, econômicos, turísticos e diplomáticos para os países cuja herança cultural é forte e legítima internacionalmente. Nações detentoras de tal poder são capazes, inclusive, de amenizar um passado em que seus líderes optavam frequentemente pelas armas para conseguir o que queriam. O Japão cometeu atrocidades quando invadiu as vizinhas China e Coreia. Ainda assim, alguém tem dúvida de que sua cultura MAG foi capaz de diminuir a resistência e seduzir seus então inimigos? Não fosse assim, os japoneses não faturariam alto com seus mangás, animes e games nesses dois países, que compõem o maior índice de turistas no Japão. Até mesmo os norte-coreanos, que sofrem diariamente uma lavagem cerebral contra os vizinhos, rendem-se à sedução dos filmes, games e músicas que entram no país de vez em quando, ainda que seus consumidores sejam duramente reprimidos.

O poder suave, portanto, seduz a ponto de amenizar décadas de maus-tratos causados à imagem de um país pelo seu poder duro. O balé russo era um sopro de sedução da União Soviética no mundo. Não foi capaz, sozinho, de apagar as intempéries do poder duro soviético e, depois, russo: invasões, ameaças nucleares, censura, prisões e mortes de milhares de pessoas. Quando fui à Rússia, em 2014, fiquei decepcionado por não encontrar um museu digno de contar a riquíssima história do cinema soviético e russo. Infelizmente, o país não investe na preservação e na divulgação de seu legado cultural cinematográfico, como faz com o balé. Isso reduz as frentes para que o poder suave amenize as decisões ruins ou difíceis do poder duro do país.

Já Hollywood – um poder suave de proporções e alcance bem maiores – foi mais eficiente em amenizar semelhantes golpes do poder duro norte-americano ao longo do século 20. Até hoje os Estados Unidos colhem os resultados desse poder que permitiram florescer espontaneamente ou até com ajuda política: alianças internacionais, acordos comerciais, incentivos etc. É impossível comparar, no entanto, a força de sedução do balé russo com Hollywood. Este é mais eficiente porque seus produtos – filmes e séries de TV – podem abraçar outras fontes de poder suave: dança, música, literatura, moda etc. Por isso é fundamental a um país contar com diversas fontes de poder suave cultural, como estão fazendo a China e a Coreia do Sul.

A China, no entanto, tem um calcanhar de aquiles: ainda que seja dona de uma esplendorosa cultura milenar e de uma milionária estratégia de fomento cinematográfico, musical e eletrônico, não permite que tal cartela de poder suave prospere livremente por não ser uma democracia. Tal condição é fundamental para o surgimento de artistas legítimos e também para a criatividade no entretenimento. Além disso, a própria ausência de democracia e a supressão de liberdades individuais já causam um forte abalo no poder suave chinês.

Por isso, outra diferença entre o balé russo, a arte africana e a arte milenar chinesa, de um lado, e as telenovelas, Hollywood, Bollywood, a cultura MAG japonesa e a invasão britânica, de outro, é que o poder suave parece ser mais eficiente e próspero quando nasce e permanece livre na iniciativa privada e individual dentro de um sistema de trocas econômicas. E isso valeu, inclusive, para um momento em que o próprio capitalismo ainda não estava em pleno vapor, como na arte renascentista, que floresceu graças a intensas trocas financeiras entre monarcas, papas, banqueiros e artistas, além do mecenato. Mas isso não quer dizer que o Estado não possa se envolver no processo. Grande parte dos museus italianos que ostentam a arte renascentista é gerida pelo governo, bem como as casas de balé na Rússia. Tal controle certamente gera bons dividendos para o poder público.

É importante frisar, no entanto, que o poder suave não precisa ser aplicado, reverberado ou promovido pela esfera pública ou privada para dar a um país aquilo que ele deseja. Que brasileiro não quer que o mundo nos veja como uma nação em ascensão econômica, sofisticada intelectualmente e, também, como um paraíso natural pronto para receber os turistas do mundo inteiro? As campanhas do Ministério do Turismo até conseguem vender essa imagem, mas foram os artistas da bossa-nova que atingiram resultados mais duradouros e eficientes nesse âmbito. A bossa e o tango aumentaram consideravelmente o conhecimento global e a receptividade dos valores e das culturas brasileira e argentina ao redor do mundo. Segundo o autor Jason Cronin, não foi intenção de nenhum artista desses gêneros musicais, mas um subproduto de seu sucesso cultural.

Porém, quando o poder público fomenta o poder suave de seu país, os resultados podem ser ainda mais satisfatórios. Joseph Nye diz que o Brasil projeta ao mundo uma atração por sua cultura vibrante e suas promessas de futuro. Conhecido culturalmente no mundo mais pelo carnaval, por suas telenovelas e pela bossa-nova, o Brasil quase sempre relegou à iniciativa privada a missão de projetar sua imagem no mundo. O resultado é, no mínimo, distante do potencial interno. Afinal, quando um país deixa para o poder privado ou individual a missão de moldar sua imagem, também cede o poder e perde qualquer controle. Ainda que "controlar" seja uma utopia, não há dúvidas de que o governo francês, quando investe na promoção de sua indústria da moda no mundo, e o governo russo, quando leva seus bailarinos como cartões de visita diplomáticos, colhem frutos de imagem, diplomáticos e econômicos. Enquanto isso, raramente se vê o governo brasileiro fazendo qualquer movimento semelhante – ou ambicioso, organizado – com tantos poderes suaves que o país possui. Nossas telenovelas são consumidas por mais de cem nações. A bossa-nova hipnotizou a Europa, os Estados Unidos, o Japão – ou seja, as maiores economias do mundo. E o carnaval atrai todos esses públicos, que ficam embasbacados com sua exuberância. Ou seja, temos munições distintas, para públicos distintos, mas somente nas mãos de "soldados" (iniciativa individual, privada), e não de um "exército" (fomento público internacional).

Busquei cruzar, por livre e espontâneo risco, as ideias de poder suave de Joseph Nye com as de poder simbólico de Pierre Bourdieu. Tal caminho pareceu-me inevitável, e mostrou que um país detentor de um poder suave cultural tem necessariamente instituições, artistas e produtores que carregam poder simbólico. Os produtos, instituições, manifestações culturais e históricas aqui vistos são capazes de moldar uma lógica do mundo, estruturando a realidade e a imagem de um país.

No entanto, quando um poder suave é muito grande – como é o caso dos produtos de Hollywood –, existe um efeito colateral nocivo para quem não o detém. De forma crível, coerente e encoberta, as narrativas hollywoodianas transformaram vietnamitas, russos e venezuelanos em vilões, baderneiros ou sanguinários – uma realidade estruturada que gera o que Bourdieu chamou de violência simbólica. Outros poderes suaves aqui vistos, se tivessem a mesma proporção de Hollywood, talvez também o fizessem. Mas será preciso ser grande para gerar alguma forma de violência simbólica? O poder da moda francesa não reside, também, na exclusão das outras modas, por meio do discurso (implícito) – de suas instituições e de agentes culturais, como a crítica – de que a moda francesa é superior às demais? Dentro do campo – utilizando outro conceito-chave de Bourdieu –, vence quem tem mais legitimidade. Assim, as telenovelas brasileiras são mais atraentes para os portugueses do que as próprias novelas portuguesas e os produtos franceses são mais sedutores que os alemães. Qualidade conta, mas definitivamente não é tudo.

Quando se cruza o conceito de poder suave de Joseph Nye com os de poder simbólico e de campo de Pierre Bourdieu, percebe-se, por exemplo, que o cinema é um campo no qual existem agentes com grande poder suave mundial: Hollywood. E dentro desse microcosmo, há uma constante disputa de poder entre seus agentes (diretores, produtores, atores), que tentam se legitimar interna e externamente. O resultado dessa luta constante por poder e legitimação pode aumentar ou diminuir o poder suave do microcosmo em questão. Quando a luta é desarmônica – como as intrigas e acusações no Bolshoi após o episódio do ácido –, o poder suave pode cair sensivelmente. O artista africano contemporâneo, como El Anatsui, que ganha legitimidade dos já consagrados, adquire para si poder simbólico. A entrada de novos agentes com poder simbólico no microcosmo da arte africana ajuda a manter ou aumentar seu poder suave no campo das artes. Já um brasileiro que conseguiu desenvolver games de sucesso no Japão certamente acumula poder simbólico suficiente para voltar ao Brasil e fundar uma escola de desenvolvimento de games, trabalhar numa empresa da área, dar aulas sobre o tema ou angariar fundos governamentais para desenvolver games brasileiros, aumentando o poder desse microcosmo nacional. Assim, quando ganham acesso ou legitimidade dos agentes do microcosmo que possui poder suave, os agentes individuais adquirem altíssimo poder simbólico.

Ainda no entrecruzamento das teorias de Bourdieu com o poder suave de Joseph Nye, podemos dizer que a família e a escola são instrumentos poderosíssimos de manutenção do poder suave de certas instituições e seus respectivos países. Como o hábito familiar de priorizar filmes de Hollywood em detrimento do cinema nacional, asiático ou europeu. A sobrevalorização da arte renascentista nos currículos escolares, em comparação com a arte africana, dá ao primeiro mais poder suave do que ao segundo. A crença de que o pop/rock britânico é superior ao brasileiro joga aquele no topo das vendas e paradas de sucesso das rádios, fazendo até que potenciais agentes desse campo decidam fazer carreira em inglês para acumular mais rapidamente poder simbólico. A escola, para Bourdieu, ignora as diferenças socioculturais, selecionando e privilegiando – em seu ensino teórico e prático – manifestações das classes culturais dominantes. Ao priorizar o tango em vez de manifestações musicais não oriundas de Buenos Aires – como a chamarrita –, as escolas argentinas agem assim. O mesmo acontece quando a imprensa brasileira prioriza a bossa-nova diante de ritmos como xaxado, xote, lundu e maxixe.

Essa lógica que rege o mundo da arte e do entretenimento gera comportamentos tidos como regras sociais, beneficiando uns e prejudicando outros. Será que o mundo – especialmente os países tropicais – vestiria as pesadas roupas femininas e masculinas da moda francesa dos séculos 18 e 19 se elas fossem impostas, e não propostas? Certamente não – poderia até haver uma "revolução das roupas" mundo afora. Por ser sedutora, e não coercitiva, a moda francesa vestiu moças e rapazes que derretiam debaixo do sol do Rio de Janeiro, da Cidade do Cabo ou de Melbourne, mas mesmo assim não abriam mão de parecer sofisticados. Afinal, o calor passa, a imagem fica.

Vivemos numa era em que bilhões de pessoas se informam pelas redes sociais de forma instantânea. As notícias do poder duro se espalham num clique, carregando o potencial de manchar consideravelmente a imagem de um país. Mas igualmente rápidas são as notícias de uma linda apresentação de balé russo, da nova coleção da Dior, do blockbuster tão esperado, do novo disco do U2 e do ansiado último capítulo da novela. Quais dessas notícias os países desejam que circulem pelas fibras óticas? No século 21, ser amado é mais eficiente e menos custoso que ser temido. Adorar o estilo de vida americano visto em seus filmes e séries traz dividendos imensamente maiores do que temer as insanas ameaças xenófobas, homofóbicas, protecionistas e machistas do presidente Donald Trump. Os países que possuírem instituições e agentes culturais com poder simbólico com legitimidade internacional serão aqueles com mais chances de ter um poder suave cultural eficiente e duradouro. Situados no topo da pirâmide, vão modelar as preferências do mundo.

Referências

Alencar, Mauro. *A Hollywood brasileira – Panorama da telenovela no Brasil*. Rio de Janeiro: Senac-RJ, 2002.

Alford, Matthew. *Reel power: Hollywood cinema and American supremacy*. Londres: Pluto Press, 2010.

Apostol, Andreea Cristina. "Soft power broadcasted through Turkish lenses". *One Europe*, 15 fev. 2015. Disponível em: <http://one-europe.info/soft-power-broadcasted-in-turkish-lenses>. Acesso em: 10 abr. 2016.

Araujo, Emanoel. et al. *Africa Africans: arte contempor*ânea. São Paulo: Museu Afro Brasil, 2015.

Araújo, Hiram. *Carnaval: seis milênios de história*. São Paulo: Gryphus, 2002.

Argan, Giulio Carlo. *Clássico anticlássico – O Renascimento de Brunelleschi a Bruegel*. São Paulo: Companhia das Letras, 1999.

Ash, Lucy. "Bolshoi confidential review: where scandal waits in the wings". *The Guardian*, 31 out. 2016. Disponível em: <https://www.theguardian.com/books/2016/oct/31/bolshoi-confidential-simon-morrison-review-scandal>. Acesso em: 15 nov. 2016.

Augusto, Yohan. "Artista brasileiro mixa bossa-nova e chega aos 60 mil ouvintes no Spotify". *Wonderland in Rave*, 22 ago. 2016. Disponível em: <https://wonderlandinrave.com/artista-brasileiro-mixa-bossa-nova-e-chega-aos-60-mil-ouvintes-no-spotify/>. Acesso em: 20 nov. 2015.

Ballerini, Franthiesco. *Diário de Bollywood – Curiosidades e segredos da maior indústria de cinema do mundo*. São Paulo: Summus, 2009.

_____. *Jornalismo cultural no século 21*. São Paulo: Summus, 2015.

Baptista Netto, Irinêo. "Chineses perseguem o soft power". *Gazeta do Povo*, 22 dez. 2012. Disponível em: <http://www.gazetadopovo.com.br/mundo/chineses-perseguem-o-soft-power-32rg605v7gfsnlurs923pp6q6>. Acesso em: 10 jun. 2016.

Baxandall, Michael. *O olhar renascente. Pintura e experiência social na Itália da Renascença*. Rio de Janeiro: Paz e Terra, 1991.

Borges, André. "Governo quer usar brasileiros do Bolshoi para atrair turismo". *Portal Brasil*, 15 set. 2015. Disponível em: <http://www.brasil.gov.br/turismo/2015/09/governo-quer-usar-brasileiros-do-bolshoi-para-atrair-turismo>. Acesso em: 16 nov. 2016.

Bose, Derek. *Brand Bollywood: a new global entertainment order*. Nova Délhi: Sage, 2006.

Bose, Mihir. *Bollywood, a history*. Stroud: Tempus, 2006.

Bourdieu, Pierre. *A economia das trocas simbólicas*. São Paulo: Perspectiva, 1970.

_____. *A distinção – Crítica social do julgamento*. São Paulo: Zouk, 1979.
_____. *Campo de poder, campo intelectual*. Buenos Aires: Folios, 1983.
_____. *O poder simbólico*. Lisboa: Difel, 1989.
_____. *As regras da arte*. São Paulo: Companhia das Letras. 1996.
_____. *Sobre a televisão*. Rio de Janeiro: Jorge Zahar, 1997.
BOURDIEU, Pierre; PASSERON, Jean-Claude. *A reprodução. Elementos para uma teoria do sistema de ensino*. Rio de Janeiro: Francisco Alves, 1975.
BRADLEY, Nicholas; ELLIOTT, Robert James. *Bollywood: behind the scenes, beyond the stars*. Singapura: Marshall Cavendish, 2006.
BRAGA, Mauro Mendes. *Tango – A música de uma cidade*. Belo Horizonte: Ed. da UFMG, 2014.
BRECHT, Michael. "The financial power of carnival in Brazil". 2016. Disponível em: <http://michaelbrecht.com/the-financial-power-of-carnival-in-brazil/>. Acesso em: 10 nov. 2016.
"A BRIEF history on French fashion". *Marie Claire*, 10 dez. 2015. Disponível em: <http://www.marieclaire.co.uk/fashion/a-brief-history-of-french-fashion-34032>. Acesso em: 14 nov. 2015.
BROOKE, Elizabeth Heilman. "Bossa Nova is back in the hearts of Brazilians who scorned it". *The New York Times*, 2 set. 1991. Disponível em: <http://www.nytimes.com/1991/09/02/arts/bossa-nova-is-back-in-the-hearts-of-brazilians-who-scorned-it.html>. Acesso em: 20 maio 2015.
BURBANO, Andrea Rodríguez. "El poder de las telenovelas". *El Telégrafo*, 4 jan. 2015. Disponível em: <http://www.eltelegrafo.com.ec/noticias/con-sentido/1/el-poder-de-las-telenovelas-galeria>. Acesso em: 5 fev. 2016.
BURCKHARDT, Jacob. *A cultura do Renascimento na Itália*. São Paulo: Companhia das Letras, 2009.
BURLINOVA, Natalia. "Russian soft power is just like western soft power, but with a twist". *Russia Direct*, 7 abr. 2015. Disponível em: <http://www.russia-direct.org/opinion/russian-soft-power-just-western-soft-power-twist>. Acesso em: 14 maio 2016.
BURTON, John. "Korea's soft power quest". *The Korea Times*, 12 maio 2012. Disponível em: <http://m.koreatimes.co.kr/phone/news/view.jsp?req_newsidx=126255>. Acesso em: 25 out. 2016.
CADDY, Davinia. *The ballets russes and beyond*. Cambridge: Cambridge University Press, 2012.
CAIN, Geoffrey. "Soap-opera diplomacy: North Koreans crave banned videos". *Time*, 29 out. 2009. Disponível em: <http://content.time.com/time/world/article/0,8599,1933096,00.html>. Acesso em: 14 jun. 2016.
"CARNAVAL se transforma em indústria milionária para as empresas". *InfoPessoal*, 4 fev. 2008. Disponível em: <http://www.administradores.com.br/noticias/negocios/carnaval-se-transforma-em-industria-milionaria-para-as-empresas/13981/>. Acesso em: 10 maio 2016.
CASTRO, Ruy. *Chega de saudade*. São Paulo: Companhia das Letras, 1990.
_____. *A onda que se ergueu do mar – Novos mergulhos na bossa-nova*. São Paulo: Companhia das Letras, 2001.

CHANG, GuoFeng. "The hidden power of Hollywood". *The Market Mogul*, 3 mar. 2016. Disponível em: < http://themarketmogul.com/hidden-power-hollywood/>. Acesso em: 20 nov. 2016.

CHASTEL, André. *Arte e humanismo em Florença*. São Paulo: Cosac Naify, 2012.

"A CHINA e sua guerra cultural". *Opinião e Notícia*, 3 jan. 2012. Disponível em: <http://opiniaoenoticia.com.br/brasil/politica/a-china-e-sua-guerra-cultural/>. Acesso em: 25 out. 2016.

"CHINA expone al occidente su 'poder blando' a través de la red de cinematografia". *Pueblo en Línea*, 15 abr. 2013. Disponível em: <http://spanish.peopledaily.com.cn/31619/8207758.html>. Acesso em: 10 abr. 2015.

"CHINA to promote cultural soft power". *China Daily USA*, 1º jan. 2014. Disponível em: <http://usa.chinadaily.com.cn/china/2014-01/01/content_17208365.htm>. Acesso em: 10 abr. 2015.

CHIU, David. "A look back at 1983: the second British invasion". *CBS News*, 9 jul. 2013. Disponível em: <http://www.cbsnews.com/news/a-look-back-at-1983-the-year-of-the-second-british-invasion/>. Acesso em: 20 set. 2016.

CHONG, Alberto; DURYEA, Suzanne; LA FERRARA, Eliana. *Soap operas and fertility: evidence from Brazil*. 2008. Disponível em: <http://idbdocs.iadb.org/wsdocs/getdocument.aspx?docnum=1856122>. Acesso em: 8 fev. 2017.

CHONG, Alberto; LA FERRARA, Eliana. *Television and divorce: evidence from Brazilian novelas*. 2009. Disponível em: <https://publications.iadb.org/handle/11319/1641?locale-attribute=en>. Acesso em: 8 fev. 2017.

CLUNAS, Craig. *Art in China*. Londres: Oxford University Press, 1997.

COELHO, Teixeira. "Corpo e alma do Renascimento". *O Estado de S. Paulo*, 17 ago. 2012. Disponível em: <http://cultura.estadao.com.br/noticias/geral,corpo-e-alma-do-renascimento,918124>. Acesso em: 15 nov. 2016.

COOLS, Luisa. "Cultural diplomacy: Korea's soft power lures China?" *Young Australians in International Affairs*, 28 fev. 2016. Disponível em: <https://www.youngausint.org.au/single-post/2016/02/29/Cultural-Diplomacy-Korea%E2%80%99s-Softpower-Lures-China>. Acesso em: 20 set. 2016.

CORRÊA, Fernanda; ANTUNES, Mariana. "Carnaval no Brasil sob visão estrangeira". *O Mundo Comunicação Internacional*, 2 maio 2010. Disponível em: <http://www.fca.pucminas.br/omundo/carnaval-no-brasil-sob-visao-estrangeira/>. Acesso em: 2 jun. 2015.

CORTAZZI, Hugh. "Abe eroding Japan's soft power". *The Japan Times*, 20 out. 2015. Disponível em: <http://www.japantimes.co.jp/opinion/2015/10/20/commentary/japan-commentary/abe-eroding-japans-soft-power/>. Acesso em: 20 abr. 2015.

_____. "Universidade de moda francesa apresenta novo mapa mundial de fornecimento de vestuário". *Texbrasil*, 7 mar. 2016. Disponível em: <http://texbrasil.com.br/pt/universidade-de-moda-francesa-apresenta-novo-mapa-mundial-de-fornecimento-de-vestuario/>. Acesso em: 14 jul. 2016.

COSTAS, Ruth. "Marta Suplicy diz que Brasil deve evitar estereótipo do 'carnaval e futebol'". *BBC Brasil*, 4 dez. 2012. Disponível em: <http://www.bbc.com/portuguese/noticias/2012/12/121204_marta_londres_ru.shtml>. Acesso em: 4 jan. 2016.

CRONIN, Jason W. *Soft power and its impact on US influence in Latin America*. Monterey: Naval Postgraduate School, 2004.

CROW, Kelly. "The new face of African art". *The Wall Street Journal*, 13 maio 2016. Disponível em: <http://www.wsj.com/articles/the-new-face-of-african-art-1462983212>. Acesso em: 14 set. 2016.

DAUNCEY, Hugh. *French popular culture: an introduction*. Nova York: Oxford University Press, 2003.

DAVIS, Kathy. *Dancing tango – Passionate encounters in a globalizing world*. Nova York: NYU Press, 2015.

DEJEAN, Joan. *The essence of style: how the French invented high fashion, fine food, chic cafés, style, sophistication, and glamour*. Nova York: Free Press, 2005.

DUDIN, Vladimir. "A história do balé russo, segundo Boris Eifman". *Gazeta Russa*, 3 out. 2015. Disponível em: <http://gazetarussa.com.br/arte/teatro/2015/10/03/a-historia-do-bale-ruso-segundo-boris-eifman_479363>. Acesso em: 19 out. 2015.

DWYER, Rachel. *100 Bollywood films*. Londres: BFI, 2005.

EPSTEIN, Edward Jay. *O grande filme – Dinheiro e poder em Hollywood*. São Paulo: Summus, 2008.

EZRAHI, Christina. *Swans of the Kremlin – Ballet and power in Soviet Russia*. Pittsburgh: University of Pittsburgh Press, 2012.

FERREIRA, Felipe. *O livro de ouro do carnaval brasileiro*. São Paulo: Ediouro. 2009.

FERRER, Horacio. *Libro del tango: arte popular de Buenos Aires*. Buenos Aires: Antonio Tersol, 1980.

"FRENCH fashion bank to help ailing industry". *The Telegraph*, 26 jan. 2010. Disponível em: <http://www.telegraph.co.uk/news/worldnews/europe/france/7076027/French-fashion-bank-to-help-ailing-industry.html>. Acesso em: 20 ago. 2015.

FROETSCHEL, Susan. "The soft power in soap operas". *Asian Sentinel*, 4 jun. 2010. Disponível em: <http://www.asiasentinel.com/society/the-soft-power-in-soap-operas/>. Acesso em: 10 maio 2015.

FUNNEL, Antony. "China pushes to expand its soft power through cultural exports". *ABC News*, 6 maio 2015. Disponível em: <http://www.abc.net.au/radionational/programs/futuretense/soft-power-with-chinese-characteristics/6446990>. Acesso em: 10 maio 2015.

FURY, Alexander. "Paris, mon amour: the French capital will always be fashion's beating heart". *Independent*, 19 fev. 2016. Disponível em: <http://www.independent.co.uk/life-style/fashion/features/paris-mon-amour-the-french-capital-will-always-be-fashions-beating-heart-a6881991.html>. Acesso em: 15 dez. 2015.

GALVÃO, Walnice Nogueira. *Le carnaval de Rio: trois regards sur une fête brésilienne*. Paris: Chandeigne, 2000.

GANAPATHY, Mahalakshmi. "Chinese culture as the new soft power currency". *Swarajya*, 5 jun. 2016. Disponível em: < http://swarajyamag.com/world/chinese-culture-as-the-new-soft-power-currency>. Acesso em: 10 jun. 2016.

GANDRA, Alana. "Estado do Rio recebe 3,3 milhões de turistas no carnaval". *Agência Brasil*, 12 fev. 2016. Disponível em: <http://agenciabrasil.ebc.com.br/geral/noticia/2016-02/estado-do-rio-recebe-33-milhoes-de-turistas-no-carnaval>. Acesso em: 12 mar. 2016.

GIDDINS, Gary. "Back to bossa". *The New Yorker*, 26 nov. 2007. Disponível em: <http://www.newyorker.com/magazine/2007/11/26/back-to-bossa>. Acesso em: 20 jun. 2016.

GILLES, Florent. "Study touts French luxury industry as economic force". *Fashion New York*, 3 jul. 2013. Disponível em: <http://jo.fashionnetwork.com/news/Study-touts-French-luxury-industry-as-economic-force,339498.html#.WFAt8fkrLIU>. Acesso em: 10 jul. 2015.

"GLOBO es el Hollywood latino de las telenovelas". *El Universo*, 20 jan. 2014. Disponível em: <http://www.eluniverso.com/vida-estilo/2014/01/20/nota/2059476/globo-es-hollywood-latino-telenovelas>. Acesso em: 20 fev. 2015.

GRAY, Carmen. "Brutal Bolshoi: inside the troubled world of Russia's legendary ballet". *The Guardian*, 27 dez. 2015. Disponível em: <https://www.theguardian.com/world/2015/dec/27/bolshoi-babylon-film-ballet-russia-film-nick-read>. Acesso em: 14 jun. 2016.

"Grupo chinês Wanda compra estúdio de cinema Legendary por US$ 3,5 bi". *Istoé Dinheiro*, 4 nov. 2016. Disponível em: <http://www.istoedinheiro.com.br/noticias/negocios/20161104/grupo-chines-wanda-compra-produtora-globo-ouro/429256>. Acesso em: 20 jan. 2017.

HARRY, Bill. *The British invasion: how the Beatles and other UK bands conquered America*. Londres: Chrome Dreams, 2004.

HEGARTY, Stephanie. "How soap operas changed the world". 2012. Disponível em: <http://www.bbc.com/news/magazine-17820571>. Acesso em: 20 jun. 2015.

HIDALGO HUERTA, Manuel. *Tango*. Buenos Aires: Biblioteca Nueva, 2001.

"THE HISTORY of Russian ballet". *Woodlands Civic Ballet*, s/d. Disponível em: <http://www.woodlandscivicballet.org/history.html>. Acesso em: 10 nov. 2016.

HOLDEN, Stephen. "Brazilian yearning and imminent loss". *The New York Times*, 21 mar. 2014. Disponível em: <https://mobile.nytimes.com/2014/03/22/arts/music/strictly-bossa-nova-goes-to-ipanema-and-beyond.html>. Acesso em: 14 abr. 2015.

HOMANS, Jennifer. *Apollo's Angels: a history of ballet*. Nova York: Random House, 2010.

HONOUR, Hugh; FLEMING, John. *A world history of art*. Londres: MacMilan, 1982.

"INDÚSTRIA do carnaval gera 250 mil empregos no Rio". *G1*, 17 fev. 2012. Disponível em: <http://g1.globo.com/pop-arte/noticia/2012/02/industria-do-carnaval-gera-250-mil-empregos-no-rio-de-janeiro.html>. Acesso em: 17 maio 2015.

JACOBSON, Rebecca. "The power of telenovela". *PBS NewsHour*, 25 jan. 2012. Disponível em: <http://www.pbs.org/newshour/rundown/the-power-of-the-telenovela/>. Acesso em: 20 maio 2016.

JENKINS, Mark. "The end of the British invasion". *Slate*, 3 maio 2002. Disponível em: <http://www.slate.com/articles/arts/culturebox/2002/05/the_end_of_the_british_invasion.html>. Acesso em: 10 dez. 2015.

JOLLY, Gurbir; WADHWANI, Zenia; BARRETTO, Deborah. *Once upon a time in Bollywood: the global swing in Hindi cinema*. Toronto: Tsar Books, 2007.

JONES, Jonathan. "The Medicis: money, myth and mystery". *The Guardian*, 10 ago. 2011. Disponível em: <https://www.theguardian.com/artanddesign/jonathanjonesblog/2011/aug/10/medicis-florence-renaissance-art>. Acesso em: 14 nov. 2015.

_____. "The art world's shame: why Britain must give its colonial booty back". *The Guardian*, 4 nov. 2014. Disponível em: <https://www.theguardian.com/artanddesign/jonathan-

jonesblog/2014/nov/04/art-worlds-shame-parthenon-elgin-marbles-british-museums>. Acesso em: 30 out. 2016.

KAMP, David. "The British invasion". *Vanity Fair*, nov. 2002. Disponível em: <http://www.vanityfair.com/culture/2002/11/british-invasion-oral-history>. Acesso em: 20 nov. 2016.

"THE K-POP: a powerful tool of soft power". *Moderneast*, 24 jan. 2016. Disponível em: <https://moderneastmagazine.com/2016/01/24/kpop-tool-softpower/>. Acesso em: 10 maio 2016.

KELLNER, Douglas. *A cultura da mídia – Estudos culturais: identidade e política entre o moderno e o pós-moderno*. Bauru: Edusc, 2001a.

_____. "Cultura da mídia, política e ideologia: de Reagan a Rambo". Bauru: Edusc, 2001b.

KNOLL, Victor. "As faces do Renascimento". *Folha de S.Paulo*, Jornal de Resenhas, 8 maio 1999. Disponível em: <http://www1.folha.uol.com.br/fsp/resenha/rs08059902.htm>. Acesso em: 24 nov. 2016.

KOSSOVITCH, Leon. "Contra a ideia do Renascimento". In: NOVAES, Adauto (org.). *Artepensamento*. São Paulo: Companhia das Letras, 1994.

KOT, Greg. "British invasion: how do UK bands break the US?" *BBC*, 21 out. 2014. Disponível em: <http://www.bbc.com/culture/story/20140218-how-do-uk-bands-break-the-us>. Acesso em: 20 maio 2015.

KRISTIÁN, Gál. "El éxito de las telenovelas turcas en Grecia". *Café Babel*, 26 abr. 2012. Disponível em: <http://www.cafebabel.es/cultura/articulo/el-exito-de-las-telenovelas-turcas-en-grecia.html>. Acesso em: 26 maio 2015.

LEITE, Larissa. "Internacionalização da cultura é debatida no MinC". *Site do Ministério da Cultura*, 1º jan. 2015. Disponível em: <http://www.cultura.gov.br/o-dia-a-dia-da-cultura/-/asset_publisher/waaE236Oves2/content/internacionalizacao-da-cultura-e-debatida-no-minc/10883>. Acesso em: 7 abr. 2016.

LOPES, Fernanda. "Novelas mexicanas são machistas, racistas e religiosas, diz especialista". *Uol Televisão*, 4 set. 2016. Disponível em: <http://noticiasdatv.uol.com.br/noticia/televisao/novelas-mexicanas-sao-machistas-racistas-e-religiosas-diz-especialista-12464>. Acesso em: 10 out. 2016.

LUIZ, João. "Carnaval, a força econômica da cultura". *Administradores*, 3 fev. 2012. Disponível em: <http://www.administradores.com.br/artigos/economia-e-financas/carnaval-a-forca-economica-da-cultura/61335/> Acesso em: 10 abr. 2016.

LYNE, Nick. "An emerging soft power". *First Magazine*, 5 dez. 2016. Disponível em: <www.firstmagazine.com/DownloadSpecialReportDetail.1485.ashx>. Acesso em: 14 out. 2016.

MAGALHÃES, Marcos. "Brasil precisa de poderio militar para se impor, recomenda Amorim". *Agência Senado*, 27 mar. 2014. Disponível em: <http://www12.senado.leg.br/noticias/materias/2014/03/27/brasil-precisa-de-poderio-militar-para-se-impor-recomenda-amorim/>. Acesso em: 28 mar. 2015.

"MAIOR festival de tango do mundo reúne 556 pares na Argentina". *G1*, 20 ago. 2013. Disponível em: < http://g1.globo.com/turismo-e-viagem/noticia/2013/08/maior-festival-de-tango-do-mundo-reune-556-pares-na-argentina.html?openGallery=true&photoIndex=1>. Acesso em: 10 jun. 2016.

Manschot, Johan; De Vos, Marijke. *Behind the scenes of Hindi cinema*. Amsterdã: KIT Publishers, 2005.

Martí, Silas. "Ouro africano". *Folha de S.Paulo*, Ilustrada, 26 maio 2015. Disponível em: <http://www1.folha.uol.com.br/fsp/ilustrada/220473-ouro-africano.shtml>. Acesso em: 15 nov. 2016.

McElroy, Damien. "British Museum under pressure to give up leading treasures". *The Telegraph*, 7 abr. 2010. Disponível em: <http://www.telegraph.co.uk/news/worldnews/africaandindianocean/egypt/7563963/British-Museum-under-pressure-to-give-up-leading-treasures.html>. Acesso em: 15 out. 2016.

McGowan, Chris. "Blame it on the bossa nova: 50 years of sublime music". *The Huffington Post*, 16 fev. 2010. Disponível em: <http://www.huffingtonpost.com/chris-mcgowan/blame-it-on-the-bossa-nov_b_148597.html>. Acesso em: 10 jun. 2016.

McGray, Douglas. Japan's gross national cool". 2009. Disponível em: <http://foreignpolicy.com/2009/11/11/japans-gross-national-cool/>. Acesso em: 5 jan. 2016.

Michelet, Jules (1855). *Histoire de France*. Paris: Citadelles et Mazenod, 2013.

Miles, Barry. *The British invasion: the music, the times, the era*. Londres: Sterling Publishing, 2009.

"Militares russos vão desenvolver concepção de poder brando". *Sputnik News*, 1º mar. 2016. Disponível em : <https://br.sputniknews.com/defesa/201603013709770-militares-russos-vao-desenvolver-concepcao-de-poder-brando/>. Acesso em: 17 jul. 2016.

Moraes, Eneida de. *História do carnaval carioca*. Rio de Janeiro: Civilização Brasileira, 1958.

Morrison, Simon. "The Bolshoi's spinning dance of power". *The New York Times*, 25 nov. 2013. Disponível em: <http://www.nytimes.com/2013/11/26/opinion/the-bolshois-spinning-dance-of-power.html>. Acesso em: 10 maio 2015.

Murrell, Denise. "African influences in modern art". *The Met Museum*, abr. 2008. Disponível em: <http://www.metmuseum.org/toah/hd/aima/hd_aima.htm>. Acesso em: 17 maio 2016.

Naím, Moisés. "A China além da economia". *O Estado de S. Paulo*, 29 fev. 2016. Disponível em: <http://internacional.estadao.com.br/noticias/geral,a-china-alem-da-economia,10000018752>. Acesso em: 30 mar. 2016.

Nikkhah, Roya. "Bolshoi ballet exposed as a 'cesspool of pathological cruelty'". *The Telegraph*, 20 jan. 2013. Disponível em: <http://www.telegraph.co.uk/culture/theatre/dance/9813553/Bolshoi-ballet-exposed-as-a-cesspool-of-pathological-cruelty.html>. Acesso em: 10 abr. 2015.

Ninio, Marcelo. "Afilhada do partido comunista, chinesa quer se tornar diva mundial". *Serafina*, 28 jun. 2015. Disponível em: <http://www1.folha.uol.com.br/serafina/2015/06/1647429-afilhada-do-partido-comunista-chinesa-quer-se-tornar-diva-mundial.shtml>. Acesso em: 10 jan. 2016.

Norris, Michael J. "Exploring Japanese popular culture as soft power resource". *Inquiries Journal*, v. 2., n. 5, 2010. Disponível em: <http://www.inquiriesjournal.com/articles/253/exploring-japanese-popular-culture-as-a-soft-power-resource>. Acesso em: 23 abr. 2016.

Nunns, Cain. "Hollywood bows to China soft power". *The Diplomat*, 16 fev. 2012. Disponível em: <http://thediplomat.com/2012/02/hollywood-bows-to-china-soft-power/>. Acesso em: 10 mar. 2016.

Nye Jr., Joseph S. *Soft power: the means to success in world politics.* Nova York: Public Affairs, 2005.

_____. *The powers to lead.* Oxford: Oxford University Press. 2008.

_____. "What China and Russia don't get about soft power". *FP*, 29 abr. 2013. Disponível em: <http://foreignpolicy.com/2013/04/29/what-china-and-russia-dont-get-about-soft-power/>. Acesso em: 8 fev. 2017.

_____. *Is the American century over?* Cambridge: Polity, 2015.

Pagano, Marcela. "El tango, una indústria miltimilionaria com pies de barro: es sólo para turistas". Ámbito.com, 12 jun. 2007. Disponível em: <http://www.ambito.com/335651-el-tango-una-industria-multimillonaria-con-pies-de-barro-es-solo-para-turistas>. Acesso em: 10 out. 2016.

Pareles, Jon et al. "The essentials of Brazilian music for Olympic listening". *The New York Times*, 2 ago. 2016. Disponível em: <http://www.nytimes.com/2016/08/03/arts/music/brazilian-music-playlist.html?_r=0>. Acesso em: 20 out. 2016.

Paul, André; Arkadyev, Victor. *Great history of Russian ballet: its art & coreography.* Bournemouth: Parkstone Press, 1998.

Pearson, Samantha. "Brazil's carnival is 'made in China'". 2012. Disponível em: <https://www.ft.com/content/c5985786-468c-11e0-967a-00144feab49a> Acesso em: 6 abr. 2015.

Puterbaugh, Parke. "The British invasion: from the Beatles to the Stones, the sixties belonged to Britain". *Rolling Stone*, 14 jul. 1988. Disponível em: <http://www.rollingstone.com/music/news/the-british-invasion-from-the-beatles-to-the-stones-the-sixties-belonged-to-britain-19880714>. Acesso em: 10 out. 2015.

Racy, Sonia. "O poder da indústria do carnaval". *O Estado de S. Paulo*, 25 fev. 2006. Disponível em: <http://gvces.com.br/o-poder-da-industria-do-carnaval?locale=pt-br> Acesso em: 26 abr. 2015.

Raminelli, Ronald. "Visão do Renascimento". *Folha de S.Paulo*, 5 jun. 1995. Disponível em: <http://www1.folha.uol.com.br/fsp/1995/6/05/caderno_especial/14.html>. Acesso em: 20 abr. 2015.

Ratha, Dilip; Kabanda, Patrick. "African art needs to come home – and this is why". *The Guardian*, 21 out. 2015. Disponível em: <https://www.theguardian.com/global-development-professionals-network/2015/oct/21/african-art-needs-to-come-home-and-this-is-why>. Acesso em: 14 nov. 2016.

Remnick, David. "Danse macabre". *The New Yorker*, 18 mar. 2013. Disponível em: <http://www.newyorker.com/magazine/2013/03/18/danse-macabre>. Acesso em: 14 nov. 2016.

Rodrigues, Pilar Luz. *Cool Japan: estudo comparativo das políticas culturais do Brasil e do Japão para a promoção de cidades criativas.* IASP 30th World Conference of Science Parks, 2015.

Rodríguez de León, Rolando José. "Japón y el 'poder suave'". *Revista Panameña de Política*, n. 9, jan. 2010. Disponível em: <http://cidempanama.org/wp-content/uploads/2011/04/9-05-Japon_poder_suave-Rolando_Rodriguez.pdf>. Acesso em: 10 jan. 2017.

Rossi, Gisele. "Graças a Deus que surgiu o tango eletrônico". *Gazeta do Povo*, 7 nov. 2011. Disponível em: <http://www.gazetadopovo.com.br/caderno-g/gracas-a-deus-que-sur-

giu-o-tango-eletronico-diz-dancarino-argentino-b9m5fp9e2wdn6axg3jzgin3gu>. Acesso em: 20 set. 2015.

Roy, Anjali G. *The magic of Bollywood: at home and abroad*. Londres: Sage, 2012.

Salum, Marta Heloísa Leuba. O que dizer agora sobre arte africana? A África nas exposições da virada do século XX para o XXI no Brasil e no exterior. 2010. Disponível em: <http://www.producao.usp.br/bitstream/handle/BDPI/48777/salum_parte_001.pdf?sequence=1&isAllowed=y 2010>. Acesso em: 10 jan. 2017.

Sandy, Matt. "These 12 facts explain why Rio's Carnival is the world's biggest party". 2016. Disponível em: <http://time.com/4209973/carnival-brazil-rio-de-jeneiro/>. Acesso em: 5 abr. 2016.

Sato, Cristiane A. *Japop: o poder da cultura pop japonesa*. São Paulo: Livrocerto, 2007.

Shaheen, Jack G. *Reel bad Arabs: how Hollywood vilifies a people*. Northampton: Olive Branch, 2004.

_____. *Guilty: Hollywood's verdict on Arabs after 9/11*. Northampton: Olive Branch, 2008.

_____. "Israel uses Hollywood's power to promote its own agenda". *The National*, 28 abr. 2015. Disponível em: <http://www.thenational.ae/opinion/comment/israel-uses-hollywoods-power-to-promote-its-own-agenda>. Acesso em: 30 maio 2015.

Sharp, Rob. "How London developed a bullish market for contemporary African art". *Artsy.Net*, 26 jul. 2016. Disponível em: <https://www.artsy.net/article/artsy-editorial-how-london-developed-a-bullish-market-for-contemporary-african-art>. Acesso em: 24 set. 2016.

Simas, Luiz Antonio; Mussa, Alberto. *Samba de enredo – História e arte*. Rio de Janeiro: Civilização Brasileira, 2010.

Simas, Luiz Antonio; Lopes, Nei. *Dicionário da história social do samba*. Rio de Janeiro: Civilização Brasileira, 2016.

Smink, Veronica. "Público do tango cai 70% na Argentina". *BBC*, 18 ago. 2009. Disponível em: <http://www.bbc.com/portuguese/noticias/2009/08/090818_argentinatangoebc.shtml>. Acesso em: 10 maio 2015.

Smirke, Richard. "The new British invasion: UK acts claim largest share ever of US album market". *Billboard Biz*, 8 fev. 2013. Disponível em: <http://www.billboard.com/biz/articles/news/1538581/the-new-british-invasion-uk-acts-claim-largest-share-ever-of-us-album>. Acesso em: 20 jul. 2015.

"Snack runs after soap opera finale could prompt power outages". *ABC News*, 20 out. 2012. Disponível em: <http://abc7news.com/archive/8854235/>. Acesso em 20 maio 2016.

Steele, Valerie. *Paris fashion: a cultural history*. Oxford: Berg, 1998.

Steele, Valerie; Major, John S. "Paris fashion". *Love to know*. s/d. Disponível em: <http://fashion-history.lovetoknow.com/clothing-around-world/paris-fashion>. Acesso em: 5 jan. 2017.

Stein, Ben. *Her only sin*. Los Angeles: Saint Martins Press, 1986.

Taggart, Frankie. "China buys soft power with hard cash in Hollywood". *Yahoo! News*, 15 mar. 2016. Disponível em: <https://www.yahoo.com/news/china-buys-soft-power-hard-cash-hollywood-032246000--finance.html?ref=gs>. Acesso em: 25 out. 2016.

Teles, José. "Marcos Valle e Stacey Kent reafirmam a força da bossa-nova". *JC Online*, 27 jul. 2016. Disponível em: <http://jconline.ne10.uol.com.br/canal/cultura/

noticia/2016/07/27/marcos-valle-e-stacey-kent-reafirmam-a-forca-da-bossa-nova-246207.php>. Acesso em: 10 nov. 2016.

Tomoff, Kiril. "Swans of the Kremlin: ballet and power in Soviet Russia by Christina Ezrahi". *The American Historical Review*, v. 119, n. 4, p. 1386-87. Disponível em: <https://ahr.oxfordjournals.org/content/119/4/1386.extract>. Acesso em: 14 maio 2015.

Trejo Silva, Marcia. *La telenovela mexicana. Orígenes, características, análisis y perspectivas.* México: Trillas, 2011.

Thussu, Daya K. *Communicating India's soft power: Buddha to Bollywood.* Londres: Palgrave Macmillan, 2013.

Tyszka, Alberto Barrera. "El gran negocio de las telenovelas". *El País*, 12 out. 2015. Disponível em: < http://elpais.com/elpais/2015/10/07/eps/1444234026_442776.html>. Acesso em: 11 maio 2016.

Verón, Eliseo; Chauvel, Lucrecia Escudero. *Telenovela, ficción popular y mutaciones culturales.* Barcelona: Gedisa, 1997.

Vilela, Sávio. "Tom Zé: a bossa-nova conquistou mais terras que Napoleão e Nabucodonosor". *Medium*, 26 ago. 2015. Disponível em: <https://medium.com/brasil/a-bossa-nova-conquistou-mais-terras-que-napole%C3%A3o-e-nabucodonosor-entrevista-com-tom-z%C3%A9-bf7b8aedf6f>. Acesso em: 10 nov. 2016.

Visonà, Monica Blackmun et al. *A history of art in Africa.* Nova York: Prentice, 2001.

"Wanda Group inaugura parque na China para competir com a Disney". *O Globo*, 28 maio 2016. Disponível em: <http://oglobo.globo.com/economia/wanda-group-inaugura-parque-na-china-para-competir-com-disney-19389536>. Acesso em: 30 set. 2016.

Watson, William. *The arts of China to AD 900.* New Haven: Yale University Press, 1995.

Watt, James C. Y. et al. *China: dawn of a golden age, 200-750 AD.* Nova York: The Metropolitan Museum of Art, 2004.

Wickenkamp, Carol. "Pequim promove mandarim e pune línguas de minorias étnicas". *Epoch Times*, 13 jan. 2014. Disponível em: <http://www.epochtimes.com.br/pequim-promove-mandarim-pune-linguas-etnicas/?utm_source=rss&utm_medium=rss&utm_campaign=pequim-promove-mandarim-pune-linguas-etnicas#.WHabDfkrLDc>. Acesso em: 20 abr. 2015.

Wolfart, Graziela. "Bossa-nova: uma revolução silenciosa". *IUH Online*, ano VIII, set. 2008. Disponível em: <http://www.ihuonline.unisinos.br/index.php?option=com_content&view=article&id=2115&secao=272>. Acesso em: 24 jun. 2016.

Xavier, Nilson. *Almanaque da telenovela brasileira.* São Paulo: Panda Books, 2007.

Yu, Zhang. "France returning treasure to China sets precedent for further restitutions". *Global Times*, 9 set. 2015. Disponível em: <http://www.globaltimes.cn/content/941506.shtml>. Acesso em: 29 abr. 2016.

AGRADECIMENTOS

*Agradeço especialmente aos entrevistados
(em ordem alfabética)*

Alexandre Nagado
Amit Khanna
Augusto Stevanovich
Cai Lei
Carlos Alberto Afonso
Christiano Braga
Cristiane A. Sato
Derek Bose
Eduardo Kickhöfel
Elena Vássina
Elmo Francfort
Felipe Machado
Frederico Silva
Gunther Rudzit
Jean-Michel Frodon
João Braga
José Padilha
Joseph Nye
Kathy Davis
Kishore Namit Kapoor
Kurt Inderbitzin
Leon Kossovitch
Lorenzo Mammì

Luana Guimarães
Luiz Antonio Simas
Luiz Pimentel
Maria da Graça Jacintho Setton
Mario Mendes
Marly D'Amaro Blasques Tooge
Marta Heloísa Leuba Salum
Mauro Alencar
Mauro Braga
Michiko Okano
Mikael Gorostiaga
Nilson Xavier
Ozenir Ancelmo
Park Jung-bum
Pavel Kazarian
Renato Araújo
Roque González
Rosângela Espinossi
Shozo Motoyama
Subhash Ghai
Tania Martins Aguilar
Walcyr Carrasco
Walnice Nogueira Galvão

www.gruposummus.com.br

IMPRESSO NA GRÁFICA sumago

sumago gráfica editorial ltda
rua itauna, 789   vila maria
02111-031   são paulo   sp
tel e fax 11 **2955 5636**
sumago@sumago.com.br